21世纪经济与管理精编教材
会计学系列

税法与纳税筹划

（第二版）

Taxation Laws and Ratepaying Design
(2nd edition)

张鹏飞 ◎ 主　编
易锦燕　张　涛 ◎ 副主编

北京大学出版社

图书在版编目(CIP)数据

税法与纳税筹划/张鹏飞主编.—2版.—北京:北京大学出版社,2020.2
21世纪经济与管理精编教材·会计学系列
ISBN 978-7-301-31164-6

Ⅰ.①税… Ⅱ.①张… Ⅲ.①税法—中国—高等学校—教材②税收筹划—高等学校—教材 Ⅳ.①D922.22②F810.423

中国版本图书馆CIP数据核字(2020)第015280号

书　　　名	税法与纳税筹划(第二版) SHUIFA YU NASHUI CHOUHUA(DI-ER BAN)
著作责任者	张鹏飞　主编
责 任 编 辑	任京雪　刘　京
标 准 书 号	ISBN 978-7-301-31164-6
出 版 发 行	北京大学出版社
地　　　址	北京市海淀区成府路205号　100871
网　　　址	http://www.pup.cn
微信公众号	北京大学经管书苑(pupembook)
电 子 信 箱	em@pup.cn　　QQ：552063295
电　　　话	邮购部 010-62752015　发行部 010-62750672　编辑部 010-62752926
印 刷 者	北京市科星印刷有限责任公司
经 销 者	新华书店
	787毫米×1092毫米　16开本　21.25印张　345千字 2016年9月第1版 2020年2月第2版　2021年5月第2次印刷
定　　　价	48.00元

未经许可，不得以任何方式复制或抄袭本书之部分或全部内容。
版权所有，侵权必究
举报电话：010-62752024　电子信箱：fd@pup.pku.edu.cn
图书如有印装质量问题，请与出版部联系，电话：010-62756370

第二版前言

党的十九大报告将"建立权责清晰、财力协调、区域均衡的中央和地方财政关系"放在了税制改革的首要位置,同时在税制改革部分明确提出了"健全地方税体系"的要求。随着中国特色社会主义进入新时代,人民美好生活的需要日益广泛,不仅对物质文化生活提出了更高的要求,而且在民主、法治、公平、正义、安全、环境等方面的要求日益增长。税收制度不仅要帮助国家更好地筹集财政收入,还要在为人民提供更为优质的公共服务方面提供充足的财力保障。具体来说,深化税制改革的目标是形成税法统一、税负公平、调节有度的税收制度体系,促进科学发展、社会公平和市场统一。

我们不仅要按照税收中性原则,在"营改增"试点全面推开的基础上继续优化增值税制,构建更加公平、简洁的增值税制度;还要高度关注国际税制改革的动态,适应经济全球化发展和"一带一路"建设的需要,以构建"人类命运共同体"的目标为指引,在提升我国税制国际竞争力的同时,以全球视野加强国际税制的协调,为推动全球经济的互联互通和开放、包容发展奠定税制基础。

在现代复合税制体系中,税收还承担着诸多调节功能,在普遍征收增值税的同时,还通过对部分产品和服务选择性开征资源税、环境保护税、消费税等税种起到促进资源节约、环境保护,引导生产和消费的功能。这就要求建立健全间接税体系,按照"调节有度"的要求发挥好税收对经济的调节作用。

本书第一版自面世以来得到广大师生和财税人员的广泛好评。由于近年来税收法规修订频繁、变化很大,特别是2019年1月1日起《中华人民共和国个人所得税法》(修正)的实施、2019年增值税税率的调整,以及2018年1月1日起《中华人民共和国环境保护税法》、2019年7月1日起《中华人民共和国车辆购置税法》的实施,使原有的税法教材已不再适用。由于税法教材要反映最新的法律法规,保持其科学性、时代性、实用性,因此亟须对原教材进行修订。具体来说,本书第二版具有以下特色:

第一,汇集了最新的税收法规。教材必须跟上时代的步伐,既要保持相对稳定性,又要及时反映最新成果,保持其科学性、时代性。本书第二版吸收最新的税收法规、会计法规精神,精选其主干内容,将会计分录运用于税法中,力图以会计的语言表达税法的经济实质。

第二,依据新法规充实了纳税筹划的内容。纳税筹划是纳税人依据所涉及的税境,在遵守税法、尊重税法的前提下,规避涉税风险,控制或减轻税负,以有利于实现企业财务目标的谋划、对策与安排。本书第二版对如何适应新的税收政策,合理筹划增值税、消费税、企业所得税和个人所得税几个主要税种,以使企业税负最轻,并最大限度地实现其财务目标进行了阐述。

第三,更新了配套习题及解析。基于应用性要求,本书第二版依据新法规对配套习题及解析进行了更新,为提高学生的应用能力奠定了坚实的基础。

本书可作为高等院校财经类及其他专业的税法与纳税筹划教材,也可作为各类成人院校及企业人员的培训教材。

本书由张鹏飞担任主编,张鹏飞编写了第一章、第三章至第七章、第九章至第十一章,易锦燕编写了第二章,张涛编写了第八章。本书在编写过程中,参考并汲取了国内外专家、学者的一些研究成果,借鉴了大量与本学科相关的著作、论文等,在此向作者表示衷心的感谢。由于编者水平有限,书中不足之处在所难免,欢迎广大读者批评指正。

编者

2020 年 1 月

第一版前言

党的十八届三中全会提出,财政是国家治理的基础和重要支柱,科学的财税体制是优化资源配置、维护市场统一、促进社会公平、实现国家长治久安的制度保障。必须完善立法、明确事权、改革税制、稳定税负,建立现代财政制度,发挥中央和地方两个积极性。要改进预算管理制度,完善税收制度,建立事权和支出责任相适应的制度。

为落实全会精神,近年来税法修订比较频繁,特别是2016年5月1日全面实施"营改增",使大量的税法教材已不再适用。教材必须跟上时代的步伐,既要保持相对稳定性,又要及时反映最新成果,保持其科学性、时代性。基于此,编者编著了本教材。

税法即税收法律制度,是调整税收关系的法律规范的总称,是国家法律体系的重要组成部分。它是以宪法为依据,调整国家与社会成员在征纳税上的权利和义务关系,维护社会经济秩序和税收秩序,保障国家利益和纳税人合法权益的一种法律规范,是国家税务机关及一切纳税单位和个人依法征纳税的行为规则。随着市场化改革的深入,为了有效地实现国家职能,国家只能合理、合法、合宪地向纳税人征税。因此,税法既是国家财政收入取得的授权规则,又是纳税人财产权实现的保护法律。随着社会专业化分工日益细化,如何实现对纳税人纷繁复杂、形式各异的经济活动的平等课税,应当是各国税法规则设计的重点所在。

纳税筹划是纳税人依据所涉及的税境,在遵守税法、尊重税法的前提下,规避涉税风险,控制或减轻税负,以有利于实现企业财务目标的谋划、对策与安排。

本书基于高等院校财经类专业人才的特点及人才培养目标的总体要求,在总结高校财经类专业教学改革的基础上,吸收最新的税收法规、会计法规,精选其主干内容,将会计分录运用于税法中,力图以会计的语言表达税法的经济实质;以企业主要税种的计算、纳税申报、征收管理、纳税筹划和账务处理为主线,重点阐述了我国现行税法的基本理论与方法;基于应用性要求,附有典型习题及解析,为提高学生的应用能力奠定坚实的基础。

本书力求做到结构严谨,体系完整,条理分明,材料翔实,及时、准确地反映最新研究成果;力求简练规范、通俗生动,成为理论性、实用性、可读性都较强的一部税法教材。

本书可作为高等院校财经类及其他专业的税法教材,也可作为各类成人院校及企业人员的培训教材。

本书由张鹏飞担任主编,张鹏飞编写了第一章、第三章至第七章、第九章至第十一章,易锦燕编写了第二章,张涛编写了第八章,刘锦凤、张福至、王育霞、姜琪等做了大量的资料收集、整理工作。本书在编写过程中,参考并汲取了国内外专家、学者的一些研究成果,在此表示衷心的感谢。由于编者水平有限,书中不足之处在所难免,欢迎广大读者批评指正。

编者

2016 年 5 月

目 录

第一章 税法概论 ··· 1
    第一节 税法的概念 ·· 1
    第二节 税法的地位及与其他法律的关系 ································· 8
    第三节 税法的制定和实施 ··· 11
    第四节 我国现行的税法体系及税制沿革 ······························ 15
    第五节 我国的税收管理体制 ··· 16

第二章 增值税法 ··· 19
    第一节 增值税的征税原理及纳税义务人 ······························ 19
    第二节 一般纳税人和小规模纳税人的认定 ··························· 26
    第三节 税率与征收率 ··· 27
    第四节 一般纳税人应纳税额的计算 ····································· 29
    第五节 小规模纳税人应纳税额的计算 ································· 37
    第六节 进口货物征税 ··· 41
    第七节 出口货物和劳务的退(免)税 ··································· 42
    第八节 增值税的征收管理 ·· 51
    第九节 增值税专用发票的使用及管理 ································· 53
    第十节 增值税的纳税筹划 ·· 56

第三章 消费税法 ··· 65
    第一节 消费税的纳税义务人 ··· 65

第二节　消费税的税目、税率 …………………………………………… 66
　　第三节　消费税应纳税额的计算 …………………………………………… 69
　　第四节　委托加工与进口应税消费品应纳税额的计算 …………………… 72
　　第五节　出口应税消费品退（免）税 ……………………………………… 75
　　第六节　消费税的征收管理 ………………………………………………… 76
　　第七节　消费税的纳税筹划 ………………………………………………… 78

第四章　城市维护建设税和教育费附加 ………………………………………… 83
　　第一节　城市维护建设税 …………………………………………………… 83
　　第二节　教育费附加 ………………………………………………………… 85

第五章　关税法 …………………………………………………………………… 87
　　第一节　关税的征税对象与纳税义务人 …………………………………… 87
　　第二节　关税的进出口税则 ………………………………………………… 88
　　第三节　关税完税价格及应纳税额的计算 ………………………………… 93
　　第四节　关税的减免 ………………………………………………………… 99
　　第五节　行李和邮递物品进口税 …………………………………………… 101
　　第六节　关税的征收管理 …………………………………………………… 103

第六章　资源类税法 ……………………………………………………………… 105
　　第一节　资源税法 …………………………………………………………… 105
　　第二节　城镇土地使用税法 ………………………………………………… 110
　　第三节　耕地占用税法 ……………………………………………………… 114
　　第四节　土地增值税法 ……………………………………………………… 117
　　第五节　环境保护税法 ……………………………………………………… 124

第七章　财产、行为类税法 ……………………………………………………… 129
　　第一节　房产税法 …………………………………………………………… 129
　　第二节　车船税法 …………………………………………………………… 133

第三节　车辆购置税法 …………………………………………… 137
　　第四节　契税法 …………………………………………………… 140
　　第五节　印花税法 ………………………………………………… 143

第八章　企业所得税法 …………………………………………………… 152
　　第一节　企业所得税纳税义务人与征税对象 …………………… 152
　　第二节　企业所得税的税率 ……………………………………… 153
　　第三节　应纳税所得额的计算 …………………………………… 154
　　第四节　资产的税务处理 ………………………………………… 167
　　第五节　资产损失税前扣除的所得税处理 ……………………… 174
　　第六节　企业重组业务的所得税处理 …………………………… 184
　　第七节　应纳税额的计算 ………………………………………… 188
　　第八节　企业所得税的税收优惠 ………………………………… 194
　　第九节　企业所得税特别纳税调整 ……………………………… 204
　　第十节　企业所得税的纳税申报及缴纳 ………………………… 207
　　第十一节　企业所得税的纳税筹划 ……………………………… 211

第九章　个人所得税法 …………………………………………………… 223
　　第一节　个人所得税的纳税义务人和征收模式 ………………… 224
　　第二节　所得来源地的确定 ……………………………………… 225
　　第三节　应税所得项目 …………………………………………… 226
　　第四节　应纳税所得额的确定 …………………………………… 229
　　第五节　个人所得税的税率 ……………………………………… 232
　　第六节　个人所得税应纳税额的计算 …………………………… 234
　　第七节　个人所得税的税收优惠 ………………………………… 244
　　第八节　境外所得已纳税额的扣除 ……………………………… 247
　　第九节　个人所得税的征收管理 ………………………………… 249
　　第十节　个人所得税的纳税筹划 ………………………………… 253

第十章　税收征收管理法 ………………………………………………… 257
第一节　税收征收管理法概述 ………………………………………… 257
第二节　税务管理 …………………………………………………… 259
第三节　税款征收 …………………………………………………… 264
第四节　税务检查 …………………………………………………… 270

第十一章　税务行政法规 ………………………………………………… 276
第一节　税务行政处罚 ………………………………………………… 276
第二节　税务行政复议 ………………………………………………… 283
第三节　税务行政诉讼 ………………………………………………… 291
第四节　税务行政赔偿 ………………………………………………… 297

习　题 …………………………………………………………………… 301

参考文献 ………………………………………………………………… 331

第一章 税法概论

【本章重点】

税法的概念:定义、法律关系、构成要素和分类;税法的地位及与其他法律的关系:与宪法、民法、刑法的关系;税法的制定及法律级次:税收法律、税收法规和税收规章;我国现行的税法体系:五类,19个税种;我国的税收管理体制:税收立法权和税收执法权的划分。

【本章难点】

税法与宪法、民法、刑法的关系;税收立法权、税收执法权的划分。

第一节 税法的概念

税收是政府为了满足社会公共需要,凭借政治权力,强制、无偿地取得财政收入的一种形式。税收的本质特征具体体现为税收制度,税收制度即为税制。

税制是在税收分配活动中税收征纳双方所应该遵守的行为规范的总和,包括各税种的法律法规及为了保证这些税法得以实施的税收征管制度和税收管理制度。其中,各税种的法律法规是税收制度的核心内容。税法作为税收制度的法律表现形式,其所确定的具体内容就是税收制度。

因此,要掌握税法,首先需要理解税收方面的基础知识和基本原理,否则,很难准确地理解税法的政策含义,进而无法根据自身的实际情况判断税法对社会经济活动和日常生活所产生的影响。

一、税法的定义

(一)税法的概念

税法是国家制定的用以调整国家与纳税人之间在征纳税方面权利与义务关系

的法律规范的总称。

（二）税收与税法的关系

税收与税法密不可分,税收是税法所确定的具体内容,反映国家与纳税人之间的经济分配关系;税法则是税收的法律表现形式,体现国家与纳税人之间在征纳税方面的权利义务关系。有税收必有税法,税收是国家运用政治权力向社会取得收入的行为,它必须严格依照税法规定的范围、标准、程序办事,税法则制约和调整因税收而发生的各种社会关系;税收本身是来源于税法的活动,因此税收和税法在本质、任务、目的和作用等方面的内容是一致的。

但是,税收和税法是两个不同的概念。它们之间的区别在于税收属于经济领域内的分配环节,而税法则是反映这一经济活动的上层建筑;税收决定税法,有什么样的税收,就要制定相应的税法。税法反过来规范税收,为税收服务,以保证税收活动的正常进行。税收的对象是一定范围内国家集中的部分国民收入和积累的社会财富,税法的调整对象则是征纳过程中的一种社会关系。

（三）税收的特征

税收具有强制性、无偿性、固定性的形式特征。此"三性"是税收分配形式与其他财政分配形式的质的区别,是税收本质属性的外在表现,是区别税与非税的外在尺度和标志。

（1）强制性,指国家凭借政治权力,依照法律强制征税,纳税人必须依法纳税,否则将受到法律制裁。

（2）无偿性,指国家征收的税款归国家所有,不再直接返还给纳税人,也不做任何经济利益的交换,体现了财政分配的本质。

（3）固定性,指国家通过法律形式预先规定了每个税种的征税范围、计税标准及征收比例或数额,按预定标准征收。这些标准在一定时期内具有相对的稳定性,体现了税法的严肃性。

税收"三性"是一个完整的统一体,它们相辅相成、缺一不可。其中,无偿性是核心,强制性是保障,固定性是对无偿性与强制性的一种规范和约束。

二、税收法律关系

税收法律关系是由税收法律规范确认和调整的,国家与纳税人之间发生的具有权利和义务内容的社会关系。税收法律关系的一方主体始终是国家,税收法律关系主体双方具有单方面的权利与义务内容,税收法律关系的产生以纳税人发生了税法规定的行为或事实为根据。

（一）税收法律关系的构成

税收法律关系在总体上与其他法律关系一样,都是由权利主体、权利客体、税收法律关系的内容三个方面构成,从这三个方面的内涵来看,税收法律关系则具有特殊性。

（1）权利主体,指在税收法律关系中享有权利和承担义务的当事人,主要包括国家、征税机关、纳税人和扣缴义务人。

（2）权利客体,指税收法律关系主体的权利和义务所指向的对象,主要包括货币、实物和行为等征税对象。

（3）税收法律关系的内容,指税收法律关系主体所享有的权利和所承担的义务,主要包括纳税人的权利和义务与征税机关的权利和义务。它是税收法律关系中最实质的东西,是税法的灵魂。

（二）税收法律关系的产生、变更与消灭

税法是引起税收法律关系的前提条件,但税法本身并不能产生具体的税收法律关系。税收法律关系的产生、变更与消灭必须有能够引起税收法律关系产生、变更与消灭的客观情况,也就是由税收法律事实来决定。税收法律事实可以分为税收法律事件和税收法律行为,税收法律事件是指不以税收法律关系主体的意志为转移的客观事件,如自然灾害;税收法律行为是指税收法律关系主体在正常意志支配下进行的活动,如纳税人开业经营即产生税收法律关系,纳税人转业或停业就造成税收法律关系的变更或消灭。

（三）税收法律关系的保护

税收法律关系是同国家利益及企业和个人的权益相联系的。保护税收法律关系,实质上就是保护国家正常的经济秩序,保障国家财政收入,维护纳税人的合法权益。税法中关于限期纳税、征收滞纳金和罚款的规定;对纳税人不服税务机关征税处理决定,可以申请复议或提出诉讼的规定;以及刑法中对构成逃税、抗税罪给予刑罚的规定,都是对税收法律关系的直接保护。

三、税法的构成要素

税法的构成要素是指每部单行税法都必须具备的基本内容。一般包括总则、纳税义务人、征税对象、税目、税率、纳税环节、纳税期限、纳税地点、减税免税、罚则、附则等项目。

（一）总则

总则主要包括立法依据、立法目的、适用原则等。

（二）纳税义务人

纳税义务人即纳税主体，是税法规定的直接负有纳税义务的单位和个人。

（三）征税对象

征税对象即纳税客体，是区分不同税种的主要标志。

（四）税目

税目是各个税种所规定的具体征税项目，它是征税对象的具体化。

（五）税率

税率是对征税对象的征收比例或征收额度，体现了征税的深度。我国现行的税率主要有：

1. 比例税率

比例税率是指对同一征税对象不论数额大小，都按同一比例征税，税额占征税对象的比例总是相同的。比例税率是最常见的税率之一，应用广泛。比例税率具有横向公平性，其主要优点是计算简便，便于征收和缴纳。目前采用这种税率的有增值税、企业所得税等。

2. 超额累进税率

超额累进税率即把征税对象按数额大小分成若干等级，每一等级规定一个税率，税率依次提高，目前采用这种税率的有个人所得税。

3. 定额税率

定额税率又称固定税率，是按征税对象的计量单位直接规定应纳税额的税率形式，征税对象的计量单位主要有吨、升、平方米、千立方米、辆等。定额税率一般适用于从量定额计征的某些征税对象，实际是从量比例税率。目前采用这种税率的有资源税、车船税等。

4. 超率累进税率

超率累进税率即以征税对象数额的相对率划分若干级距,分别规定相应的差别税率,相对率每超过一个级距的,对超过的部分就按高一级的税率计算征税。目前采用这种税率的有土地增值税。

（六）纳税环节

纳税环节是征税对象在从生产到消费的流转过程中应当缴纳税款的环节。

（1）流转税:在生产和流通环节纳税。

（2）所得税:在分配环节纳税。

（七）纳税期限

纳税期限是指纳税人按照税法规定缴纳税款的期限。

（八）纳税地点

纳税地点是指纳税人的具体纳税地点。

（九）减税免税

减税免税是对某些纳税人和征税对象采取减少征税或免予征税的特殊规定。

（十）罚则

罚则主要是对纳税人违反税法的行为采取的处罚措施。

（十一）附则

附则一般都规定与该法紧密相关的内容,包括该法的解释权和生效时间等。

四、税法的分类

税法体系中按照各税法的立法目的、征税对象、权限划分、适用范围、职能作用的不同,可分为不同类型的税法。

（一）按照税法的基本内容和效力的不同进行划分

按照税法的基本内容和效力的不同,税法可分为税收基本法和税收普通法。

1. 税收基本法

税收基本法是指一个国家对税收制度的根本性问题、共同性问题、原则性问题、重大问题和综合性问题而进行的规定,以统帅、约束、指导、协调各单行税收法律法规,在税法体系中具有仅次于宪法的最高法律地位和法律效力;是税法体系的主体和核心,在税法体系中起着母法作用。我国目前还没有制定统一的税收基本法。

2. 税收普通法

税收普通法是对基本法规定的事项分别立法实施的法律,如《中华人民共和国增值税暂行条例》《中华人民共和国企业所得税法》等。

（二）按照税法的功能和作用的不同进行划分

按照税法的功能和作用的不同,税法可分为税收实体法和税收程序法。

1. 税收实体法

税收实体法是指确定税种立法,具体规定各税种的征收对象、征收范围、税目、税率、纳税地点等,如《中华人民共和国企业所得税法》。

2. 税收程序法

税收程序法是指税务管理方面的法律,如《中华人民共和国税收征收管理法》。

（三）按照税法征税对象的不同进行划分

按照税法征税对象的不同,税法可分为以下几种类型:

1. 对流转额课税的税法

如:《中华人民共和国增值税暂行条例》《中华人民共和国消费税暂行条例》《中华人民共和国海关法》等。

2. 对所得额课税的税法

如:《中华人民共和国企业所得税法》《中华人民共和国个人所得税法》等。

3. 对资源课税的税法

如:《中华人民共和国资源税暂行条例》《中华人民共和国城镇土地使用税暂行条例》《中华人民共和国耕地占用税暂行条例》《中华人民共和国土地增值税暂行条例》《中华人民共和国环境保护税法》等。

4. 对财产课税的税法

如:《中华人民共和国房产税暂行条例》《中华人民共和国车船税法》等。

5. 对特定行为课税的税法

如:城市维护建设税、印花税、车辆购置税、契税、船舶吨税、烟叶税等暂行条例。

（四）按照主权国家行使税收管辖权的不同进行划分

按照主权国家行使税收管辖权的不同，税法可分为国内税法、国际税法和外国税法。

1. 国内税法

国内税法是指一国在其税收管辖权范围内调整税收分配过程中形成的权利义务关系的法律规范的总称，是由国家最高权力机关和经由授权或依法律规定的国家行政机关制定的税收法律、法规、规章等规范性文件。其效力范围在地域上和对人上均以国家税收管辖权所能达到的管辖范围为准。我们通常所说的税法即是指国内税法。

2. 国际税法

国际税法是指调整国家与国家之间税收权益分配的法律规范的总称。它包括政府间的双边或多边税收协定、关税互惠公约、经济合作与发展组织范本、联合国范本及国际税收惯例等。其内容涉及税收管辖权的确定、税收抵免及无差别待遇、最惠国待遇等。国际税法是国际法的特殊组成部分，一旦得到一国政府和立法机关的法律承认，国际税法的效力就高于国内税法。

3. 外国税法

外国税法是指外国各个国家制定的税收法律制度。

五、税法的作用

税法是调整经济分配关系的法律，其作用是由税收的职能和法的一般功能决定的，为征税机关进行税收征管和纳税人保护自己的权益提供法律依据和法律保障。税法的作用可以概括如下：

（1）税法是国家取得财政收入的重要保障。税法为取得税收收入提供的保障作用，一方面体现在税法作为义务性法规，设定了种种纳税义务；另一方面体现在法律要求相对的稳定性，不能朝令夕改。

（2）税法是正确处理税收分配关系的法律依据。税收分配是社会剩余产品由纳税人向国家无偿、单向的转移。

（3）税法是国家调控宏观经济的重要手段。调节宏观经济是税收的基本职能之一。税收采用法的形式，可以将税收的经济优势与法律优势结合起来，使税收杠杆在宏观经济调控中更为灵敏、有力。其一,税收采用法的形式可以防止税收杠杆的软化;其二,税法借助评价、预测和教育作用,可以增强税收杠杆的导向性,使其对宏观经济的调控更为灵敏。

(4)税法具有维护经济秩序的作用。税收本身是一种经济管理活动,税收采用法的形式,使其对经济活动的监督上升到法律的高度,成为法律监督的组成部分,其约束力无疑大为增强了。税法监督可以及时发现一般性违反税法行为,打击税收领域的犯罪活动、维护经济秩序。

(5)税法是维护国家权益的重要手段。在对外经济交往中,税法是维护国家权益的基本手段之一。这一作用主要体现在以下几个方面:其一是关税的征收;其二是所得税的征收,对跨国纳税人征收所得税可以防止国家税收利益向国外流失;其三是其他税种的征收,可使国内纳税人与跨国纳税人获得相同的税收待遇,防止税收歧视,维护国家权益,促进国际经济交往。

第二节 税法的地位及与其他法律的关系

一、税法的地位

税法是我国法律体系的重要组成部分。在我国法律体系中,税法的地位是由税收在国家经济活动中的重要性决定的,是国家法律体系中的一个重要部门法,它是调整国家与各个经济单位及公民个人经济分配关系的基本法律规范。

税收收入是政府取得财政收入的基本来源,而财政收入是维持国家机器正常运转的经济基础。税收是国家宏观调控的重要手段,因为它是调整国家与各个经济单位及公民个人经济分配关系最基本、最直接的方式。特别是在市场经济条件下,税收的上述两项作用表现得非常明显。税收与法密不可分,有税必有法,无法不成税。现代国家大多实行立法征税、依法治税的原则,即政府的征税权由宪法授予,税收法律须经议会批准,税务机关履行职责必须依法办事,税务争议要按法定程序解决。简而言之,国家的一切税收活动,均以法定方式表现出来。因此,税法属于国家法律体系中一个重要的组成部分,它是调整国家与各个经济单位及公民个人经济分配关系的基本法律规范。

二、税法与其他法律的关系

在我国的法律体系中,各个法律之间,不管是横向还是纵向都有其密切相关性。涉及税收征纳关系的法律规范,除税法本身直接在税收实体法、税收程序法、税收争讼法、税收处罚法中的规定外,在某种情况下也需要援引一些其他法律。因此,税法与其他法律或多或少地具有相关性。

(一)税法与《中华人民共和国宪法》的关系

(1)《中华人民共和国宪法》(以下简称《宪法》)是我国的根本大法,它是制定所有法律、法规的依据和章程。

(2)税法要服从《宪法》。《宪法》规定,国家要保护公民的合法的私有财产不受侵犯,保护公民的人身自由不受侵犯等。因此,立法机关在制定税法时,就要规定公民应享受的各项权利及国家税务机关行使征税权的约束条件,同时要求税务机关在行使征税权时不能侵犯公民的合法权益等。《宪法》第三十三条规定:"中华人民共和国公民在法律面前一律平等。"也就是说,凡是中国公民都应在法律面前处于平等的地位。立法机关在制定税法时也应遵循这个原则,对所有的纳税人要平等对待,不能因纳税人的种族、性别、出身、年龄等不同而在税收上给予不平等的待遇。

(3)税法是国家法律体系的组成部分。税法是国家法律体系的组成部分,当然也是依据《宪法》的原则制定的。《宪法》第五十六条规定:"中华人民共和国公民有依照法律纳税的义务。"这里首先明确了国家可以向公民征税,同时也明确了向公民征税要有法律依据。因此,我国《宪法》的这一条规定是立法机关制定税法并据以向公民征税及公民必须依照税法纳税的最直接的法律依据。

(二)税法与《中华人民共和国民法》的关系

《中华人民共和国民法》(以下简称《民法》)是调整平等主体之间,也就是公民之间、法人之间、公民与法人之间财产关系和人身关系的法律规范。税法是调整国家与纳税人之间税收征纳关系的法律规范的总称。

1. 联系

当税法的某些规范与《民法》的规范基本相同时,税法一般援引《民法》条款。在征税过程中,经常涉及大量的民事权利和义务问题。比如,印花税中有关经济合同关系的成立、房产税中有关房屋的产权认定等,这些在《民法》中已予以规定,所以税法就不再另行规定。当涉及税收征纳关系的问题时,一般应以税法的规范为准则。比如,两个关联企业之间,一方以高进低出的价格与对方进行商业交易,然后再以其他方式从对方取得利益补偿,以达到避税的目的。虽然上述交易符合《民法》中规定的"民事活动应遵循自愿、公平、等价有偿、诚实信用"原则,但是违反了税法的规定,因此应该按照税法的规定对这种交易做相应的调整。

2. 区别

《民法》的特点是平等、等价和有偿,而税法的本质是国家依据政治权力向公民课税,具有强制性、无偿性和固定性。这种税收征纳关系不是商品的关系,明显带有国家意志和强制的特点,其调整要采用命令和服从的方法,这是由税法与《民法》的本质区别所决定的。

(三) 税法与《中华人民共和国刑法》的关系

1. 联系

二者的联系是税法和《中华人民共和国刑法》(以下简称《刑法》)对违反税法的行为都规定了处罚条款,区分情节轻重予以处罚,轻者给予行政处罚,重者给予刑事处罚。《刑法》中有关涉税犯罪的规定,是税法顺利执行的有力保证。

2. 区别

二者的区别是《刑法》是关于犯罪、刑事责任与刑罚的法律规范的总称,而税法则是调整税收征纳关系的法律规范。应该指出的是,违法与犯罪是两个概念,违反了税法,并不一定就是危害税收征管罪。比如,《刑法》第二百零一条规定:"纳税人采取欺骗、隐瞒手段进行虚假纳税申报或者不申报,逃避缴纳税款数额较大并且占应纳税额百分之十以上的,处三年以下有期徒刑或者拘役,并处罚金;数额巨大并且占应纳税额百分之三十以上的,处三年以上七年以下有期徒刑,并处罚金。"

而《中华人民共和国税收征收管理法》第六十三条规定:"纳税人伪造、变造、隐匿、擅自销毁账簿、记账凭证,或者在账簿上多列支出或者不列、少列收入,或者经税务机关通知申报而拒不申报或者进行虚假的纳税申报,不缴或者少缴应纳税款的,是偷税。对纳税人偷税的,由税务机关追缴其不缴或者少缴的税款、滞纳金,并处不缴或者少缴的税款百分之五十以上五倍以下的罚款;构成犯罪的,依法追究刑事责任。"从上述内容可以看出,两者之间的区别就在于情节是否严重,轻者给予行政处罚,重者则要承担刑事责任,给予刑事处罚。可见违法不一定犯罪,犯罪一定违法。

2009年2月28日,第十一届全国人大常委会第七次会议表决通过了《刑法修正案(七)》,修订后的《刑法》对第二百零一条关于不履行纳税义务的定罪量刑标准和法律规定中的相关表述方式进行了三个方面的修改。

修改一:用"逃避缴纳税款"的表述取代了原法律条文中"偷税"的表述。"偷"是指将属于别人的财产据为己有,而在税收问题上,应缴税款原本是属于纳税人的财产,之所以发生过去所说的"偷税"行为,是因为纳税人没有依法履行纳税义务,因此有必要将这种行为与平常概念中的盗窃行为加以区别。《刑法》不再使用"偷税"的表述,反映出立法者在公民财产概念理解上的变化。

修改二:不再对不履行纳税义务的定罪量刑标准和罚金标准做具体数额规定,即取消了《刑法》修改前分别规定的"一万元以上不满十万元"和"十万元以上"的具体数额标准。修改后的《刑法》规定:纳税人采取欺骗、隐瞒手段进行虚假纳税申报或者不申报,逃避缴纳税款数额较大并且占应纳税额百分之十以上的,处三年以下有期徒刑或者拘役,并处罚金;数额巨大并且占应纳税额百分之三十以上的,处三年以上七年以下有期徒刑,并处罚金。

修改三:增加了新的规定,有逃避缴纳税款行为的纳税人,经税务机关依法下达追缴通知后,补缴应纳税款,缴纳滞纳金,已受行政处罚的,不予追究刑事责任;但是,五年内因逃避缴纳税款受过刑事处罚或者被税务机关给予二次以上行政处罚的除外。

第三节 税法的制定和实施

一、我国税收的立法原则

税收立法原则是指在税收立法活动中必须遵循的准则。我国的税收立法原则是根据我国的社会性质和具体国情确定的,是立法机关根据社会经济活动、经济关系,特别是税收征纳双方的特点确定的,是贯穿于税收立法工作始终的指导方针。税收立法主要应遵循以下几个原则:

1. 从实际出发原则

从实际出发,是唯物主义思想路线在税收立法实践中的运用和体现。贯穿这个原则,首先要求税收立法必须根据经济、政治发展的客观需要,反映客观规律,也就是从中国国情出发,充分尊重社会经济发展的规律和税收分配理论;其次要求客观反映一定时期国家、社会、政治、经济等各方面的实际情况,既不能被某些条条框框所束缚,又不能盲目抄袭别国的立法模式。在此基础上,充分运用科学知识和技术手段,不断丰富税收立法理论,完善税法体系,以满足社会主义市场经济发展的客观需要。

2. 公平原则

所谓公平,就是要体现合理负担原则。在市场经济体制下,参加市场竞争的各个主体需要一个平等竞争的环境,而税收的公平是实现平等竞争的重要条件。公平主要体现在三个方面:一是从税收负担能力上看,负担能力强的应多纳税,负担能力弱的应少纳税,没有负担能力的不纳税;二是从纳税人所处的生产和经营环境上看,因客观环境优越而取得超额收入或级差收益者应多纳税,反之则少纳税;三是从税负平衡上看,不同地区、不同行业之间及多种经济成分之间实际税负必须尽可能地公平。

3. 民主决策原则

民主决策原则主要是指税收立法过程中必须充分倾听群众的意见,严格按照法定程序进行,确保税收法律能体现广大群众的根本利益。坚持这个原则,要求税收立法的主体应以人民代表大会及其常务委员会(以下简称"常委会")为主,按照法定程序进行;对税收法案的审议,要进行充分的辩论,倾听各方面意见;税收立法过程要公开化,让广大群众及时了解税收立法的全过程、立法过程中各个环节的争论情况以及是如何达成共识的。

4. 原则性与灵活性相结合原则

在制定税法时,要求明确、具体、严谨、周密。但是,为了保证税法制定后在全国范围内、在各个地区都能贯彻执行,不与现实脱节,又不能规定得过细、过死,这就要求坚持原则性与灵活性相结合的原则。具体来讲,就是必须贯彻法制统一性与因时、因地制宜相结合。法制的统一性,表现在税收立法上,就是税收立法权只能由国家最高权力机关来行使。但是,我国又是一个幅员辽阔、人口众多、多民族聚居的国家,各地区经济文化发展水平不平衡,政治状况也不尽相同,因而对不同地区不能强求一样。因此,为了照顾不同地区,特别是少数民族地区不同的情况和特点,充分发挥地方的积极性,在某些情况下,我国允许地方在遵守国家法律、法规的前提下,制定适合当地的实施办法等。因此,只有贯彻这个原则,才能制定出既符合全国统一性要求,又能适应各地区实际情况的税法。

5. 法律的稳定性、连续性与废、改、立相结合原则

制定税法是与一定的经济基础相适应的,税法一旦制定,在一定阶段内就要保持其稳定性,不能朝令夕改,变化不定。如果税法经常变动,则不仅会破坏税法的权威性和严肃性,而且会给国民经济生活造成非常不利的影响。但是,这种稳定性不是绝对的,因为社会政治、经济状况是不断变化的,税法也要有相应的发展变化。这种发展变化具体表现在:有的税法已经过时,需要废除;有的税法部分失去效力,需要修改、补充;根据新的情况,需要制定新的税法。此外,还必须注意保持税法的连续性,即税法不能中断,在新的税法制定前,原有的税法不应随便中止和废除;在修改、补充或制定新的税法时,应保持与原有税法的承续关系,在原有税法的基础上,结合新的实践经验,修改、补充原有的税法和制定新的税法。只有遵循这个原则,才能制定出符合社会政治、经济发展规律的税法。

二、我国税法的制定

(一)税收立法机关的确定

我国目前尚无法律对税收的立法权限划分做出明确规定。立法机关和行政机关之间,即全国人大及其常委会和国务院之间各自的税收立法权限界线不是很清晰;最高立法机关内部,即全国人大与其常委会之间税收立法权限的划分也不甚明了。

现行《宪法》规定,全国人大及其常委会制定法律,国务院、地方人大制定税收法规,国务院税务主管部门、地方政府制定税收规章制度。具体如下:

(1)全国人大及其常委会立法。

(2)全国人大或人大常委会授权国务院立法。

(3)国务院制定税收行政法规。

(4)地方人大及其常委会制定税收地方性法规。

（5）国务院税务主管部门制定税收规章。

（6）地方政府制定税收地方规章。

（二）税法的制定与法律级次

我国制定税收法规的机关不同，其法律级次也不同，具体如下：

1. 税收法律

（1）全国人大及其常委会立法。其地位仅次于《宪法》，是最高级次的税法。例如，《中华人民共和国企业所得税法》《中华人民共和国个人所得税法》《中华人民共和国车船税法》《中华人民共和国税收征收管理法》。

（2）全国人大及其常委会授权国务院立法。其有法律性质地位，但未经立法程序。例如，《中华人民共和国增值税暂行条例》《中华人民共和国消费税暂行条例》《中华人民共和国资源税暂行条例》《中华人民共和国土地增值税暂行条例》等。

2. 税收法规

（1）由国务院制定的税收行政法规。例如，《中华人民共和国企业所得税法实施条例》《中华人民共和国税收征收管理法实施细则》等。

（2）由地方人大及其常委会制定的税收地方性法规。例如，海南省、民族自治地区有权制定税收地方性法规，其他省、市一般都无权制定税收地方性法规。

3. 税收规章

（1）由国务院税务主管部门，如财政部、税务总局、海关总署制定的税收部门规章。例如，财政部颁发的《中华人民共和国增值税暂行条例实施细则》，国家税务总局颁发的《税务代理试行办法》等。

（2）由地方政府制定的税收规章。例如，城市维护建设税、车船税、房地产税等地方性税种都是由地方政府制定实施细则。

（三）税收的立法程序

我国税收立法的程序主要包括三个阶段：

1. 提议阶段

提出议案是立法的第一道程序，法律案是由有权提出议案的机关、组织和人员依据法定程序向有权立法的机关提出的关于制定、修改、补充和废止某项法律的建议。提出法律案不等于提出法律草案，但实际中，提出法律案的机关或人员，往往在提出议案前，已经进行了一定的立法准备活动，对相关问题做了比较充分的研究,并且也拟订了相应的法律草案。我国的税法议案多由国务院提出。

2. 审议阶段

税收法规由国务院负责审议,在经国务院审议通过后,以议案的形式提交全国人大常委会的有关工作部门,在广泛征求意见并做修改后,提交全国人大或其常委会审议通过。

3. 通过和公布阶段

税收行政法规由国务院总理签发,税收法律由国家主席签发。

三、我国税法的实施

税法的实施包括税收执法和税收守法两个方面。由于税法具有多层次的特点,因此在税收执法过程中,一般按以下原则处理:

(1) 层次高的法律优于层次低的法律;

(2) 在同一层次的法律中,特别法优于普通法;

(3) 国际法优于国内法;

(4) 实体法从旧,程序法从新。

第四节 我国现行的税法体系及税制沿革

一、我国现行税法体系的内容及法律制度的适用

我国现行的税收实体法由 19 部税收法律、法规组成。按其性质和作用,我们可以将其大致分为五类,即流转税类、所得税类、资源税类、财产税类和行为税类。

凡由税务机关负责征收的税种适用《中华人民共和国税收征收管理法》,由海关负责征收的税种适用《中华人民共和国海关法》和《中华人民共和国进出口关税条例》。

二、我国税收制度的沿革

中华人民共和国成立 70 年来,随着国家政治、经济形势的发展,税收制度的建立与发展经历了一个曲折的过程。从总体来看,大致每隔十年税制就要进行一次调整。

(1) 1953 年,形成中华人民共和国税制的"雏形"。设立了 15 个税种,原房产

税、消费税并入文化娱乐税和营业税;新开征了契税、船舶吨税和农业税。

(2) 1963年,开征集市交易税,后于1966年停征。

(3) 1973年,简化工商税制。只保留了7个税种,即工商税、所得税、房产税、车船税、屠宰税、统一税、集市税。

(4) 1983年,实行利改税。设立了32个税种。

(5) 1993年,实行分税制改革。设立了24个税种,形成以增值税为主、所得税为辅、财产税为补充的格局。

(6) 2003年,依据"简税制、宽税基、降税率、严征管"的税改原则,做了以下一些工作:取消农业税,完成增值税转型,逐年降低关税,合并内、外资企业所得税法,修订个人所得税法和增值税法、消费税法、营业税法。

(7) 2013年,新的一轮税制改革拉开序幕。党的十八届三中全会提出:"财政是国家治理的基础和重要支柱,科学的财税体制是优化资源配置、维护市场统一、促进社会公平、实现国家长治久安的制度保障。必须完善立法、明确事权、改革税制、稳定税负、透明预算、提高效率,建立现代财政制度,发挥中央和地方两个积极性。要改进预算管理制度,完善税收制度,建立事权和支出责任相适应的制度。"在此指导思想下,我国完成了营业税改征增值税,开征了环境保护税,修订了个人所得税,财产税、遗产与赠与税、房地产税、碳税已在酝酿中。

目前我国财政收入中约90%来源于税收,10%来源于收费(如铁路建设基金、电力建设基金、三峡工程建设基金、公路建设基金、新菜地开发基金、民航基础设施建设基金、教育费附加、邮电附加、港口建设费、市话初装费、民航机场管理建设基金等)。

宽口径的财政收入还应包含社会保险费收入、土地出让金收入、罚没收入及国有企业上缴的红利等。

我国的税基不够宽广,如博彩税、烟草税、燃油税等一些国际上通行的税种我国都还没有开征。

第五节 我国的税收管理体制

一、税收管理体制的概念

税收管理体制是在各级国家机构之间划分税权的制度,是税收制度的重要组成部分,也是财政管理体制的重要组成部分。

一个国家税法的制定和贯彻执行以及税收管理的实现与税款的征解入库等,都必须依靠各级政府的协同活动才能顺利完成。同时,各级政府在执行各自职能的过程中,也需要一定的收入供其安排使用。为此有必要在中央和地方政府之间建立起一套税收立法、执法及税收管理权限划分的行政规范,以调动各方面共同搞好征收管理、完成税收任务的积极性,并使各级政府都有一部分可供支配的财务,保证其职能的实现。这种划分税收管理权限的行政规范,就是税收管理体制。

二、税收立法权的划分

税收立法是享有立法权的国家机关制定、公布、修改、变更和终止调整税收法律关系的法律规范的活动。我国税收立法应兼顾以下原则:确保国家稳定的财政收入原则,公平税负、合理负担原则,促进竞争、提高效率原则,以及简便易行原则。

在税收立法和税法制定方面,我国一直强调税权集中、税政统一。目前有权制定税法或税收政策的国家机关有全国人大及其常委会、国务院、财政部、国家税务总局、海关总署、国务院关税税则委员会等。

如前所述,税收法律由全国人大及其常委会制定;有关税收的行政法规由国务院制定;有关税收的部门规章由财政部、国家税务总局、海关总署、国务院关税税则委员会等部门制定。

此外,根据我国法律的规定,省、自治区、直辖市人民代表大会及其常委会,民族自治地区人民代表大会和省级人民政府,在不与国家的税收法律、法规相抵触的前提下,可以制定某些地方性的税收法规和规章。

税收法律的制定要经过提出立法议案、审议、表决通过和公布三道程序。上述程序都应当按照法律、法规和制度进行。

三、税收执法权的划分

目前我国的税收执法机构主要有财政部、国家税务总局、海关总署等。

财政部是国务院主管财政收支、财税政策和国有资本金基础工作的宏观调控部门。其主要职责与税收直接相关的内容包括:拟定、执行税收的发展战略、方针政策、中长期规划、改革方案和其他有关政策;提出运用财税政策实施宏观调控和综合平衡社会财力的建议;提出税收立法计划,与国家税务总局共同审议上报税法和税收条例草案;根据国家预算安排,确定财政收支计划;提出税种增减、税目税率调整、减免税和对中央财政影响较大的临时特案减免税的建议;参加涉外税收和国际关税谈判,签订涉外税收协议、协定草案;制定国际税收协议、协定范本;承办国务院关税税则委员会的日常工作;监督财税方针、政策、法规的执行情况。

国家税务总局是国家的最高税务机构,是国务院主管税收工作的部级直属机构。其职责如下:拟定有关的税收法律、法规草案,制定实施细则;提出税收政策建议,并与财政部共同审议上报,制定贯彻落实的措施;参与研究宏观税收政策,中央与地方的税权划分;研究税负总水平,提出运用税收手段进行宏观调控的建议;制定并监督执行税收任务的规章制度;指导地方税收征管任务,组织实施税收征管改革;制定税收征管制度;监督税收法律法规、方针政策的贯彻执行;组织实施中央税,对中央与地方共享税和国家指定的基金(费)进行征收管理;编制税收计划;对税法执行过程中总的征管问题和一般性税收问题进行解释;组织办理有关减免税事宜;开展税收领域的国际交流与合作;参加涉外税收的国际谈判,草签和执行有关的协定及协议;办理进出口商品的增值税、消费税的征收和出口退税业务;组织实施注册税务师的管理;规范税务代理行为。

海关总署是国务院部级直属机构,是主管全国海关工作的行政执法机构。其主要职责之一,是研究拟定关税征收管理条例及其实施细则,组织实施进出口关税和其他税费的征收管理,依法执行反倾销、反补贴措施。海关系统实行垂直领导体制。海关总署下设广东分署、24个局级海关、17个副局级海关和300多个处级以下海关,分别依法独立行使职权。根据对外经济、贸易、科技、文化交流和发展旅游事业的需要,海关机构的设置不受行政区划的限制,一般设在对外开放口岸和货物进出口、人员进出境业务比较集中的地方。

国务院关税税则委员会是国务院的议事协调机构,其主要职责是:审定调整关税税率、关税年度暂定税率、关税配额税率、特别关税(包括反倾销和反补贴税)税率和修订关税税则税目、税号的方案;审议上报国务院的重大关税政策和对外关税谈判方案;提出制定和修订《中华人民共和国进出口关税条例》的方针、政策和原则,并审议其修订方案。

第二章　增值税法

【本章重点】

增值税的基本原理；一般纳税人和小规模纳税人的认定；税率与征收率的确定；应纳税额的计算；进口货物征税、出口货物退（免）税；纳税义务发生时间及纳税期限；纳税地点及纳税申报；增值税专用发票的使用及管理。

【本章难点】

增值税的基本原理；应纳税额的计算；进口货物征税、出口货物退（免）税；增值税专用发票的使用及管理；增值税的纳税筹划。

第一节　增值税的征税原理及纳税义务人

增值税是以商品和劳务在流转过程中产生的增值额为计税依据而征收的一种流转税。增值税是对在我国境内销售货物或者加工、修理修配劳务（以下简称"劳务"），销售服务、无形资产、不动产以及进口货物的单位或个人，就其取得的销售额以及进口额为计税依据计算税款，并实行税款抵扣制的一种流转税。我国现行增值税法的基本规范，是 2017 年 11 月 19 日国务院令第 691 号公布的《中华人民共和国增值税暂行条例》（以下简称《增值税暂行条例》）及 2016 年 5 月 1 日起全面实行"营改增"的政策法规。

一、增值税的基本原理

增值税的征税对象是增值额。增值额是指经营者从事生产或者提供劳务，在购入的商品或者取得劳务的价值基础上新增加的价值额。可以从以下四个方面理解：

（1）从理论上讲，增值额是指生产经营者在生产经营过程中新创造的价值额。增值额相当于商品价值 $C+V+M$ 中的 $V+M$ 的部分。C 即商品生产过程中所消耗的生产资料转移价值；V 即工资，是劳动者自己创造的价值；M 即剩余价值，是劳动者为社会创造的价值。增值额是劳动者新创造的价值，大致相当于国民净产值或国民收入。

（2）就一个生产单位而言，增值额是这个单位商品销售收入额或经营收入额扣除非增值项目（物化劳动，如外购的原材料、燃料、动力、包装物、低值易耗品等）价值后的余额。这个余额，大致相当于该单位活劳动创造的价值。

（3）就一个商品的生产经营过程而言，不论其生产经营经过几个环节，其最后的销售总额应等于该商品从生产到流通的各个环节的增值额之和。

（4）从国民收入分配角度来看，增值额 $V+M$ 相当于国民净产值，包括工资、利润、利息、租金和其他属于增值性的收入。

二、增值税的类型

C 的价值形态有两种：一是存货或劳务（C_1），二是固定资产折旧（C_2）。

对于 C_1 各国均在计税时予以扣除，对于 C_2 则有三种处理方式，由此形成了增值税的三种类型：

1. 生产型增值税

生产型增值税以纳税人的销售收入（或劳务收入）减去用于生产、经营的外购原材料、燃料、动力等物质资料价值后的余额为法定的增值额，但对购入的固定资产及其折旧均不予扣除，由于这个法定增值额等于工资、利润、利息、租金和折旧之和，其内容从整个社会来说相当于国民生产总值，所以被称为生产型增值税。生产型增值税把不属于增值额的固定资产也纳入了征税对象，造成重复征税，但税基宽广。其计算公式如下：

$$生产型增值额 = C+V+M-C_1$$

2. 收入型增值税

收入型增值税除允许扣除外购物质资料的价值外，对于购置用于生产、经营的固定资产，允许将已提折旧的价值额予以扣除。由于这个法定增值额从整个社会

来说相当于国民收入,所以被称为收入型增值税。其计算公式如下:

$$收入型增值额 = C+V+M-C_1-C_2$$

3. 消费型增值税

消费型增值税允许将外购物质资料的价值和用于生产、经营的固定资产价值中的所含税款,在购置当期全部一次扣除。虽然固定资产在原生产经营单位作为商品于出售时都已征税,但当购置者作为固定资产购进使用时,其已纳税款在购置当期已经全部扣除。因此,从整个社会来说,这部分商品实际上没有征税,所以这种类型增值税的课税对象不包括生产资料部分,仅限于当期生产销售的所有消费品,故被称为消费型增值税。其计算公式如下:

$$消费型增值额 = C+V+M-C_1-F$$

式中,F 为购置固定资产支出。

三、增值税的特点

增值税具有以下特点:

1. 普遍征收

现行增值税普遍适用于生产、批发、零售和进口商品及加工、修理修配等领域的各个环节。增值税可以从商品的生产开始,一直延伸到商品的批发和零售等经济活动的各个环节,这使其能够拥有较其他间接税更广泛的纳税人,能够明显改善财政收入。

2. 价外计税

增值税实行价外计税的办法,即以不含增值税的价格为计税依据。销售商品时,增值税专用发票上要分别注明增值税税款和不含增值税的价格,以消除增值税对成本、利润、价格的影响。需要指出的是:增值税的价外计税绝非在原销售价格之外再课征增值税,而是在销售商品时,将原来含税销售价款中的商品价格和增值税,分别列于增值税专用发票上。

例如,甲工厂销售给乙批发企业应税商品计收款项 100 元,增值税税率为 13%。则这 100 元中,销项税额为 $100÷(1+13\%)×13\% = 11.50$(元),实际商品销售价款只有 88.50 元($=100-11.50$)。乙批发企业购买甲工厂的商品时,除了需向甲工厂支付 88.50 元的商品价款,还应同时负担甲工厂的销项税额 11.50 元。甲工厂在增值税专用发票上分别填列销售价款 88.50 元和销项税额 11.50 元。

3. 专用发票避免重复征税

我国在全国范围内使用统一的增值税专用发票,实行根据发票注明税额进行税款抵扣的制度,即除直接向消费者销售货物或应税劳务、销售免税货物、小规模纳税人销售货物及应税劳务等情形必要时应开具普通发票外,企业对外销售其他应税货物或劳务时,必须向购买方开具增值税专用发票。这样,企业即可依据增值税专用发票上记载的销项税额与购买时所付进项税额相抵后的余额,核定企业当期应纳的增值税。增值税专用发票避免了重复征税现象,明确了购销双方之间的纳税利益关系。

四、增值税的征税范围

(一)基本范围

中华人民共和国境内发生的应税销售行为和进口货物等,都应征收增值税。

(二)视同销售的特殊行为

视同销售行为,即指没有直接发生销售,但也要按照正常销售行为征税的行为,通常有以下十种形式:

(1)将货物交付其他单位或个人代销。

(2)销售代销货物。

(3)非在同一县(市)设有两个以上机构并实行统一核算的纳税人,将货物从一个机构移送其他机构用于销售,但相关机构设在同一县(市)的除外。

需要说明的是,下面第(4)至(8)种行为,购买的货物用于企业外部视同销售,用于企业内部不视同销售。

(4)将自产或委托加工的货物用于非应税项目。

(5)将自产或委托加工的货物用于集体福利或个人消费。

(6)将自产、委托加工或购买的货物分配给股东或投资者。

(7)将自产、委托加工或购买的货物作为投资,提供给其他单位或个体经营者。

(8)将自产、委托加工或购买的货物无偿赠送其他单位或个人。

(9)单位和个体工商户向他人无偿提供劳务(服务),公益活动除外。

（10）财政部和国家税务总局规定的其他情形。

(三)《增值税暂行条例》规定的免税项目

（1）农业生产者销售的自产农产品。

（2）避孕药品和用具。

（3）古旧图书。

（4）直接用于科学研究、科学实验和教学的进口仪器、设备。

（5）外国政府、国际组织无偿援助的进口物资和设备。

（6）由残疾人的组织直接进口供残疾人专用的物品。

（7）销售的其他个人使用过的物品。

(四)财政部、国家税务总局规定的免税项目

（1）托儿所、幼儿园提供的保育和教育服务。

（2）养老机构提供的养老服务。

（3）残疾人福利机构提供的育养服务。

（4）婚姻介绍服务。

（5）殡葬服务。

（6）残疾人员本人为社会提供的服务。

（7）医疗机构提供的医疗服务。

（8）从事学历教育的学校提供的教育服务。

（9）学生勤工俭学提供的服务。

（10）农业机耕、排灌、病虫害防治、植物保护、农牧保险以及相关技术培训业务,家禽、牲畜、水生动物的配种和疾病防治。

（11）纪念馆、博物馆、文化馆、文物保护单位管理机构、美术馆、展览馆、书画院、图书馆在自己的场所提供文化体育服务取得的第一道门票收入。

（12）寺院、宫观、清真寺和教堂举办文化、宗教活动的门票收入。

（13）行政单位之外的其他单位收取的符合规定条件的政府性基金和行政事业性收费。

（14）个人转让著作权。

（15）个人销售自建自用住房。

（16）以下利息收入免增值税：

① 自2017年1月1日至2019年12月31日,金融机构农户小额贷款;

② 国家助学贷款;

③ 国债、地方政府债;

④ 人民银行对金融机构的贷款;

⑤ 金融同业往来利息收入;

⑥ 住房公积金管理中心用住房公积金在指定的委托银行发放的个人住房贷款;

⑦ 外汇管理部门在从事国家外汇储备经营过程中,委托金融机构发放的外汇贷款;

⑧ 统借统还业务中,企业集团或企业集团中的核心企业以及集团所属财务公司按不高于支付给金融机构的借款利率水平或者支付的债券票面利率水平,向企业集团或者集团内下属单位收取的利息。

(17) 保险业务:

① 公司开办的一年期以上人身保险产品取得的保费收入;

② 境内保险公司向境外保险公司提供的完全在境外消费的再保险服务。

(18) 下列金融商品转让收入:

① 合格境外投资者(QFII)委托境内公司在我国从事证券买卖业务;

② 香港市场投资者(包括单位和个人)通过沪港通买卖上海证券交易所和深圳证券交易所上市A股、通过基金互认买卖内地基金份额;

③ 证券投资基金管理人运用基金买卖股票、债券;

④ 个人从事金融商品转让业务。

(19) 纳税人提供技术转让、技术开发和与之相关的技术咨询、技术服务。

(20) 学历教育的学校举办进修班、培训班取得的全部归该学校所有的收入。

(21) 政府办职业学校设立的主要为在校学生提供实习场所并由学校出资自办、经营收入归学校所有的企业,从事"现代服务"(不含融资租赁服务、广告服务和其他现代服务)、"生活服务"(不含文化体育服务、其他生活服务和桑拿、氧吧)业务活动取得的收入。

(22) 家政服务企业由员工制家政服务员提供家政服务取得的收入。

(23) 福利彩票、体育彩票的发行收入。

(24) 军队空余房产租赁收入。

(25) 为了配合国家住房制度改革，企业、行政事业单位按房改成本价、标准价出售住房取得的收入。

(26) 将土地使用权转让给农业生产者用于农业生产。

(27) 家庭财产分割的个人无偿转让不动产、土地使用权。

(28) 土地所有者出让土地使用权和土地使用者将土地使用权归还给土地所有者。

(29) 县级以上地方人民政府或自然资源行政主管部门出让、转让或收回自然资源使用权（不含土地使用权）。

(30) 各党派、共青团、工会、妇联、中科协、青联、台联、侨联收取党费、团费、会费，以及政府间国际组织收取会费，不征收增值税。

(31) 中国邮政集团公司及其所属邮政企业提供的邮政普遍服务、邮政特殊服务、为金融机构代办金融保险业务取得的代理收入。

(32) 为安置随军家属就业而新开办的企业、从事个体经营的军队转业干部，自领取税务登记证之日起，其提供的应税服务3年内免征增值税。

(33) 2017年1月1日至2019年12月31日，对广播电视运营服务企业收取的有线数字电视基本收视维护费和农村有线电视基本收视费，免征增值税。

（五）增值税的起征点

起征点又称"征税起点"，是指税法规定对征税对象开始征税的起点数额。征税对象的数额达到起征点的就全额征税，未达到起征点的不征税。增值税起征点的适用范围仅限于小规模纳税人和其他个人。具体如下：

(1) 按期纳税的，为月销售额5 000～100 000元（不含税）。

(2) 按次纳税的，为每次（日）销售额300～500元（不含税）。

五、增值税的纳税义务人

（一）纳税义务人

凡在中华人民共和国境内销售和进口货物、劳务、服务、无形资产或者不动产的单位和个人，为增值税的纳税义务人。其中具体解释如下：

(1) 单位，是指企业、行政单位、事业单位、军事单位、社会团体及其他单位。

(2) 个人,是指个体工商户、承租人、承包人、扣缴义务人和其他个人。

(二) 扣缴义务人

中华人民共和国境外的单位或者个人在境内发生应税行为,在境内未设有经营机构的,以购买方为增值税扣缴义务人。

第二节　一般纳税人和小规模纳税人的认定

一、一般纳税人的认定

(一) 认定标准

一般纳税人是指年应征增值税销售额超过财政部和国家税务总局规定标准的企业和企业性单位。

凡具备以下条件之一的企业,均可申请认定为增值税一般纳税人:

(1) 年应征增值税销售额超过财政部、国家税务总局规定的小规模纳税人标准的。

(2) 年应征增值税销售额未超过财政部、国家税务总局规定标准的,以及新开业的纳税人,需符合以下条件:有固定的生产经营场所;能够按照国家统一的会计制度规定设置账簿,根据合法、有效凭证核算,能够提供准确税务资料。

根据规定,下列纳税人不得办理一般纳税人认定手续:

(1) 按照政策规定,选择小规模纳税人纳税的。

(2) 年应税销售额超过规定标准的其他个人。

(二) 认定办法

一般纳税人的认定办法具体如下:

(1) 向企业所在地主管税务机关申请办理认定手续,总分支机构不在同一县(市)的,应分别向其机构所在地申请办理认定手续。

(2) 提供有关证件、资料(营业执照、合同章程、账号证明,其他)。

(3) 填写申请认定表。

(4) 由县级以上税务机关审批。

二、小规模纳税人的认定

根据《财政部 税务总局关于统一增值税小规模纳税人标准的通知》(财税〔2018〕33号),为完善增值税制度,进一步支持中小微企业发展,自2018年5月1日起统一增值税小规模纳税人标准。具体如下:

(1)增值税小规模纳税人标准为年应征增值税销售额500万元及以下。

(2)按照《中华人民共和国增值税暂行条例实施细则》第二十八条规定已登记为增值税一般纳税人的单位和个人,在2018年12月31日前,可转登记为小规模纳税人,其未抵扣的进项税额作转出处理。

此外,年应征增值税销售额未超过规定标准的纳税人,会计核算健全,有会计、有账册,能够正确计算进项税额、销项税额和应纳税额,并能按规定报送有关税务资料,年应征增值税销售额达到一定规模的,可以向主管税务机关申请办理一般纳税人登记。没有专职会计人员的可聘请。

对小规模纳税人的确认,由主管税务机关依照税法规定的标准认定。

第三节 税率与征收率

增值税采用比例税率,一般纳税人采用13%、9%和6%三档税率,小规模纳税人采用3%的征收率。

一、基本税率

一般纳税人增值税基本税率具体如下:

(1)一般纳税人销售或进口货物、劳务,提供有形动产租赁服务的,税率为13%。

(2)一般纳税人提供交通运输、邮政、基础电信、建筑、不动产租赁服务,销售不动产,转让土地使用权及销售或进口下列货物的,税率为9%:

① 粮食等农产品、食用植物油、食用盐;

② 自来水、暖气、冷水、热水、煤气、石油液化气、天然气、二甲醚、沼气和居民用煤炭制品;

③ 图书、报纸、杂志、音像制品、电子出版物;

④ 饲料、化肥、农药、农机(不包括零部件)、农膜;

⑤ 国务院规定的其他货物。

(3) 一般纳税人提供金融服务、现代服务、生活服务,销售无形资产的,税率为6%。

二、零税率

中华人民共和国境内(以下简称"境内")的单位和个人销售的下列服务和无形资产适用增值税零税率:

1. 国际运输服务

国际运输服务包括以下三种情况:

(1) 在境内载运旅客或者货物出境;

(2) 在境外载运旅客或者货物入境;

(3) 在境外载运旅客或者货物。

境内的单位和个人,以水路运输方式提供国际运输服务的,应当取得交通部门颁发的《国际班轮运输经营资格登记证》或加注国际客货运输的《水路运输许可证》;以公路运输方式提供国际运输服务的,应当取得《道路运输经营许可证》和《国际汽车运输行车许可证》,且《道路运输经营许可证》的经营范围应当包括"国际运输";以航空运输方式提供国际运输服务的,应当取得《公共航空运输企业经营许可证》且其经营范围应当包括"国际航空客货邮运输业务",或者持有《通用航空经营许可证》,且其经营范围应当包括"公务飞行"。

2. 航天运输服务

航天运输服务参照国际运输服务,适用增值税零税率。

3. 研发、设计服务

向境外单位提供的研发服务、设计服务,不包括对境内不动产提供的设计服务,适用增值税零税率。

4. 港澳台运输服务

境内的单位和个人提供的往返香港、澳门、台湾的交通运输服务以及在香港、澳门、台湾提供的交通运输服务(以下称港澳台运输服务),适用增值税零税率。

5. 程租服务

自 2013 年 8 月 1 日起,境内的单位或个人提供程租服务,如果租赁的交通工具用于国际运输服务和港澳台运输服务,由出租方按规定申请适用增值税零税率。

6. 向境外单位提供的应税服务

境内的单位和个人提供的完全在境外消费的服务,具体如下:

(1)技术转让服务、技术咨询服务、合同标的物在境外的能源管理服务、软件服务、电路设计及测试服务、信息系统服务、业务流程管理服务、商标著作权转让服务、知识产权服务、物流辅助服务(仓储服务、收派服务除外)、认证服务、鉴证服务、咨询服务、广播影视节目(作品)制作和发行服务、期租服务、程租服务、湿租服务。但不包括:合同标的物在境内的合同能源管理服务,对境内货物或不动产的认证服务、鉴证服务和咨询服务。

(2)广告投放地在境外的广告服务。

7. 离岸服务外包业务

包括信息技术外包服务(ITO)、技术性业务流程外包服务(BPO)或技术性知识流程外包服务(KPO)。

三、征收率

增值税征收率是指对特定的货物或特定的纳税人销售的货物、劳务在某一生产流通环节应纳税额与销售额的比率。与增值税税率不同,征收率只是计算纳税人应纳税额的一种尺度,不能体现货物或劳务的整体税收负担水平。增值税征收率主要是针对小规模纳税人和一般纳税人适用或者选择采用简易计税方法计税的项目。采用征收率计税的,不得抵扣进项税额。采用征收率征税既保证了国家财政收入,又简化了征税手续。小规模纳税人计算应纳税额适用3%的征收率。

第四节 一般纳税人应纳税额的计算

一般纳税人适用一般计税方法计税。其计算公式为:

应纳税额=当期销项税额-当期进项税额

一、销项税额的计算

销项税额是指纳税人销售货物、劳务、服务、无形资产、不动产,按照销售额、劳务收入额和增值税税率计算并向购买方收取的增值税税额。具体公式为:

当期销项税额＝销售额×适用税率

（一）一般销售方式下的销售额

销售额是指纳税人销售货物、劳务、服务、无形资产、不动产等向购买方收取的全部价款和价外费用。

价外费用包括价外向购买方收取的手续费、补贴、津贴、基金、集资费、返还利润、奖励费、违约金、滞纳金、延期付款利息、赔偿金、代收款项、代垫款项、包装费、包装物租金、储备费、优质费、运输装卸费及其他各种性质的价外收费。

但价外费用不包括以下三项费用：

（1）向购买方收取的销项税额。

（2）受托加工应征消费税的货物,由受托方向委托方代收代缴的消费税。

（3）同时符合以下两个条件的代垫运费：①承运部门的运费发票开具给购买方的；②纳税人将该项发票转交给购买方的。

向购买方收取的价外费用和逾期包装物押金,应视为含税收入；征税时,应换算为不含税收入再并入销售额。

（二）特殊销售方式下的销售额

1. 以折扣、折让方式销售

（1）折扣销售（商业折扣）。是指因购货方购货数量较大等,销货方给予购货方的价格优惠。税法规定：纳税人采取折扣方式销售货物,如果销售额和折扣额在同一张发票上分别注明的,可按折扣后的销售额征收增值税；如果将折扣额另开发票,则不论其在财务上如何处理,均不得从销售额中减除折扣额。其中,折扣销售仅限于价格折扣,不包括实物折扣,实物折扣要按"视同销售货物"处理。

（2）销售折扣（现金折扣）。是指销货方为鼓励购货方及早付款而给予购货方的一种折扣优待,如 2/10、1/20、N/30。销售折扣不得从销售额中减除。

【例 2-1】 某商场批发一批货物,不含税销售额为 100 万元,因购货方在 10 天内付款,所以按合同规定给予 2% 的折扣,只收 98 万元,增值税税率 13%。请计算其增值税销项税额并做会计分录。

解：

（1）计算增值税销项税额

销项税额 = 100×13% = 13（万元）

（2）做会计分录

该商场应做如下会计分录：

① 销货时：

借：应收账款　　　　　　　　　　　　　　　　　　113

　　贷：主营业务收入　　　　　　　　　　　　　　100

　　　　应交税费——应交增值税（销项税额）　　　13

② 收到货款时：

借：银行存款　　　　　　　　　　　　　　　　　　111

　　财务费用　　　　　　　　　　　　　　　　　　2

　　贷：应收账款　　　　　　　　　　　　　　　　113

（3）销售折让。是指货物售出后，由于品种、质量等购货方未予退货，但销货方需给予购货方的一种价格折让。可以视折让后的货款为销售额。

2. 以以旧换新方式销售货物

纳税人采取以旧换新方式销售货物的（金银首饰除外），应按新货物的同期销售价格确定销售额，不得扣减旧货物的收购价格。

金银首饰以旧换新，可以按销售方实际收取的不含增值税的全部价款征收增值税。

3. 以还本销售方式销售货物

纳税人采取还本销售方式销售货物的，其销售额就是货物的销售价格，不得从销售额中减除还本支出。

4. 以以物易物方式销售货物

纳税人采取以物易物方式销售货物的，以物易物双方都应做购销处理，即以各自发出的货物核算销售额并计算销项税额，以各自收到的货物核算购进额并计算进项税额。

（三）包装物押金是否计入销售额

具体分为以下几种情况：

（1）纳税人为销售货物而出租出借包装物收取的押金，单独记账核算的，不并入销售额征税。

（2）逾期（以一年为期限）不再退还的押金，应按包装货物的适用税率计算销项税额。注意：要将押金换算为不含税价格，再并入销售额征税。

（3）包装物押金不应混同于包装物租金，包装物租金作为价外费用并入销售额计算销项税额。

销售除啤酒、黄酒外的其他酒类产品而收取的包装物押金，均应并入当期销售额征税，啤酒、黄酒收取的包装物押金按上述一般规定处理。

（四）销售已使用过的固定资产应纳税额的确定

"已使用过的固定资产"是指纳税人根据财务会计制度已经计提折旧的固定资产，应区分不同情形征收增值税：

（1）一般纳税人销售自己使用过的且未抵扣过进项税额的固定资产，按照简易办法依照3%征收率减按2%征收增值税；也可以放弃减税，按照简易办法依照3%征收率缴纳增值税，并可以开具增值税专用发票。

（2）小规模纳税人销售自己使用过的固定资产，减按2%征收率征收增值税。

（五）销售旧货应纳税额的确定

"旧货"是指进入二次流通的具有部分使用价值的货物（含旧汽车、旧摩托车、旧游艇）。

纳税人销售旧货按照简易办法依照3%征收率减按2%征收增值税。

上述纳税人销售自己使用过的固定资产、物品和旧货按下列公式确定销售额和应纳税额：

$$销售额 = 含税销售额 \div (1+3\%)$$

$$应纳税额 = 销售额 \times 2\%$$

（六）对视同销售行为销售额的确定

对视同销售行为征税而无销售额的，应按下列顺序确定销售额：

（1）按纳税人最近时期同类货物的平均销售价格确定。

（2）按其他纳税人最近时期同类货物的平均销售价格确定。

（3）按组成计税价格（成本+利润）确定。组成计税价格的公式为：

$$组成计税价格 = 成本 \times (1+成本利润率)$$

【例 2-2】 某钢厂将成本价为 20 万元的钢材用于对外投资,假设成本利润率为 10%,请计算其增值税销项税额。

销项税额 = 20×(1+10%)×13% = 2.86(万元)

(七)含税销售额的换算

对于价税合并定价的含税销售额,应换算为不含税销售额,其计算公式为:

不含税销售额 = 含税销售额÷(1+税率)

公式中的税率为销售的货物或劳务按条例规定所适用的税率。一般纳税人适用的税率为 13%、9% 或 6%;小规模纳税人适用的征收率为 3%。

二、进项税额的计算

进项税额是指纳税人购进货物、劳务、服务、无形资产、不动产,按照购进额和增值税税率计算并向销售方支付的增值税税额。具体公式为:

当期进项税额 = 购进额×适用税率

(一)准予从销项税额中抵扣的进项税额

(1)从销售方取得的增值税专用发票上注明的增值税税额。

(2)从海关取得的完税凭证上注明的增值税税额。

(3)购进农业生产者销售的农业产品或向小规模纳税人购买农产品的进项税额,按照买价(包括农业特产税)和 9% 的扣除率计算。其计算公式为:

进项税额 = 买价×9%

(4)接受境外的应税服务,从税务机关取得的代扣代缴的完税凭证上注明的增值税税额。

(二)不得从销项税额中抵扣的进项税额

(1)用于简易计税方法计税项目,免征增值税项目,集体福利或者个人消费的购进货物、劳务、服务、无形资产和不动产。

(2)非正常损失的购进货物,以及相关的劳务和交通运输服务。

(3)非正常损失的在产品、产成品所耗用的购进货物(不包括固定资产)、劳务和交通运输服务。

(4)国务院规定的其他项目。

三、应纳税额的计算

一般纳税人销售货物、劳务、服务、无形资产、不动产,应纳税额为当期销项税额抵扣当期进项税额后的余额。应纳税额的计算公式为:

应纳税额＝当期销项税额－当期进项税额

(一)计算应纳税额的时间限定

1. 计算当期销项税额的时间限定

(1)直接收款方式,为收讫销售款项或取得索取销售款项凭据的当天。

(2)托收承付和委托收款方式,为发出货物并办妥托收手续的当天。

(3)视同销售行为,为货物移送的当天。

2. 增值税专用发票进项税额抵扣的时间限定

自2017年7月1日起,增值税一般纳税人取得的2017年7月1日及以后开具的增值税专用发票和机动车销售统一发票,应自开具之日起360日内认证或登录增值税发票选择确认平台进行确认,并在规定的纳税申报期内,向主管国税机关申报抵扣进项税额。

3. 海关进口增值税专用缴款书进项税额抵扣的时间限定

自2017年7月1日起,增值税一般纳税人取得的2017年7月1日及以后开具的海关进口增值税专用缴款书,应自开具之日起360日内向主管国税机关报送《海关完税凭证抵扣清单》,申请稽核比对。

4. 未按期申报抵扣增值税扣税凭证的税务处理

增值税一般纳税人取得的增值税专用发票以及海关进口增值税专用缴款书,未在规定期限内到税务机关办理认证(按规定不用认证的纳税人除外)或者申报抵扣的,不得作为合法的增值税扣税凭证,不得计算进项税额抵扣。

增值税一般纳税人取得的增值税扣税凭证稽核比对结果相符但未按规定期限申报抵扣,属于发生真实交易且符合规定的客观原因的,经主管税务机关审核,允许纳税人继续申报抵扣其进项税额。

客观原因包括如下类型:

(1)因自然灾害、社会突发事件等不可抗力原因造成增值税扣税凭证未按期申报抵扣;

（2）有关司法、行政机关在办理业务或者检查中，扣押、封存纳税人账簿资料，导致纳税人未能按期办理申报手续；

（3）税务机关信息系统、网络故障，导致纳税人未能及时取得认证结果通知书或稽核结果通知书，未能及时办理申报抵扣；

（4）由于企业办税人员伤亡、突发危重疾病或者擅自离职，未能办理交接手续，导致未能按期申报抵扣；

（5）国家税务总局规定的其他情形。

（二）计算应纳税额时进项税额不足抵扣的税务处理

由于增值税实行购进扣税法，有时企业当期购进的货物、劳务很多，在计算应纳税额时会出现当期销项税额小于当期进项税额而不足抵扣的情况。根据税法规定，当期进项税额不足抵扣的部分可以结转下期继续抵扣。

（三）扣减发生期进项税额的税务处理

（1）当期购进，事先未确定用于非生产经营的可在当期销项税额中抵扣。

（2）已抵扣进项税额，事后又改变用途的，已抵扣的进项税额从当期进项税额中扣减。

（3）无法确定进项税额的，国外购进按"进价+运费+保险费+其他有关费用"和适用税率计算应扣减的进项税额；国内购进按"进价+运费"计算进项税额。

（四）销售退回或折让的税务处理

（1）一般纳税人因销货退回或折让而退还给买方的增值税税额，应从发生销货退回或折让当期的销项税额中扣减。

（2）因进货退出或折让而收回的增值税税额，应从发生进货退出或折让当期的进项税额中扣减。

（五）向销货方取得返还收入的税务处理

凡增值税一般纳税人，无论是否有平销行为，因购买货物而从销货方取得的各种形式的返还资金，均应依所购货物的增值税税率计算应冲减的进项税额，并从其取得返还资金当期的进项税额中予以冲减。应冲减的进项税额计算公式为：

当期应冲减的进项税额＝当期取得的返还资金÷(1+所购货物适用的增值税税率)×所购货物适用的增值税税率

商业企业向销货方取得的各种返还收入,一律不得开具增值税专用发票。

(六)混合销售的税务处理

一项销售行为如果既涉及货物又涉及服务,则为混合销售。从事货物的生产、批发或者零售的单位和个体工商户的混合销售行为,按照销售货物缴纳增值税;其他单位和个体工商户的混合销售行为,按照销售服务缴纳增值税。

所称从事货物的生产、批发或者零售的单位和个体工商户,包括以从事货物的生产、批发或者零售为主,并兼营销售服务的单位和个体工商户在内。

(七)兼营销售的税务处理

纳税人兼营销售货物、劳务、服务、无形资产或者不动产,适用不同税率或者征收率的,应当分别核算适用不同税率或者征收率的销售额;未分别核算的,从高适用税率。纳税人兼营免税、减税项目的,应当分别核算免税、减税项目的销售额;未分别核算的,不得免税、减税。

(八)一般纳税人注销时进项税额的税务处理

一般纳税人注销或转为小规模纳税人时,其存货不做进项税额转出处理,其留抵税额也不予以退税。

【例2-3】 某企业为增值税一般纳税人,本月有关业务如下:

(1)销售甲产品,开具增值税专用发票,取得不含税销售额80万元;另取得甲产品的送货运输费收入5.65万元。

(2)销售乙产品,开具普通发票,取得含税销售额28.25万元。

(3)将试制的一批新产品用于本企业基建工程,成本价为20万元,成本利润率为10%。

(4)销售作为固定资产使用过的摩托车5辆,开具增值税专用发票,每辆销售额1万元。

(5)购进货物取得增值税专用发票,注明支付的货款60万元、进项税额7.8万元;另外支付运费6万元(不含税),取得运输公司开具的增值税专用发票。

(6)向农业生产者购进免税农产品一批,支付收购价30万元,取得合法票据,另外支付运费5万元(不含税),本月下旬将购进农产品的20%用于本企业职工福利。

请计算该企业本月应缴纳的增值税税额。

解：

（1）销售甲产品的销项税额＝80×13%＋5.65/（1＋13%）×13%＝11.05（万元）

（2）销售乙产品的销项税额＝28.25/（1＋13%）×13%＝3.25（万元）

（3）自用新产品的销项税额＝20×（1＋10%）×13%＝2.86（万元）

（4）销售使用过的摩托车的销项税额＝1×5×13%＝0.65（万元）

（5）外购货物应抵扣的进项税额＝7.8＋6×9%＝8.34（万元）

（6）外购免税农产品应抵扣的进项税额＝（30×9%＋5×9%）×（1－20%）＝2.52（万元）

（7）该企业本月应缴纳的增值税税额＝11.05＋3.25＋2.86＋0.65－8.34－2.52＝6.95（万元）

第五节　小规模纳税人应纳税额的计算

一、应纳税额的计算公式

小规模纳税人按照简易计税办法计税，即按照销售额和3%的征收率计算应纳税额，不得抵扣进项税额。应纳税额的计算公式为：

应纳税额＝销售额×征收率

二、含税销售额的换算

含税销售额的换算公式为：

不含税销售额＝含税销售额÷（1＋征收率）

三、简易计税办法应纳税额的计算

对一些特定货物销售行为，无论其从事者是一般纳税人还是小规模纳税人，一律按简易计税办法计税。简易计税办法的应纳税额是指按照销售额和增值税征收率计算的增值税税额，不得抵扣进项税额。简易计税办法是一种非常简单的增值税计税方法。

(一) 适用3%征收率减按2%征收的项目

（1）一般纳税人销售自己使用过的属于不得抵扣且未抵扣进项税额的固定资产。一般纳税人也可以选择放弃减税按照简易计税办法依照3%的征收率缴纳增值税，并可以开具增值税专用发票。

（2）小规模纳税人销售自己使用过的固定资产和旧货，按下列公式确定销售额和应纳税额：

$$销售额 = 含税销售额 \div (1+3\%)$$
$$应纳税额 = 销售额 \times 2\%$$

所称旧货，是指进入二次流通的具有部分使用价值的货物（含旧汽车、旧摩托车和旧游艇），但不包括自己使用过的物品。

一般纳税人销售自己使用过的除固定资产以外的物品，应当按照13%的适用税率征收增值税。

(二) 适用3%征收率的项目

（1）小规模纳税人发生的应税销售行为。

（2）一般纳税人发生的特定应税销售行为。

一般纳税人销售自产的下列货物，选择简易办法计算缴纳增值税后，36个月内不得变更：

① 县级及县级以下小型水力发电单位生产的电力。小型水力发电单位，是指各类投资主体建设的装机容量为5万千瓦以下（含5万千瓦）的小型水力发电单位。

② 建筑用和生产建筑材料所用的砂、土、石料。

③ 以自己采掘的砂、土、石料或其他矿物连续生产的砖、瓦、石灰（不含黏土实心砖、瓦）。

④ 用微生物、微生物代谢产物、动物毒素、人或动物的血液或组织制成的生物制品。

⑤ 自来水。

⑥ 商品混凝土（仅限于以水泥为原料生产的水泥混凝土）。

一般纳税人销售货物属于下列情形之一的，暂按简易办法依照3%的征收率计算缴纳增值税：

① 寄售商店代销寄售物品(包括居民个人寄售的物品在内)。

② 典当业销售死当物品。

③ 经国务院或国务院授权机关批准的免税商店零售的免税品。

(三) 适用5%征收率的项目

纳税人发生财政部和国家税务总局规定的特定应税行为,可以选择适用简易计税方法计税,适用5%的征收率。一经选择,36个月内不得变更。

(1) 一般纳税人出租其2016年4月30日前取得的不动产。

(2) 房地产开发企业中的一般纳税人,出租自行开发的房地产老项目。

(3) 一般纳税人2016年4月30日前签订的不动产融资租赁合同,或以2016年4月30日前取得的不动产提供的融资租赁服务。

(4) 一般纳税人将2016年4月30日之前租入的不动产对外转租的。

(5) 一般纳税人销售其2016年4月30日前取得(不含自建)的不动产,可以选择适用简易计税方法,以取得的全部价款和价外费用减去该项不动产购置原价或者取得不动产时的作价后的余额为销售额。

(6) 一般纳税人销售其2016年4月30日前自建的不动产,可以选择适用简易计税方法,以取得的全部价款和价外费用为销售额。

(7) 房地产开发企业中的一般纳税人,销售自行开发的房地产老项目。

(8) 一般纳税人收取2016年4月30日前开工的一级公路、二级公路、桥、闸通行费,可以选择适用简易计税方法。

① 道路通行服务(包括过路费、过桥费、过闸费等)等按照不动产经营租赁服务缴纳增值税。

② 公路经营企业中的一般纳税人收取2016年4月30日前开工的高速公路的车辆通行费,可以选择适用简易计税方法,减按3%的征收率计算应纳税额。

(9) 纳税人以经营租赁方式将土地出租给他人使用,按照不动产经营租赁服务缴纳增值税。

(10) 纳税人转让2016年4月30日前取得的土地使用权,可以选择适用简易计税方法,以取得的全部价款和价外费用减去取得该土地使用权的原价后的余额为销售额。

(11) 一般纳税人提供劳务派遣服务,可以以取得的全部价款和价外费用为销售额,按照一般计税方法计算缴纳增值税;也可以选择差额纳税,以取得的全部价款和价外费用,扣除代用工单位支付给劳务派遣员工的工资、福利和为其办理社会保险及住房公积金后的余额为销售额,按照简易计税方法依5%的征收率计算缴纳增值税。

(12) 纳税人提供安全保护服务,比照劳务派遣服务政策执行。

(13) 一般纳税人提供人力资源外包服务。

(14) 中外合作油(气)田按合同开采的原油、天然气应按实物征收增值税,征收率为5%,在计征增值税时,不抵扣进项税额。原油、天然气出口时不予退税。

(15) 小规模纳税人出租其取得的不动产(不含个人出租住房),应按照5%的征收率计算应纳税额。

(16) 房地产开发企业中的小规模纳税人,出租自行开发的房地产项目。

(17) 其他个人出租其取得的不动产(不含住房)。

(18) 个人(含个体工商户)出租住房,应按照5%的征收率减按1.5%计算应纳税额。

(19) 小规模纳税人销售其取得(不含自建)的不动产(不含个体工商户销售购买的住房和其他个人销售不动产),应以取得的全部价款和价外费用减去该项不动产购置原价或者取得不动产时的作价后的余额为销售额。

(20) 小规模纳税人销售其自建的不动产,应以取得的全部价款和价外费用为销售额。

(21) 房地产开发企业中的小规模纳税人,销售自行开发的房地产项目。

(22) 其他个人销售其取得(不含自建)的不动产(不含其购买的住房),应以取得的全部价款和价外费用减去该项不动产购置原价或者取得不动产时的作价后的余额为销售额(个人销售自建自用住房免征增值税)。

(23) 小规模纳税人转让2016年4月30日前取得的土地使用权,可以选择适用简易计税方法,以取得的全部价款和价外费用减去取得该土地使用权的原价后的余额为销售额(小规模纳税人转让2016年5月1日后取得的土地使用权,以取得的全部价款和价外费用为销售额,按照3%的征收率计算缴纳增值税)。

(24) 小规模纳税人提供劳务派遣服务,可以以取得的全部价款和价外费用为销售额,按照简易计税方法依3%的征收率计算缴纳增值税;也可以选择差额纳税,以取得的全部价款和价外费用,扣除代用工单位支付给劳务派遣员工的工资、福利和为其办理社会保险及住房公积金后的余额为销售额,按照简易计税方法依5%的征收率计算缴纳增值税。

第六节　进口货物征税

一、进口货物的征税范围及纳税人

（一）征税范围

进入我国境内的货物,都必须向我国海关申报进口,并办理有关报关手续。只要是报关进口的应税货物,均应按照规定缴纳进口环节增值税。

（二）纳税人

进口货物的纳税人包括以下几类：

（1）进口货物的收货人。

（2）办理进口报关手续的单位和个人。

对于委托代理进口应征增值税的货物,一般由进口代理者代交进口环节增值税。

二、进口货物的适用税率

进口货物适用的增值税税率为13%和9%。

三、进口货物应纳税额的计算

纳税人进口货物,按照组成计税价格和条例规定的税率计算应纳税额,不得抵扣任何税额。组成计税价格和应纳税额的计算公式为：

$$组成计税价格＝关税完税价格+关税+消费税$$
$$应纳税额＝组成计税价格×税率$$

关税完税价格的确定,一般贸易下将以海关审定的成交价格为基础的到岸价格作为完税价格。特殊贸易下没有"成交价格"做依据,专门有确定完税价格的具体办法,参见"第五章关税法"。

四、进口货物的税收管理

(一)纳税义务发生时间

进口货物的纳税义务发生时间为报关进口的当天。

(二)纳税地点

进口货物的纳税地点为报关地海关。

(三)纳税期限

进口货物的纳税期限为自海关填发税款缴纳书之日起15日内。

(四)征收管理依据

进口货物的征收管理依据为《中华人民共和国税收征收管理法》《中华人民共和国海关法》《中华人民共和国进出口关税条例》和《中华人民共和国进出口税则》。

第七节 出口货物和劳务的退(免)税

出口退(免)税是指在国际贸易中对我国报关出口的货物、劳务和跨境应税行为退还或免征在国内各生产环节与流转环节按税法规定缴纳的增值税及消费税,即对出口货物(劳务)和跨境应税行为实行零税率。它是在国际贸易中通常采用的并为世界各国普遍接受的、目的在于鼓励各国出口货物公平竞争的一种退还或免征间接税的税收措施。

一、基本政策

我国的出口货物(劳务)和跨境应税行为税收政策分为以下三种形式:

1. 出口免税并退税

出口免税是指对货物(劳务)和跨境应税行为在出口环节不征收增值税、消费税;出口退税是指对货物(劳务)和跨境应税行为在出口前实际承担的税收负担,按规定的退税率计算后予以退还。

2. 出口免税不退税

出口免税是指对货物(劳务)和跨境应税行为在出口环节不征收增值税、消费税;出口不退税是指出口货物(劳务)和跨境应税行为在前一生产、销售或进口环节是免税的,故出口时本身并不含税,也无须退税。

3. 出口不免税也不退税

出口不免税是指对国家限制或禁止出口的某些货物(劳务)和跨境应税行为的出口环节视同内销环节,照常征税;出口不退税是指对这些货物(劳务)和跨境应税行为出口不退还出口前其所承担的税款。适用这个政策的主要是税法列举限制或禁止出口的货物,如原油、天然牛黄、麝香、铜及铜基合金、白银等。

二、适用条件和适用范围

(一) 适用条件

可以退(免)税的出口货物一般应具备以下四个条件:

(1) 必须是属于增值税、消费税征税范围的货物。

(2) 必须是报关离境的货物,报关不离境的货物不能予以退(免)税。

(3) 必须是在财务上做销售处理的货物。

(4) 必须是出口收汇并已核销的货物。

(二) 适用范围

1. 给予免税并退税的出口货物

下列企业出口的货物满足上述四个条件的,除另有规定外,给予免税并退税:

(1) 生产企业自营出口或委托外贸企业代理出口的自产货物。

(2) 有出口经营权的外贸企业收购后直接出口或委托其他外贸企业代理出口的货物。

(3) 特定出口的货物(虽不同时满足上述四个条件,但由于在销售方式、消费环节、结算办法等方面存在特殊性,以及国际特殊情况,国家特准退还或免征其增值税和消费税):①对外承包工程公司运出境外用于对外承包项目的货物;②对外承接修理修配业务的企业用于对外修理修配的货物;③外轮供应公司、远洋运输供应公司销售给外轮、远洋国轮而收取外汇的货物;④企业在国内采购货物并运往境外作为在国外投资的货物;⑤利用外国政府贷款或国际金融组织贷款,通过国际招标方式中标的机电产品;⑥对境外带料加工装配业务所使用的出境设备、原材料和散件;⑦利用中国政府的援外优惠贷款和合资合作项目基金援外方式下出口的货物;⑧对外补偿贸易及易货贸易、小额贸易出口货物;⑨按国家规定计划向加工出口企业销售"加工出口专用"钢材;⑩国家旅游局所属中国免税品公司统一管理的出境口岸免税店货物;⑪外商投资企业采购国产设备;⑫为国外航空公司生产并供应的航空食品;⑬国内生产企业向国内海上石油天然气开采企业销售的列明海洋工程结构物的产品。

需要强调的是,其他非生产性企业委托外贸企业出口的货物不予退(免)税。

2. 给予免税,但不予退税的出口货物

(1) 从企业角度进行规定

下列企业出口的货物除另有规定外,给予免税但不予退税:

① 属于生产企业的小规模纳税人自营出口或委托外贸企业代理出口的自产货物。

② 外贸企业从小规模纳税人购进并持普通发票的货物出口。出口企业从小规模纳税人购进并持普通发票的抽纱、工艺品、香料油、山货、草柳竹藤制品、渔网渔具、松香、五倍子、生漆、鬃尾、山羊板皮、纸制品等12类货物可退税。

③ 外贸企业直接购进国家规定的免税货物(包括免税农产品)出口。

(2) 从货物角度进行规定

下列出口货物,适用免税但不予退税:

① 来料加工复出口的货物。

② 列入免税项目的避孕药品和工具、古旧图书。

③ 免税农产品。

④ 国家计划内出口的卷烟及军品。

⑤ 国家规定的其他免税货物,如农业生产者销售的自产农业产品、饲料、农膜等。

出口享受免征增值税的货物,其进项税额不能从内销货物的销项税额中抵扣,应计入产品成本处理。

3. 出口货物不免税也不退税(进料加工复出口贸易除外)

(1) 国家计划外出口的原油。

(2) 援外出口货物(一般物资援助项下出口的货物,不退税;利用中国政府的援外优惠贷款和合资合作项目基金援外方式下出口的货物,退税)。

(3) 国家禁止出口的货物,包括天然牛黄、麝香、铜及铜基合金、白银等。

三、出口货物(劳务)和跨境应税行为的退税率

出口货物(劳务)和跨境应税行为的退税率,是出口货物(劳务)的实际退税额与退税计税依据的比例。现行出口货物的退税率为13%、10%、9%、6%、0。

四、出口货物(劳务)和跨境应税行为退税的计算

出口货物(劳务)和跨境应税行为退税的范围:只有在适用既免税又退税的政策时,才会涉及计算退税的问题。

(一)"免、抵、退"税的概念与计算方法

1. 相关概念

"免、抵、退"办法,适用于自营和委托出口自产货物的生产企业。实行免、抵、退办法的"免"税,是指对生产企业出口的自产货物,在出口时免征本企业生产销售环节增值税;"抵"税,是指生产企业出口自产货物所耗用的原材料、零部件、燃料、动力等所含应予退还的进项税额,抵顶内销货物的应纳税额;"退"税,是指生产企业出口的自产货物在当月内应抵顶的进项税额大于应纳税额时,对未抵顶完的部分予以退税。由于出口货物增值税实行零税率,除出口环节免征增值税(即没有销项税额外),还需要将为生产出口产品所购进的项目已经缴纳的税款(即进项税额)退还给出口企业等纳税人。因此,出口退税并不是退还"销项税额",而是退还进项税额。

2. 计算方法

"免、抵、退"税的计算方法一共有七个步骤:

(1)免抵退税不得免征和抵扣税额抵减额=免税原材料价格×(出口货物征税率-出口货物退税率)。

(2)当期免抵退税不得免征和抵扣税额=当期出口货物的离岸价格×外汇人民币牌价×(出口货物征税率-出口货物退税率)-免抵退税不得免征和抵扣税额抵减额。

(3)当期应纳税额=当期内销货物的销项税额-(当期进项税额-当期免抵退税不得免征和抵扣税额)-上期留抵税额。

(4)免抵退税额抵减额=免税购进原材料价格×出口货物退税率。

(5) 免抵退税额＝出口货物的离岸价格×外汇人民币牌价×出口货物退税率－免抵退税额抵减额。其中,免税购进原材料包括国内购进免税原材料和进料加工免税进口料件。进料加工免税进口料件的组成计税价格＝货物到岸价＋海关实征关税和消费税。

(6) 如果当期期末留抵税额(应纳税额为负数且绝对值)≤当期免抵退税额：

当期应退税额＝当期期末留抵税额(应纳税额为负数时的绝对值)

当期免抵税额＝当期免抵退税额－当期应退税额[即第(5)步的数字减去第(6)步的数字]

(7) 如果当期期末留抵税额(应纳税额为负数且绝对值)＞当期免抵退税额：

当期应退税额＝当期免抵退税额

当期免抵税额＝0

结转下期抵扣的进项税额＝当期期末留抵税额－当期应退税额

【例 2-4】 某适用"免、抵、退"办法有进出口经营权的生产企业,出口货物适用的增值税税率为 13%,适用的退税率为 9%。2019 年 4 月,购进的各种原材料取得的增值税专用发票注明的价款为 200 万元,允许抵扣的进项税额 32 万元通过认证。上月末留抵税款 3 万元,本月内销货物的不含税销售额为 100 万元,收款 113 万元存入银行,本月出口货物的销售额折合人民币 200 万元。请计算该企业 4 月份应纳或应退的增值税税额。

解：

(1) 当期出口货物不得免征和抵扣税额＝200×(13%－9%)＝8(万元)

(2) 当期应纳税额＝100×13%－(32－8)－3＝－14(万元)

(3) 出口货物免抵退税额＝200×9%＝18(万元)

(4) 因为当期期末留抵税额 14 万元小于当期免抵退税额 18 万元,所以当期的退税额为 14 万元。

(5) 当期免抵税额＝18－14＝4(万元)

【例 2-5】 某适用"免、抵、退"办法有进出口经营权的生产企业,出口货物适用的增值税税率为 13%,适用的退税率为 9%。2019 年 6 月,购进的各种原材料取得的增值税专用发票注明的价款为 400 万元,允许抵扣的进项税额 52 万元通过认证。上月末留抵税款 5 万元,本月内销货物的不含税销售额为 100 万元,收款 113

万元存入银行,本月出口货物的销售额折合人民币200万元。请计算该企业6月份应纳或应退的增值税税额。

解:

(1) 当期出口货物不得免征和抵扣税额 = 200×(13% - 9%) = 8(万元)

(2) 当期应纳税额 = 100×13% - (52-8) - 5 = -36(万元)

(3) 出口货物免抵退税额 = 200×9% = 18(万元)

(4) 因为当期期末留抵税额36万元大于当期免抵退税额18万元,所以当期的退税额为18万元。

(5) 当期免抵税额 = 18-18 = 0(万元)

(6) 6月期末留抵结转下期继续抵扣税额 = 36-18 = 18(万元)

【例2-6】 某适用"免、抵、退"办法有进出口经营权的生产企业,出口货物适用的增值税税率为13%,适用的退税率为9%。2019年8月,购进的各种原材料取得的增值税专用发票注明的价款为200万元,允许抵扣的进项税额26万元通过认证。当月进料加工免税进口料件的组成计税价格为100万元。上月末留抵税款6万元,本月内销货物的不含税销售额为100万元,收款113万元存入银行,本月出口货物的销售额折合人民币200万元。请计算该企业8月份应纳或应退的增值税税额。

解:

(1) 当期出口货物不得免征和抵扣税额抵减额 = 免税进口料件的组成计税价格×出口货物征税率 - 出口货物退税率 = 100×(13% - 9%) = 4(万元)

(2) 当期出口货物不得免征和抵扣税额 = 200×(13% - 9%) - 4 = 4(万元)

(3) 当期应纳税额 = 100×13% - (26-4) - 6 = -15(万元)。

(4) 出口货物免抵退税额抵减额 = 免税进口料件的组成计税价格×退税率 = 100×9% = 9(万元)

(5) 出口货物免抵退税额 = 200×9% - 9 = 9(万元)

(6) 因为当期期末留抵税额15万元大于当期免抵退税额9万元,所以当期的退税额为9万元。

(7) 当期免抵税额 = 9-9 = 0(万元)

(8) 8月期末留抵结转下期继续抵扣税额 = 15-9 = 6(万元)

【例2-7】 某自营出口的一般纳税人出口货物的税率为13%,退税率为9%。10月有关业务为:购进原材料一批,价款200万元,进项税额26万元;上月留抵税款3万元;本月内销货物100万元,收款113万元;本月出口货物的销售额折合人民币200万元。请根据上述资料计算该企业10月应纳和应退的增值税税额,并做会计分录。

解:

(1) 计算应纳或应退增值税税额

① 当期出口货物不得免征和抵扣税额 = 200×(13%-9%) = 8(万元)

② 当期应纳税额 = 100×13% - (26-8) - 3 = -8(万元)

③ 出口货物免抵退税额 = 200×9% = 18(万元)

④ 因为当期期末留抵税额8万元小于当期免抵退税额18万元,所以当期的应退税额为8万元。

⑤ 当期免抵税额 = 18-8 = 10(万元)

所以,该企业10月应退增值税税额为8万元。

(1) 会计分录

① 购进原材料时:

借:原材料　　　　　　　　　　　　　　　　　　　　　　2 000 000

　　应交税费——应交增值税(进项税额)　　　　　　　　　260 000

　贷:银行存款　　　　　　　　　　　　　　　　　　　　　2 260 000

② 在国内销售时:

借:银行存款　　　　　　　　　　　　　　　　　　　　　1 130 000

　贷:主营业务收入　　　　　　　　　　　　　　　　　　　1 000 000

　　　应交税费——应交增值税(销项税额)　　　　　　　　　130 000

③ 在国外销售时:

借:银行存款　　　　　　　　　　　　　　　　　　　　　2 000 000

　贷:主营业务收入　　　　　　　　　　　　　　　　　　　2 000 000

④ 当期不得免抵税额调整成本时:

借:主营业务成本　　　　　　　　　　　　　　　　　　　　80 000

　贷:应交税费——应交增值税(进项税额转出)　　　　　　　80 000

⑤ 当期出口抵减内销货物应纳税额时：

借：应交税费——应交增值税（出口抵减内销产品应纳税额） 100 000
　　贷：应交税费——应交增值税（出口退税）　　　　　　　　　　100 000

⑥ 当期退税时：

借：应收补贴款　　　　　　　　　　　　　　　　　　　　　　80 000
　　贷：应交税费——应交增值税（出口退税）　　　　　　　　　　 80 000

（二）"先征后退"的计算方法

"先征后退"办法，适用于收购货物出口的外（工）贸企业。

"先征后退"的计算方法如下：

（1）出口销售环节的增值税免征；出口后按收购成本与退税率计算退税，征退税之差计入企业成本。具体公式为：

$$当期应退税额＝当期外贸收购不含税购进金额\times 退税率$$

（2）外贸企业购进按简易办法征税的出口货物、从小规模纳税人购进的出口货物，其退税率分别为简易办法实际执行的征收率、小规模纳税人征收率。上述出口货物取得增值税专用发票的，退税率按照增值税专用发票上的税率和出口货物退税率孰低的原则确定。

① 出口货物收入一律免征增值税、消费税，小规模纳税人的进项税额不予抵扣或退税。对购进特种退（免）税货物（12 类），因小规模纳税人提供的是普通发票，其退税计算公式为：

$$应退税额＝普通发票所列含税销售额\div(1+征收率\ 3\%)\times 退税率\ 3\%$$

② 凡从小规模纳税人购进税务机关代开增值税专用发票的出口货物，计算公式为：

$$应退税额＝增值税专用发票注明的金额\times 3\%$$

（3）外贸企业委托生产企业加工出口货物的退税，其退税计算公式为：

$$应退税额＝购进国内原辅材料的进项金额\times 原辅材料适用的退税率＋加工费\times 货物适用的退税率$$

【例 2-8】 某外贸企业本月出口平纹布折合人民币 70 万元，该批平纹布进货时增值税专用发票上列明计税金额 40 万元，增值税 5.2 万元，货款以银行存款支付。假如平纹布退税率为 9%，试采用"先征后退"的方法计算该企业当期应退税额并做会计分录。

解:

(1) 计算当期应退税额

该企业当期应退税额=40×9%=3.6(万元),而征退之间的差额1.6万元(=5.2-3.6)要计入企业成本。

(2) 会计分录

① 购入原材料时:

借:库存商品   400 000

　　应交税费——应交增值税(进项税额)   52 000

　贷:银行存款   452 000

② 在国外销售时:

借:银行存款   700 000

　贷:主营业务收入   700 000

③ 当期不得免抵税额调整成本时:

借:主营业务成本   16 000

　贷:应交税费——应交增值税(进项税额转出)   16 000

④ 当期退税时:

借:应收补贴款   36 000

　贷:应交税费——应交增值税(出口退税)   36 000

五、出口货物(劳务)和跨境应税行为退(免)税的管理

根据国家税务总局2016年7月13日发布的修订后的《出口退(免)税企业分类管理办法》,税务机关应按照风险可控、放管服结合、利于遵从、便于办税的原则,对出口退(免)税企业进行分类管理,这大大提升了出口退税管理的针对性和实效性。

退(免)税管理具体包括:

(1) 生产企业申报的出口额要与"口岸电子支付系统"的出口额进行核对。

(2) 外贸企业自货物报关出口之日起90日内未申报退税的货物,视同内销货物,应该计算销项税,计算公式如下:

销项税额=(出口货物离岸价×外汇牌价)÷(1+增值税税率)×增值税税率

(3) 不得免征和抵扣税额可以向成本中转入进项税额。

出口业务原则上自发生首笔出口业务之日起 12 个月内发生的应退税额,不实行按月退税的办法,而是结转下月继续抵顶其内销货物应纳税额。

第八节　增值税的征收管理

一、纳税义务发生的时间

(一) 基本规定

《增值税暂行条例》明确规定了增值税纳税义务的发生时间:发生应税行为,为收讫销售款项或者取得索取销售款项凭据的当天;先开具发票的,为开具发票的当天;进口货物,为报关进口的当天。

(二) 具体规定

(1) 采取直接收款方式销售货物的,不论货物是否发出,均为收到销售款项或者取得索取销售款项凭据的当天。

(2) 采取托收承付和委托银行收款方式销售货物的,为发出货物并办妥托收手续的当天。

(3) 采取赊销和分期收款方式销售货物的,为书面合同约定的收款日期的当天;无书面合同的或者书面合同没有约定收款日期的,为货物发出的当天。

(4) 采取预收货款方式销售货物的,为货物发出的当天,但生产销售、生产工期超过 12 个月的大型机械设备、船舶、飞机等货物,为收到预收款或者书面合同约定的收款日期的当天。

(5) 委托其他纳税人代销货物的,为收到代销单位的代销清单或者收到全部或部分货款的当天;未收到代销清单及货款的,为发出代销货物满 180 天的当天。

(6) 销售应税劳务的,为提供劳务同时收讫销售款项或者取得索取销售款项凭据的当天。

(7) 纳税人发生视同销售行为的,为货物移送的当天。

二、纳税期限

增值税的纳税期限分别为 1 日、3 日、5 日、10 日、15 日、1 个月或者 1 个季度。纳税人的具体纳税期限,由主管税务机关根据纳税人应纳税额的大小分别核定;不能按照固定期限纳税的,可以按次纳税。

(1) 纳税人以1个月或者1个季度为1个纳税期的,自期满之日起15日内申报纳税;以1日、3日、5日、10日或者15日为1个纳税期的,自期满之日起5日内预缴税款,于次月1日起15日内申报纳税并结清上月应纳税款。

(2) 纳税人进口货物,应当自海关填发海关进口增值税专用缴款书之日起15日内缴纳税款。

(3) 纳税人出口货物适用退(免)税规定的,应当向海关办理出口手续,凭出口报关单等有关凭证,在规定的出口退(免)税申报期内按月向主管税务机关申报办理该项出口货物的退(免)税;境内单位和个人跨境销售服务和无形资产适用退(免)税规定的,应当按期向主管税务机关申报办理退(免)税。具体办法由国务院财政、税务主管部门制定。

(4) 出口货物办理退税后发生退货或者退关的,纳税人应当依法补缴已退的税款。

三、纳税地点

(一) 固定业户的纳税地点

(1) 固定业户应当向其机构所在地的主管税务机关申报纳税。

(2) 固定业户到外县(市)销售货物或者劳务,应当向其机构所在地的主管税务机关报告外出经营事项,并向其机构所在地的主管税务机关申报纳税;未报告的,应当向销售地或者劳务发生地的主管税务机关申报纳税;未向销售地或者劳务发生地的主管税务机关申报纳税的,由其机构所在地的主管税务机关补征税款。

(3) 自2017年10月1日起,上述证明实行网上报验。

(二) 非固定业户的纳税地点

(1) 非固定业户销售货物或者劳务,应当向销售地或者劳务发生地的主管税务机关申报纳税;未向销售地或者劳务发生地的主管税务机关申报纳税的,由其机构所在地或居住地的主管税务机关补征税款。

(2) 进口货物,应由进口人或其代理人向报关地海关申报纳税。

四、增值税一般纳税人纳税申报办法

纳税人应按有关规定及时办理纳税申报,并如实填写分别适用于一般纳税人和小规模纳税人的《增值税纳税申报表》。

第九节 增值税专用发票的使用及管理

一、专用发票领购使用的范围

一般纳税人凭《发票领购簿》、IC卡和经办人身份证明领购专用发票。一般纳税人有下列情形之一的,不得领购开具专用发票:

(1) 会计核算不健全,不能向税务机关准确提供增值税销项税额、进项税额、应纳税额数据及其他有关增值税税务资料的。其他有关增值税税务资料的内容,由省、自治区、直辖市和计划单列市国家税务局确定。

(2) 有《税收征管法》规定的税收违法行为,拒不接受税务机关处理的。

(3) 有下列行为之一,经税务机关责令限期改正而仍未改正的:①虚开增值税专用发票;②私自印制专用发票;③向税务机关以外的单位和个人买取专用发票;④借用他人专用发票;⑤未按本规定第十一条开具专用发票;⑥未按规定保管专用发票和专用设备;⑦未按规定申请办理防伪税控系统变更发行;⑧未按规定接受税务机关检查。有上列情形的,如已领购专用发票,主管税务机关应暂扣其结存的专用发票和IC卡。

为贯彻落实《国家税务总局关于进一步深化税务系统"放管服"改革 优化税收环境的若干意见》(税总发〔2017〕101号)的精神,国家税务总局制定了《货物运输业小规模纳税人申请代开增值税专用发票管理办法》,适用于同时具备以下条件的增值税纳税人:

(1) 在中华人民共和国境内提供公路或内河货物运输服务,并办理了工商登记和税务登记。

(2) 提供公路货物运输服务的,取得《中华人民共和国道路运输经营许可证》和《中华人民共和国道路运输证》;提供内河货物运输服务的,取得《中华人民共和国水路运输经营许可证》和《中华人民共和国水路运输证》。

(3) 在税务登记地主管税务机关按增值税小规模纳税人管理。

二、专用发票开具的范围

一般纳税人发生应税销售行为,应向购买方开具增值税专用发票。

下列情形不得开具专用发票：

（1）向消费者销售应税项目。

（2）销售免税项目。

（3）销售报关出口的货物，在境外销售应税劳务。

（4）将货物用于非应税项目。

（5）将货物用于集体福利或个人消费。

三、专用发票开具的要求

专用发票要求项目填写齐全、字迹清楚；发票联和抵扣联加盖发票专用章；按增值税纳税义务发生的时间开具。其中，凡开具了专用发票其销售额未按规定计入销售账户核算的，一律按逃税论处。

四、专用发票开具联次

专用发票由基本联次或基本联次附加其他联次构成，基本联次为三联，包括发票联、抵扣联和记账联。发票联，作为购买方核算采购成本和增值税进项税额的记账凭证；抵扣联，作为购买方报送主管税务机关认证和留存备查的凭证；记账联，作为销售方核算销售收入和增值税销项税额的记账凭证。其他联次用途，由一般纳税人自行确定。

五、专用发票不得抵扣进项税额的规定

专用发票不得抵扣进项税额的规定具体如下：

（1）未按规定取得专用发票。

（2）未按规定保管专用发票。

（3）销售方开具的专用发票不符合规定要求。

六、开具专用发票后发生退货或销售折让的处理

增值税一般纳税人开具增值税专用发票（以下简称"专用发票"）后，发生销货退回、开票有误、应税服务中止等情形但不符合发票作废条件，或者因销货部分退回及发生销售折让，需要开具红字专用发票的，按以下方法处理：

(1)购买方取得专用发票已用于申报抵扣的,购买方可在增值税发票管理新系统(以下简称"新系统")中填开并上传《开具红字增值税专用发票信息表》(以下简称《信息表》),在填开《信息表》时不填写相对应的蓝字专用发票信息,应暂依《信息表》所列增值税税额从当期进项税额中转出,待取得销售方开具的红字专用发票后,与《信息表》一并作为记账凭证。购买方取得专用发票未用于申报抵扣、但发票联或抵扣联无法退回的,购买方填开《信息表》时应填写相对应的蓝字专用发票信息。销售方开具专用发票尚未交付购买方,以及购买方未用于申报抵扣并将发票联及抵扣联退回的,销售方可在新系统中填开并上传《信息表》。销售方填开《信息表》时应填写相对应的蓝字专用发票信息。

(2)主管税务机关通过网络接收纳税人上传的《信息表》,系统自动校验通过后,生成带有"红字发票信息表编号"的《信息表》,并将信息同步至纳税人端系统中。

(3)销售方凭税务机关系统校验通过的《信息表》开具红字专用发票,在新系统中以销项负数开具。红字专用发票应与《信息表》一一对应。

(4)纳税人也可凭《信息表》电子信息或纸质资料到税务机关对《信息表》内容进行系统校验。

税务机关为小规模纳税人代开专用发票,需要开具红字专用发票的,按照一般纳税人开具红字专用发票的方法处理。

纳税人需要开具红字增值税普通发票的,可以在所对应的蓝字发票金额范围内开具多份红字发票。红字机动车销售统一发票需与原蓝字机动车销售统一发票一一对应。

七、加强对增值税专用发票的管理

(一)对被盗、丢失专用发票的处理

(1)对违反规定发生被盗、丢失专用发票的纳税人,按《税收征收管理法》和《中华人民共和国发票管理办法》的规定,处一万元以下的罚款,并视具体情况,对丢失专用发票的纳税人,在不超过半年内停止领购专用发票。

(2)纳税人丢失专用发票后,必须按规定程序向当地税务机关、公安机关办理报失。

(二)对代开、虚开专用发票的处理

(1)对代开、虚开专用发票的,一律按票面所列货物的适用税率全额补征税款,并按《税收征收管理法》的规定按偷税给予处罚。

(2) 对纳税人取得代开、虚开的增值税专用发票,不得作为抵扣凭证抵扣进项税额。

(3) 对代开、虚开专用发票构成犯罪的,按《关于惩治虚开、伪造和非法出售增值税专用发票犯罪的决定》处以刑罚。

(三) 对纳税人善意取得虚开的增值税专用发票的处理

(1) 购买方与销售方交易真实、发票真实,但不知销售方是以非法手段获得专用发票的,不以偷税或骗取出口退税论处,但不得抵扣进项税额或不予退税;已抵扣或已退税的,应依法追缴。

(2) 能重新取得合法有效专用发票的,应准予抵扣或退税。

(3) 有证据表明购买方在抵扣或退税前已知道销售方以非法手段获得发票应按有关规定处理。

(4) 防伪税控系统开具的专用发票自开具之日起 360 日内必须认证,认证通过的防伪专用发票必须在当月申报抵扣。

第十节 增值税的纳税筹划

增值税的计缴与扣除是前后相接的链条,从事货物销售或者提供应税劳务的纳税人,要根据货物或者劳务的销售额,按照规定的税率计算税款,然后从中扣除上一环节已纳增值税税款,其余额即为纳税人应缴纳的增值税税款。增值税的纳税筹划主要从以下方面考量:

一、增值税纳税人对供应商身份选择的纳税策划

由于增值税的核心是用纳税人收取的销项税额抵扣其支付的进项税额,其余额为纳税人实际应缴纳的增值税税额。这样,进项税额作为可抵扣的部分,对于纳税人实际纳税多少就起到了举足轻重的作用。企业从不同的纳税人购进商品和劳务,将直接影响到增值税的税负和企业的收益。

当一般纳税人和小规模纳税人销售的货物价格、质量同等时,由于一般纳税人的进项税额可以抵扣,实际相关支出较少,因此选择一般纳税人为供应商无疑是一

个明智的选择。但这种假设不现实,因为该种情况下,小规模纳税人将无法生存。在实务中,小规模纳税人供货的价格普遍优于一般纳税人的价格,如果小规模纳税人的价格优惠超过可抵扣的进项税额,则选择小规模纳税人无疑是一个明智的选择。另外在价格优惠时,还应考虑小规模纳税人是否可以请求主管税务机关代开征收率为3%的增值税专用发票进行税款抵扣。

【例2-9】 某服装生产企业为增值税一般纳税人,适用13%的增值税税率,预计每年可实现含税销售收入500万元,需要外购棉布200吨。现有A、B、C三家企业提供货源,其中A企业为生产棉布的一般纳税人,能出具增值税专用发票,适用税率为13%;B企业为小规模纳税人,能委托税务机关代开增值税征收率为3%的专用发票;C企业为个体工商户,仅能提供普通发票。三家企业所提供的棉布质量相同,但是含税价格各有不同,分别为每吨2万元、1.55万元和1.45万元。作为采购人员,应当如何进行购货价格的税务筹划,选择较为合适的供应商呢?

解:

方案一,从A企业购进:

应纳增值税 = 500÷(1+13%)×13% − 200×2÷(1+13%)×13% = 11.50(万元)

应纳城建税和教育费附加合计 = 11.50×(7%+3%) = 1.15(万元)

从A企业购买棉布发生的各项支出合计 = 200×2+11.50+1.15 = 412.65(万元)

方案二,从B企业购进:

应纳增值税 = 500÷(1+13%)×13% − 200×1.55÷(1+3%)×3% = 48.49(万元)

应纳城建税和教育费附加合计 = 48.49×(7%+3%) = 4.85(万元)

从B企业购买棉布发生的各项支出合计 = 200×1.55+48.49+4.85 = 363.34(万元)

方案三,从C企业购进:

应纳增值税 = 500÷(1+13%)×13% = 57.52(万元)

应纳城建税和教育费附加合计 = 57.52×(7%+3%) = 5.75(万元)

从C企业购买棉布发生的各项支出合计 = 200×1.45+57.52+5.75 = 353.27(万元)

通过三个方案的比较,可知从C企业购买棉布所花的总成本最小,税后收益最大。

但在实务中,如果供应商的选择较多,则逐一计算每个供应商的购货支出不符合成本效益原则,下面就探讨从不同类型的纳税人处进货,根据"价格临界点"确定最优的进货渠道,即选择供应商的税负平衡点问题。

1. 一般纳税人对供应商身份的选择

假定一般纳税人的含税销售额为 S,其从其他一般纳税人处购进货物的含税购进额为 P,增值税税率为 T_1,从小规模纳税人处购进货物的含税价格与从一般纳税人处购进货物的含税价格的比率为 R,小规模纳税人适用的征收率为 T_2。则:

(1) 从一般纳税人处购进货物销售的净利润 = $[S - P - (\frac{S}{1+T_1} \times T_1 - \frac{P}{1+T_1} \times T_1) \times$ (城市维护建设税税率 + 教育费附加税率)] × (1 - 所得税税率)

(2) 从小规模纳税人处购进货物销售的净利润 = $[S - P \times R - (\frac{S}{1+T_1} \times T_1 - \frac{P \times R}{1+T_2} \times T_2) \times$ (城市维护建设税税率 + 教育费附加税率)] × (1 - 所得税税率)

(3) 当以上两者相等时,则:

$$R = \frac{(1+T_2) \times [1 - T_1 \times (城市维护建设税税率 + 教育费附加税率)]}{(1+T_1) \times [1 - T_2 \times (城市维护建设税税率 + 教育费附加税率)]}$$

若小规模纳税人只能开出普通发票,则:

$$R = \frac{1 - T_1 \times (城市维护建设税税率 + 教育费附加税率)}{1 + T_1}$$

R 为从小规模纳税人处购进货物含税价格与从一般纳税人处购进货物含税价格平衡点的比率(见表2-1)。

表2-1 不同类型纳税人含税价格平衡点的比率

一般纳税人适用税率	小规模纳税人适用税率	小规模纳税人由税务机关代开发票后的含税价格平衡点比率(R)	小规模纳税人未申请代开发票的含税价格平衡点比率(R)
13%	3%	90.24%	87.35%
9%	3%	93.93%	90.92%

分析:

若实际含税价格比小于 R,则应当选择小规模纳税人供货;若实际含税价格比大于 R,则应当选择一般纳税人供货。

【例2-10】某生产企业为增值税一般纳税人,税率为13%,预计每年可实现含税销售收入2 340万元,需外购原材料1 000吨。现有A、B、C三家企业提供货源,其中 A 企业为一般纳税人,能出具增值税专用发票,适用税率为 13%;B 企业为小规模纳税人,能委托税务机关代开增值税征收率为 3% 的专用发票;C 企业为个体工商户,仅能提供普通发票。三家企业所提供的原材料质量相同,但是含税价格各有不同,分别为每吨 11 700 元、10 290 元、10 179 元。

要求:分析该企业应当选择哪家企业供货?

解:

以从不同纳税人处购进货物含税价格比率(R)判定。

B 与 A 的含税价格比率(R)= 10 290/11 700×100% = 87.95%<90.24%

C 与 A 的含税价格比率(R)= 10 179/11 700×100% = 87%<87.35%

由此可以看出,应该选择 B 企业作为供货方。

验证:

方案一,从 A 企业购进:

应纳增值税税额 = 2 340/(1+13%)×13%-(1.17×1 000)/(1+13%)×13%
            = 134.60(万元)

城市维护建设税和教育费附加 = 134.60×10% = 13.46(万元)

税后现金净流量:2 340-1 170-134.60-13.46 = 1 021.94(万元)

方案二,从 B 企业购进:

应纳增值税税额 = 2 340/(1+13%)×13%-(1.029×1 000)/(1+3%)×3%
            = 239.23(万元)

城市维护建设税和教育费附加 = 239.23×10% = 23.92(万元)

税后现金净流量:2 340-1 029-239.23-23.92 = 1 047.85(万元)

方案三,从 C 企业购进:

应纳增值税税额 = 2 340/(1+13%)×13% = 269.20(万元)

城市维护建设税和教育费附加 = 269.2×10% = 26.92(万元)

税后现金净流量:2 340-1 017.9-269.2-26.92 = 1 025.98(万元)

由此可见,选择 B 企业作为供货方税后现金净流量最大。

2. 小规模纳税人对供应商身份的选择

小规模纳税人对供应商的选择,由于不存在进项税额抵扣的问题,因此为价低者优先。

二、增值税纳税人自身身份选择的纳税筹划

增值税对一般纳税人和小规模纳税人的差别待遇,为小规模纳税人与一般纳税人进行纳税筹划提供了可能性。

1. 纳税人身份选择的可能性

有关增值税法规对一般纳税人和小规模纳税人的划分,采取了经营规模大小的标准与会计核算健全与否的标准。对于某些特定货物,有关增值税法规还允许一般纳税人既可以按照一般纳税人的规定计算缴纳增值税,又可以采取简易计税办法,即不计算进项税额,直接按照不含税销售额乘以3%的征收率计算缴纳增值税,实质上等同于小规模纳税人。除简易计税办法为一般纳税人和小规模纳税人的身份选择提供了空间外,企业还可以利用合并或分立的手段来控制经营规模的大小以满足一般纳税人或小规模纳税人的条件。根据税法的规定,经营规模在标准以上的一般纳税人可以将自己分立为几个经营规模在标准以下的企业来作为小规模纳税人,几个经营规模在标准以下的小规模纳税人也可以合并为经营规模在标准以上的一般纳税人;会计资料健全的小规模生产企业年销售额低于500万元的也可认定为一般纳税人。

【例2-11】 某工业企业现为小规模纳税人,年应税销售额为500万元(不含税),会计核算制度也比较健全,符合作为一般纳税人的条件,适用13%的增值税税率,该企业可抵扣的购进项目金额为400万元(不含税)。

要求:分析该企业应当选择作为一般纳税人还是小规模纳税人?

解:

方案一,若企业申请作为一般纳税人,则:

应纳增值税 = 500×13% − 400×13% = 13(万元)

方案二,若该企业仍选择作为小规模纳税人,则:

应纳增值税 = 500×3% = 15(万元)

可见,方案二比方案一多缴增值税2万元(= 15 − 13)。因此,该企业应当选择作为一般纳税人。

2. 销售方为一般纳税人时的自身身份选择

由于一般纳税人通常对增值税专用发票有需求,因此作为销售方选择一般纳

税人的身份较合适。

3. 销售方为小规模纳税人时的自身身份选择

销售方为小规模纳税人时，增值税纳税人自身身份的选择取决于所经营业务的增值率。销售方是作为一般纳税人还是小规模纳税人，可以通过实际增值率与平衡点增值率的计算比较来确定。

"增值率"即企业增值额（增值额=不含税销售额-不含税购进额）与不含税销售额的比例。增值率越高，越适宜采用简易计税方法；增值率越低，越适宜采用凭票抵扣计税方法。

只要找出增值率的"税负平衡点"，在这一增值率水平之上，企业选择作为小规模纳税人比较合适；在这一增值率水平之下，企业选择作为一般纳税人比较有利。

假定某企业的生产经营对象是适用普通税率的商品，销项税额适用税率为13%，且进项税额适用的抵扣税率也为13%，小规模纳税人的增值税征收率为3%。假设"税负平衡点"的增值率为 R，根据"税负平衡点"原理列出方程求解如下：

增值率的计算公式为：

$$R = (y-x) \div y$$

其中，y 为不含税售价，x 为不含税进价。

一般纳税人与小规模纳税人应纳增值税计算公式为：

一般纳税人应纳增值税=当期销项税额-当期进项税额=不含税销售额×增值率×增值税税率

小规模纳税人应纳增值税=不含税销售额×征收率

当两者税负相等时，则有：

增值率=征收率÷增值税税率

此值即为税负平衡点增值率（R）。

当税率=13%，征收率=3%时，税负平衡点增值率（R）=3%÷13%=23.08%；当税率=9%，征收率=3%时，税负平衡点增值率（R）=3%÷9%=33.33%。

若实际增值率大于 R，则作为小规模纳税人比作为一般纳税人更为有利；若实际增值率小于 R，则作为一般纳税人更为有利。

【例2-12】 某商品流通企业符合一般纳税人条件，年不含税销售额为1 000万元，适用13%的增值税税率；年不含税购入货物700万元，均取得增值税专用发票。该企业应如何进行增值税纳税人身份的税务筹划?

解:

(1) 若选择一般纳税人身份,则:

应纳增值税 = 1 000×13% - 700×13% = 39(万元)

由于增值率 = (1 000 - 700)/1 000 = 30% > 税负平衡点增值率 23.08%

(2) 若将该企业分设成两个零售企业,选择小规模纳税人身份,则:

应纳增值税 = 1 000×3% = 30(万元)

由此可见,应选择小规模纳税人身份。

三、收购农产品的纳税策划

纳税人有自属的农业生产基地,可以将该农业生产基地独立出来成立一个企业,不仅该农业生产基地可以享受"农业生产者销售的自产农业产品免征增值税"的优惠,企业也可以根据农业生产基地开具的普通发票计算抵扣进项税额,达到降低税负的目的。

【例2-13】 某果汁生产企业有一自属的柑橘种植园,该企业将柑橘的果实用于本企业的果汁加工厂,果汁的增值税税率为13%,而该企业只有购入的水、电和包装物等可以带来进项税额10万元。假如该企业每年果汁不含税销售收入为1 000万元,则每年应纳增值税税额为120万元(= 1 000×13% - 10)。该企业应如何进行纳税策划以降低税负?

分析:

若该企业将柑橘种植园和果汁加工厂分立为两个独立核算的企业,则分立后,柑橘种植园销售自产柑橘免税,而果汁加工厂购入柑橘可以抵扣9%的进项税额。假设柑橘园销售给果汁加工厂的柑橘售价为600万元,则企业应纳增值税税额为:

应纳增值税 = 1 000×13% - 10 - 600×9% = 66(万元)

由此可见,分立后比分立前节税54万元(= 120 - 66)。

四、兼营低税率或免税业务的纳税策划

纳税人兼营不同税率的货物或者应税劳务,应当分别核算不同税率货物或者应税劳务的销售额;未分别核算销售额的,从高适用税率。

【例2-14】 某企业属于增值税一般纳税人,1月份机电产品的销售额为500万元,其中农业机械的销售额为200万元(均不含税);当月可抵扣的进项税额为40万元。从纳税筹划的角度考虑,该企业是否应该把农机项目单独进行会计核算呢?

分析:

(1) 未分别核算:

应纳增值税 = 500×13% − 40 = 25(万元)

(2) 分别核算:

应纳增值税 = (300×13% + 200×9%) − 40 = 17(万元)

由此可见,分别核算可以少纳增值税8万元(= 25−17)。

纳税人兼营不免税的货物或者非应税劳务,免税优惠分为两种类型:有抵扣权的免税优惠和无抵扣权的免税优惠。出口货物实行有抵扣权的免税,国内销售的非出口的免税货物则实行无抵扣权的免税。

纳税人兼营免税、减税项目的,应当单独核算免税、减税项目的销售额;未单独核算销售额的,不得免税、减税。

【例2-15】 某制药厂主要生产普通抗菌类药物,也生产免税的计生药品。该厂年抗菌类药物的销售额为1 000万元,计生药品的销售额为500万元(均含税);全年购进原材料的增值税进项税额为150万元。若计生药品耗用的购入项目(原料、水、电等)的进项税额分别为40万元和80万元,则从纳税筹划的角度考虑,该厂的计生药品项目是否应该享受免税优惠呢?

解:

(1) 如果计生药品耗用的购入项目的进项税额为40万元,则:

享受免税优惠应纳增值税 = 1 000/(1+13%)×13% − (150−40) = 5.04(万元)

不享受免税优惠应纳增值税 = 1 500/(1+13%)×13% − 150 = 22.57(万元)

因此,该计生药品项目应选择享受免税优惠。

(2) 如果计生药品耗用的购入项目的进项税额为80万元,则:

享受免税优惠应纳增值税 = 1 000/(1+13%)×13% − (150−80) = 45.04(万元)

不享受免税优惠应纳增值税 = 1 500/(1+13%)×13% − 150 = 22.57(万元)

因此,该计生药品项目应选择不享受免税优惠。

(3) 平衡点比较,则:

平衡点(R)= 免税项目销售额/全部销售 = 500/1 500 = 33.33%

实际免税项目进项税额/全部进项税额,大于平衡点(R),选择不享受免税优惠;小于平衡点(R),选择享受免税优惠。

由于 40/150 = 26.67% < R,因此应选择享受免税优惠;由于 80/150 = 53.33% > R,因此应选择不享受免税优惠。

五、混合业务的纳税策划

如果一项销售行为既涉及服务又涉及货物,则为混合销售。从事货物的生产、批发或者零售的单位和个体工商户的混合销售行为,按照销售货物缴纳增值税;其他单位和个体工商户的混合销售行为,按照销售服务缴纳增值税。

【例2-16】 某建筑材料公司,在主营建筑材料批发和零售的同时,还对外承接运输服务。假定该公司某年度混合销售行为较多,当年销售建筑材料销售额为200万元,购进项目金额为180万元,增值税税率为13%,取得运输收入190万元,运输耗材购进额为90万元,增值税税率为9%。

要求:分析该公司应如何进行纳税策划。

解:

该公司应按销售货物缴纳增值税:

缴纳增值税 = (200+190)×13% - (180+90)×13% = 15.6(万元)

设法将运输劳务独立出去,就可以选择缴纳服务增值税。

货物缴纳增值税 = 200×13% - 180×13% = 2.6(万元)

服务缴纳增值税 = 190×9% - 90×13% = 5.4(万元)

合计缴纳增值税 8 万元。

可见,选择将运输服务独立出去,可节税 7.6 万元(= 15.6-8)。

上述企业将运输服务独立出去来选择较轻的税负。但在实际业务中,有些企业却不能轻易地变更经营模式,这就要根据企业的实际情况,采取灵活多样的方法来调整经营模式或核算方式。

第三章 消费税法

【本章重点】

明确消费税只是对部分货物(共15种消费品)的生产、委托加工和进口征收。

【本章难点】

部分货物改为零售环节征收消费税,这些应税消费品在缴纳消费税的同时,还要缴纳增值税;消费税的纳税策划。

第一节 消费税的纳税义务人

消费税是指对消费品和特定的消费行为按消费流转额征收的一种商品税。消费税分为一般消费税和特别消费税,前者是对所有消费品包括生活必需品的普遍课税;后者是对特定消费品或特定消费行为课税。我国是对在境内从事生产、销售、委托加工和进口消费品的单位或个人就其应税消费品征税,是选择部分消费品征税,因而属于特别消费税。

我国现行消费税法的基本规范,是自2009年1月1日起施行的《中华人民共和国消费税暂行条例》(以下简称《消费税暂行条例》)。

一、消费税与增值税比较

(一)消费税与增值税的区别

(1)消费税是价内税(计税依据中含消费税税额),增值税是价外税(计税依据中不含增值税税额)。

(2)消费税的绝大多数应税消费品只在货物出厂销售(或委托加工、进口)环节一次性征收,只有金银首饰、铂金首饰、钻石及钻石饰品改为零售环节征税。这些应税消费品在缴纳消费税的同时,还要缴纳增值税。

(二) 消费税与增值税的联系

对从价征收消费税的应税消费品计征消费税和增值税的税基是相同的,均为含消费税而不含增值税的销售额。

二、纳税义务人

根据《消费税暂行条例》的规定,在中华人民共和国境内生产、委托加工和进口规定的应税消费品的单位和个人,为消费税的纳税义务人。

第二节 消费税的税目、税率

一、税目

消费税税目是按照一定的标准和范围对课税对象进行划分从而确定的具体征税品种或项目,反映了征收的具体范围。消费税税目共15个:①烟;②酒;③高档化妆品;④贵重首饰及珠宝玉石;⑤鞭炮、焰火;⑥成品油;⑦小汽车;⑧摩托车;⑨高尔夫球及球具;⑩高档手表;⑪游艇;⑫木制一次性筷子;⑬实木地板;⑭电池;⑮涂料。

二、税率

消费税税率分为比例税率、定额税率两种形式。消费税实行从价定率、从量定额、从价定率和从量定额复合计税的方法。例如,黄酒、啤酒、汽油、柴油采用从量定额方法;卷烟、粮食白酒、薯类白酒采用从价定率和从量定额相结合的复合计税方法;其他采用从价定率方法。

自2015年2月1日起,对电池、涂料征收4%的消费税。对无汞原电池、金属氢化物镍蓄电池(又称"氢镍蓄电池"或"镍氢蓄电池")、锂原电池、锂离子蓄电池、太阳能电池、燃料电池和全钒液流电池,免征消费税。

自2015年5月10日起,财政部和国家税务总局联合下发了《关于调整卷烟消费税的通知》,在生产环节,甲类卷烟的税率为56%,并按0.003元/支加征从量税;

乙类卷烟的税率为36%,并按0.003元/支加征从量税。在批发环节,卷烟的税率为11%,并按0.005元/支加征从量税;雪茄烟生产环节的税率为36%,烟丝生产环节的税率为30%。甲类卷烟为每标准条(200支)调拨价在70元(含)以上的卷烟;乙类卷烟为每标准条(200支)调拨价在70元以下的卷烟。具体可以参考表3-1列示的适用税率。

表3-1 消费税税目、税率

税 目	子 目	税 率
一、烟	1. 卷烟	
	① 每标准条(200支)调拨价70元以上的(含70元,不含增值税)	比例税率:56% 定额税率:150元/标准箱(50 000支)
	② 每标准条(200支)调拨价70元以下的(不含增值税)	比例税率:36% 定额税率:150元/标准箱(50 000支)
	③ 批发环节	比例税率:11% 定额税率:250元/标准箱(50 000支)
	2. 雪茄烟	36%
	3. 烟丝	30%
二、酒	1. 啤酒	
	① 每吨出厂价格(含包装物及包装物押金,不含增值税)3 000元(含)以上的	250元/吨
	② 每吨出厂价格(含包装物及包装物押金,不含增值税)3 000元以下的	220元/吨
	③ 娱乐业和饮食业自制的	250元/吨
	2. 粮食白酒、薯类白酒	比率税率:20%; 定额税率:0.5元/斤(500克)或0.5元/500毫升
	3. 黄酒	240/吨
	4. 其他酒	10%
三、高档化妆品	10元/毫升(克)或15元/片(张)	15%

(续表)

税 目	子 目	税 率
四、贵重首饰及珠宝玉石	1. 金银首饰；铂金首饰；钻石及钻石饰品	5%（在零售环节征收）
	2. 其他金银珠宝首饰；珠宝玉石；镀金（银）、包金（银）首饰	10%（在生产环节征收）
五、鞭炮、焰火	—	15%
六、成品油	1. 汽油	1.52元/升
	2. 柴油	1.2元/升
	3. 石脑油	1.52元/升（暂按30%征税）
	4. 溶剂油	1.52元/升（暂按30%征税）
	5. 润滑油	1.52元/升（暂按30%征税）
	6. 燃料油	1.2元/升（暂按30%征税）
	7. 航空煤油	1.2元/升（暂缓征收）
七、小汽车	1. 乘用车	
	① 汽缸容量(排气量,下同)在1.0升(含)以下	1%
	② 汽缸容量在1.0升至1.5升(含)	3%
	③ 汽缸容量在1.5升至2.0升(含)	5%
	④ 汽缸容量在2.0升至2.5升(含)	9%
	⑤ 汽缸容量在2.5升至3.0升(含)	12%
	⑥ 汽缸容量在3.0升至4.0升(含)	25%
	⑦ 汽缸容量在4.0升以上	40%
	2. 中轻型商用客车（26座以下）	5%
八、摩托车	汽缸容量250毫升以下(含)	3%
	汽缸容量250毫升以上(不含)	10%
九、高尔夫球及球具	—	10%
十、高档手表	销售价格（不含增值税）每只在10 000元(含)以上	20%
十一、游艇	—	10%
十二、木制一次性筷子	—	5%
十三、实木地板	—	5%
十四、电池	—	4%
十五、涂料	—	4%

第三节　消费税应纳税额的计算

一、应纳税额的计算方法

（一）从价定率方法

按从价定率方法计算的应纳税额，其计算公式为：

应纳税额＝应税消费品的销售额×适用税率

1. 销售额的确定

根据《消费税暂行条例》的规定，销售额为纳税人销售应税消费品向购买方收取的全部价款和价外费用。但下列款项不包括在内：

（1）承运部门的运费发票开具给购货方的。

（2）纳税人将该项发票转交给购货方的。

除此之外，其他价外费用，无论是否属于纳税人的收入，均应并入销售额计算征税。

对酒类产品生产企业销售酒类产品（黄酒、啤酒除外）而收取的包装物押金，无论押金是否返还与会计上如何核算，均需并入酒类产品销售额中，依酒类产品的适用税率征收消费税。

2. 含增值税销售额的换算

含增值税销售额的换算公式为：

应税消费品的销售额＝含增值税的销售额÷（1+增值税税率或征收率）

（二）从量定额方法

按从量定额方法计算的应纳税额，其计算公式为：

应纳税额＝应税消费品的销售数量×单位税额

对采用定额税率征税的货物，必须核定其销售数量，以作为计税依据。具体的核定方法如下：

（1）销售应税消费品的，为应税消费品的销售数量。

（2）自产自用应税消费品的，为应税消费品的移送使用数量。

（3）委托加工应税消费品的，为纳税人收回的应税消费品数量。

（4）进口的应税消费品，为海关核定的应税消费品的进口数量。

在应税消费品中,黄酒、啤酒、汽油、柴油四种产品在计税时需要以其生产、进口或委托加工了多少吨或多少升来确定销售数量;采用复合计税方法时,白酒以"斤"来确定销售数量,烟以每标准箱(50 000 支折合 250 条,每标准条 200 支)为计税依据;其他应税消费品则都是以销售额为计税依据的。

(三)从价定率和从量定额复合计税方法

在应税消费品中,只有卷烟、白酒采用复合计税方法。其应纳税额计算公式为:

应纳税额=应税销售数量×定额税率+应税消费品的销售额×适用比例税率

二、计税依据的特殊规定

(1)卷烟从价定率计税办法的计税依据为调拨价格或核定价格,核定价格公式为:

核定价格=该牌号规格卷烟市场零售价格÷(1+35%)

(2)自设非独立核算门市部销售的自产应税消费品,应按照门市部对外销售额或者销售数量征收消费税。

(3)纳税人用于换取生产资料和消费资料、投资入股和抵偿债务等方面的应税消费品,应当以纳税人同类应税消费品的最高销售价格为计税依据计算消费税。

三、外购应税消费品已纳税款的扣除

税法规定,对既有自产应税消费品,同时又购进与自产应税消费品同样的应税消费品进行销售的工业企业,对其销售的外购应税消费品应当征收消费税,同时可以扣除外购消费品的已纳税款。上述允许扣除已纳税款的外购消费品仅限于烟丝、高档化妆品、珠宝玉石、鞭炮烟火、摩托车、高尔夫球杆、木制一次性筷子、实木地板、汽油(柴油、石脑油、燃料油、润滑油)、葡萄酒等 10 项应税消费品。

当期准予扣除的外购应税消费品已纳消费税税款的计算公式如下:

当期准予扣除的外购应税消费品已纳消费税税款=当期准予扣除的外购应税消费品的买价×外购应税消费品的适用税率

当期准予扣除的外购应税消费品的买价=期初库存的外购应税消费品的买价+当期购进的应税消费品的买价-期末库存的外购应税消费品的买价

需要注意的是：

(1) 改在零售环节征收消费税的金银首饰(镶嵌首饰)在计税时一律不得扣除外购珠宝玉石的已纳税款。外购酒(除葡萄酒外)的已纳税款不再允许扣除。

(2) 对自己不生产应税消费品,只是向工业企业购进后再加工销售应税消费品的工业企业,凡不能构成最终消费品,需进一步生产加工的应当征收消费税;其销售的化妆品、鞭炮烟火和珠宝玉石等,允许扣除上述外购应税消费品的已纳税款。

四、税额减征的规定

税额减征的规定主要是对生产销售达到低污染排放值(符合欧洲Ⅲ号排放标准)的小轿车、越野车和小客车减征30%的消费税。从2004年7月1日起,对企业生产销售达到相当于欧洲Ⅲ号排放标准的小汽车减征30%的消费税。计算方法为：

$$减征税额 = 按法定税率计算的消费税额 \times 30\%$$
$$应征税额 = 按法定税率计算的消费税额 - 减征额$$

五、自产自用应税消费品应纳税额的计算

(1) 纳税人自产的应税消费品,用于连续生产应税消费品的,不纳税。这体现了税不重征和计税简便的原则。

(2) 纳税人自产自用的应税消费品,不是用于连续生产应税消费品,而是用于其他方面的,于移送使用时纳税。

所谓"用于其他方面的",是指纳税人用于生产非应税消费品(汽油调和制成国家计划内的溶剂汽油)和在建工程、管理部门、非生产机构、提供劳务以及用于馈赠、赞助、集资、广告、样品、职工福利费、奖励等方面的应税消费品。例如,摩托车厂把自己生产的摩托车赠送或赞助给其他单位使用等。有同类消费品销售价格的,按照纳税人同类消费品的加权平均单价计税;没有同类消费品销售价格的,按照纳税人同类消费品的组成计税价格计税。

(3) 按组成计税价格计税的计算方法为：

$$组成计税价格 = (成本 + 利润 + 定额税) \div (1 - 消费税税率)$$
$$= [成本 \times (1 + 成本利润率) + 定额税] \div (1 - 消费税税率)$$
$$应纳税额 = 组成计税价格 \times 适用税率 + 定额税$$

其中,"成本"是指消费品的产品生产成本;"成本利润率"由国家税务总局规定,具体如表 3-2 所示。

表 3-2 平均成本利润率   单位:%

货物名称	利润率	货物名称	利润率
甲类卷烟	10	贵重首饰及珠宝玉石	6
乙类卷烟	5	摩托车	6
雪茄烟	5	高尔夫球及球具	10
烟丝	5	高档手表	20
粮食白酒	10	游艇	10
薯类白酒	5	木制一次性筷子	5
其他酒	5	实木地板	5
成品油	5	乘用车	8
高档化妆品	5	中轻型商用客车	5
鞭炮、焰火	5	电池	4
涂料	7		

第四节 委托加工与进口应税消费品应纳税额的计算

一、委托加工应税消费品应纳税额的计算

(一)委托加工应税消费品的确定

1. 委托加工应税消费品的确定条件

委托加工应税消费品的确定有以下两个条件,缺一不可:

(1)由委托方提供原材料和主要材料。

(2)受托方只收取加工费和代垫部分辅助材料。

2. 不得作为委托加工应税消费品的情形

凡有以下情形之一的,不得作为委托加工应税消费品,应当按照自制应税消费品缴纳消费税:

(1)由受托方提供原材料生产的应税消费品。

(2)受托方先将原材料卖给委托方,再接受加工的应税消费品。

(3)受托方以委托方的名义购进原材料生产的应税消费品。

(二)委托加工应税消费品代收代缴税款的规定

税法规定,由受托方在向委托方交货时代收代缴消费税。委托方收回后直接出售的,不再征收消费税。但对纳税人委托个体经营者加工应税消费品,一律于委托方收回后在委托方所在地缴纳消费税。

对受托方未按规定代收代缴税款,委托方要补缴税款,其计税依据是:

(1)已销售的按销售额计税。

(2)尚未销售或用于连续生产的,按组成计税价格计税。

同时,对受托方应处以应代收代缴税款50%以上3倍以下的罚款。

(三)委托加工应税消费品的计税价格

委托加工应税消费品按照受托方的同类消费品的上月或近期销售价格计算纳税;没有上月或近期同类消费品销售价格的,按组成计税价格计算纳税。

组成计税价格计算公式为:

组成计税价格=(材料成本+加工费+定额税)÷(1-消费税税率)

应纳税额=组成计税价格×适用税率+定额税

(四)委托加工应税消费品已纳税款的扣除范围

委托方收回货物后用于连续生产应税消费品的,其已纳税款准予从连续生产应税消费品应纳消费税税额中抵扣。委托加工应税消费品与外购应税消费品已纳税款的扣除范围相同。其计算公式为:

当期准予扣除的委托加工应税消费品已纳税款=期初库存的委托加工

应税消费品已纳税款+当期收回的委托加工应税消费品已纳税款−

期末库存的委托加工应税消费品已纳税款

【例3-1】某市烟草集团公司属增值税一般纳税人,持有烟草批发许可证,2019年10月购进已税烟丝800万元(不含增值税),委托M企业加工甲类卷烟500箱(250条/箱,200支/条),M企业按每箱0.1万元收取加工费(不含税)。当月M企业按正常进度投料加工生产卷烟200箱交由集团公司收回,集团公司将其中20箱销售给烟草批发商N企业,取得含税销售收入86.58万元;80箱销售给烟草零售商Y专卖店,取得不含税销售收入320万元;100箱作为股本与F企业合资成立一家烟草零售经销商Z公司。甲类卷烟生产环节的消费税税率为56%,并按0.003元/支加征从量税;批发环节的消费税税率为11%,并按0.005元/支加征从量税。

要求:根据以上资料,按以下顺序回答问题,每问需计算出合计数。

(1) 计算M企业当月应代收代缴的消费税。

(2) 计算集团公司向N企业销售卷烟应缴纳的消费税。

(3) 计算集团公司向Y专卖店销售卷烟应缴纳的消费税。

(4) 计算集团公司向Z公司投资应缴纳的消费税。

解:

(1) M企业当月应代收代缴的消费税=(800+500×0.1+500×150/10 000)/(1-56%)×200/500×56%+200×150/10 000=439.55(万元)

(2) 集团公司向N企业销售卷烟应缴纳的消费税为0元。因为是直接销售给批发商,不需要缴纳消费税。

(3) 集团公司向Y专卖店销售卷烟应缴纳的消费税=320×11%+80×250/10 000=37.2(万元)

(4) 集团公司向Z公司投资应缴纳的消费税=320/80×100×11%+100×250/10 000=46.5(万元)

说明:投资零售企业按照批发行为缴纳消费税。

二、兼营不同税率应税消费品的税务处理

纳税人兼营不同税率的应税消费品,应分别核算不同税率应税消费品的销售额、销售数量;未分别核算销售额、销售数量,或者将不同税率的应税消费品组成成套消费品销售的,从高适用税率。

三、酒类关联企业之间关联交易消费税问题的税务处理

纳税人与关联企业之间的购销业务,不按照独立企业之间的业务往来作价的,税务机关可以按规定方法调整其计税收入额,核定其应纳税额。

白酒生产企业向商业销售单位收取的"品牌使用费"应作为价外费用并入销售额中缴纳消费税。

四、进口应税消费品应纳税额的计算

（一）实行从价定率方法

实行从价定率方法的应税消费品的应纳税额的计算公式为：

$$组成计税价格=（关税完税价格+关税）÷（1-消费税税率）$$

$$应纳税额=组成计税价格×消费税税率$$

其中，"关税完税价格"是指海关核定的关税计税价格。

（二）实行从量定额方法

实行从量定额方法的应税消费品的应纳税额的计算公式为：

$$应纳税额=应税消费品数量×消费税单位税额$$

进口环节消费税除国务院另有规定外，一律不得给予减税、免税。

（三）实行复合计税方法

实行从价定率和从量定额复合计税方法的应税消费品的应纳税额的计算公式为：

$$应纳税额=组成计税价格×消费税税率+应税消费品数量×消费税单位税额$$

第五节　出口应税消费品退(免)税

一、出口应税消费品出口退税率的确定

出口应税消费品应退消费税的税率或单位税额的确定，是依据《消费税暂行条例》所附《消费税税目税率（税额）表》来执行的。这是与退（免）增值税的一个重要区别。企业应将不同消费税税率的出口应税消费品分别核算和申报，凡划分不清适用税率的，一律从低适用税率计算应退消费税税额。

二、出口应税消费品退(免)税政策

出口应税消费品退（免）消费税在政策上分为以下三种情况：

（1）出口免税并退税。适用这个政策的：有出口经营权的外贸企业购进应税消费品直接出口，以及外贸企业受其他外贸企业的委托代理出口应税消费品。

(2)出口免税但不退税。适用这个政策的:有出口经营权的生产性企业自营出口或生产企业委托外贸企业代理出口自产的应税消费品,依据其实际出口数量免征消费税,不予办理退还消费税。

(3)出口不免税也不退税。适用这个政策的:除生产企业、外贸企业外的其他企业,即一般商贸企业。

三、出口应税消费品退税额的计算

(1)属于从价定率计征消费税的应税消费品,应依据外贸企业从工厂购进货物时征收消费税的价格计算其应退消费税税额。其计算公式为:

$$应退消费税税额=出口货物的工厂销售额×税率$$

(2)属于从量定额计征消费税的应税消费品,应按货物购进和报关出口的数量计算其应退消费税税额。其计算公式为:

$$应退消费税税额=出口数量×单位税额$$

四、出口应税消费品办理退(免)税后的管理

出口退关或国外退货应申报补缴已退的消费税;纳税人直接出口的应税消费品办理免税后发生退关或国外退货,可待其转为国内销售时,再申报补缴消费税。

第六节 消费税的征收管理

一、纳税义务发生的时间

(1)纳税人销售的应税消费品,其纳税义务发生的时间如下:

① 采取赊销和分期收款结算方式的,为销售合同规定的收款日期的当天;采取预收货款结算方式的,为发出应税消费品的当天。

② 采取托收承付和委托银行收款结算方式销售的,为发出应税消费品并办妥托收手续的当天。

③ 采取其他结算方式的,为收到销售款项或者取得索取销售款项凭据的当天。

(2)纳税人自产自用的应税消费品,其纳税义务发生的时间为货物移送使用

的当天。

（3）纳税人委托加工的应税消费品,其纳税义务发生的时间为纳税人提货的当天。

（4）纳税人进口的应税消费品,其纳税义务发生的时间为货物报关进口的当天。

二、纳税期限

消费税的纳税期限分别为1日、3日、5日、10日、15日、1个月或者1个季度。纳税人的具体纳税期限,由主管税务机关根据纳税人应纳税额的大小分别核定。

纳税人进口应税消费品,应当自海关填发海关进口消费税专用缴款书之日起15日内缴纳税款。

三、纳税地点

（1）纳税人销售的应税消费品,以及自产自用的应税消费品,除国务院财政、税务主管部门另有规定外,应当向纳税人机构所在地或居住地主管税务机关申报纳税。

（2）委托加工的应税消费品,除受托方为个人外,由受托方向机构所在地或居住地主管税务机关解缴消费税税款。

（3）进口的应税消费品,由进口人或者其代理人向报关地海关申报纳税。

（4）纳税人到外县（市）销售或委托外县（市）代销自产应税消费品的,于应税消费品销售后,向机构所在地或居住地主管税务机关缴纳税款。

（5）纳税人的总机构与分支机构不在同一县（市）的,应在生产应税消费品的分支机构所在地缴纳消费税。但经国家税务总局及所属税务分局批准,纳税人分支机构应纳消费税税款也可由总机构汇总向总机构所在地主管税务机关缴纳。跨省的由国家税务总局批准,省内的由省级国家税务局批准。

（6）购买者退回应税消费品,经所在地主管税务机关批准,可退还已征消费税税款,但不能自行直接抵减应纳税款。

四、纳税申报

纳税人应按有关规定及时办理纳税申报,并如实填写《消费税纳税申报表》。

第七节 消费税的纳税筹划

一、合理选择纳税环节的纳税筹划

消费税的纳税行为发生在生产领域而非流通领域或终极的消费环节,因而关联企业中生产(委托加工、进口)应税消费品的企业,如果以较低的价格将应税消费品销售给其独立核算的销售部门,则可以降低销售额,从而减少应纳税消费税税额。

【例3-2】 某汽车制造公司正常小汽车的出厂价为15万元/辆,适用税率为10%。而向集团的汽车销售公司供货时价格定为12万元/辆,当月制造小汽车500辆。试分析汽车制造公司向集团的汽车销售公司供货可节税多少万元。

解:

(1)若由汽车制造公司直接对外销售:

应纳消费税税额 = 15×500×10% = 750(万元)

(2)若销售给集团的汽车销售公司,再由销售公司对外销售:

应纳消费税税额 = 12×500×10% = 600(万元)

由此集团少纳消费税150万元(=750-600)。

注意:汽车制造公司销售给关联企业的资产价格明显偏低者,税务机关有权重新核定价格。

二、购进已税消费品的纳税筹划

纳税人本身不生产应税消费品,只是向工业企业购进后再加工销售应税消费品的工业企业,凡不能构成最终消费品,需进一步生产加工的应当征收消费税;其销售的消费品应纳消费税允许扣除上述外购应税消费品的已纳税款。

【例3-3】 某卷烟厂用外购已税烟丝生产卷烟,当月销售额为180万元(每标准条不含增值税调拨价格为180元,共计40标准箱),当月月初库存外购烟丝账面余额为70万元,当月购进烟丝30万元,月末库存外购烟丝账面余额为50万元。请计算该厂当月销售卷烟应纳消费税税额(卷烟适用的比例税率为56%,定额税率为150元/每标准箱,烟丝适用的比例税率为30%,上述款项均不含增值税)。

解：

当月应纳消费税税额＝180×56%＋40×0.015＝101.4(万元)

当月准予扣除外购烟丝已纳税额＝(70＋30－50)×30%＝15(万元)

当月销售卷烟实际应缴纳消费税＝101.4－15＝86.4(万元)

三、兼营不同税率应税消费品的纳税筹划

纳税人兼营多种不同税率的应税消费品，应当分别核算不同税率应税消费品的销售额、销售数量；未分别核算销售额、销售数量，或者将不同税率的应税消费品组成成套消费品销售的，应从高适用税率。

【例 3-4】 某卷烟厂既生产甲类卷烟，又生产乙类卷烟。2018 年销售共计 9 000 万元，其中甲类卷烟 4 000 万元，乙类卷烟 5 000 万元，企业合并向税务机关报税，适用的消费税税率为 56%。试分析该卷烟厂应如何进行纳税筹划。

解：

应纳消费税税额＝9 000×56%＝5 040(万元)

报税时经税务人员提醒，公司要求实行两类产品分别核算，分别申报纳税。

甲类卷烟应纳消费税税额＝4 000×56%＝2 240(万元)

乙类卷烟应纳消费税税额＝5 000×36%＝1 800(万元)

合计应纳消费税税额＝2 240＋1 800＝4 040(万元)

分别核算后可节税金额＝5 040－4 040＝1 000(万元)

四、改变加工方式的纳税筹划

委托加工消费品，由受托方在向委托方交货时代收代缴消费税。委托方收回后直接出售的，不再征收消费税。对受托方未按规定代收代缴税款的，委托方要补缴税款。委托方可以选择不同的加工方式以降低税负，具体如下：

(1) 委托加工的应税消费品收回后，在本企业继续加工成另一种应税消费品销售。

(2) 委托加工的消费品收回后，不再继续加工，而是直接对外销售。

(3) 自行加工。

【例 3-5】 甲公司将一批价值 200 万元的原料加工成 B 产成品,该批产成品售价 1 500 万元。假设 A 半成品消费税税率为 30%,B 产成品消费税税率为 50%。有三个加工方案可供选择,试分析哪个方案最优。

方案一:甲公司委托乙公司将一批价值 200 万元的原料加工成 A 半成品,加工费用为 150 万元;加工的 A 半成品运回甲公司后继续加工成 B 产成品,加工成本、分摊费用共计 200 万元。

方案二:甲公司委托乙公司将价值 200 万元的原料加工成 B 产成品,加工费用为 320 万元;加工完毕运回甲公司后,对外销售仍为 1 500 万元。

方案三:甲公司将价值 200 万元的原料自行加工成 B 产成品,加工成本、分摊费用共计 450 万元,售价 1 500 万元。

分析:

方案一,甲公司向乙公司支付加工费的同时,向其支付其代收代缴的消费税:

消费税组成计税价格 =(200+150)/(1-30%)= 500(万元)

应纳消费税 = 500×30% = 150(万元)

甲公司销售产品后应纳消费税 = 1 500×50%-150 = 600(万元)

甲公司的税后利润 =(1 500-200-150-200-150-600)×(1-25%)= 150(万元)

方案二,委托加工的消费品收回后直接对外销售:

甲公司向乙公司支付加工费的同时,向其支付代收代缴的消费税:

应纳消费税 =[(200+320)/(1-50%)]×50% = 520(万元)

甲公司的税后利润 =(1 500-200-320-520)×(1-25%)= 345(万元)

方案三,自行加工:

应纳消费税 = 1 500×50% = 750(万元)

甲公司的税后利润 =(1 500-200-450-750)×(1-25%)= 75(万元)

由此可见,应选择方案二。

五、非货币性交易的纳税筹划

税法规定,纳税人自产的应税消费品用于换取生产资料和消费资料、投资入股或抵偿债务等方面,应当按照纳税人同类应税消费品的最高销售价格作为计税依据。

【例3-6】 某小汽车生产企业,当月对外销售同型号的小汽车共有三种价格,以20万元的单价销售150辆,以22万元的单价销售200辆,以24万元的单价销售50辆。当月以5辆同型号的小汽车与一家汽车配件企业换取其生产的汽车玻璃。双方按当月的加权平均销售价格确定小汽车的价格(消费税税率为9%)。请计算该小汽车生产企业以小汽车换取汽车玻璃应纳消费税税额。

分析:

该小汽车生产企业应按照纳税人同类消费品的最高销售价格作为计税依据:

应纳消费税税额 = 240 000×5×9% = 108 000(元)

纳税人经过筹划,将这5辆小汽车按照当月的加权平均销售价格销售后,再购买原材料,则:

应纳消费税税额 = (200 000×150 + 220 000×200 + 240 000×50) ÷ (150 + 200 + 50)×5×9% = 96 750(元)

企业可节税 = 108 000 - 96 750 = 11 250(元)

由此可见,企业可减轻税负11 250元。

六、适用差别税率的消费品定价的纳税筹划

消费税税率分为比例税率和定额税率两种形式。在应税消费品中,卷烟和啤酒的消费税税率依定价的不同而不同,具体如下:

甲类卷烟的从价税税率为56%,乙类卷烟的从价税税率为36%,另外,卷烟在批发环节加征一道从价税,税率为11%。

啤酒每吨出厂价格(含包装物及包装物押金)在3 000元(含3 000元,不含增值税)以上的,单位税额250元/吨;每吨出厂价格在3 000元以下的,单位税额220元/吨。

在价格临界点附近,税负会突然加重,比如卷烟单条调拨价在70元时,消费税税率从36%跃升至56%。在考虑定价时,要注意定价高于临界点价格时,其现金流量的增长要能抵消税负的增长。

设临界点价格为G,低税率为t_1,高税率为t_2,城市维护建设税及教育费附加率为j,期间费用占销售收入的比率为v。因此,

适用低税率的现金流量为：$G-G\times t_1-G\times t_1\times j$

适用高税率的现金流量为：$G-G\times t_2-G\times t_2\times j$

二者相差 $=G\times(t_2-t_1)(1+j)$

要消除这一差别，只有靠提高消费品的定价才能实现。假设售价提高 p 元才能实现现金流量持平，则：

消费税增加 $=p\times t_2$

增值税增加 $=0.13\times p$

城市维护建设税及教育费附加增加 $=(p\times t_2+0.13\times p)\times j$

期间费用增加 $=p\times v$

现金流量增加 $=p-p\times t_2-0.13\times p-(p\times t_2+0.13\times p)\times j-p\times v$

令：

$G\times(t_2-t_1)(1+j)=p-p\times t_2-0.13\times p-(p\times t_2+0.13\times p)\times j-p\times v$

则：

$p=G(t_2-t_1)(1+j)\div[1-(t_2+0.13)(1+j)-v]$

即只有当消费品的定价提高 p 元以上时，才能抵消增加的税负。

【例3-7】 某卷烟厂生产一种新型号卷烟，考虑每标准条定价（不含税）在70元左右；期间费用占销售收入的比率为5%；城市维护建设税税率为7%，教育费附加率为1.5%。试分析其定价在多少元以上才能抵消增加的税负。

解：

将各项数据代入公式：

$p=G(t_2-t_1)(1+j)\div[1-(t_2+13\%)(1+j)-v]$

$p=70\times(56\%-36\%)\times(1+8.5\%)\div[1-(56\%+13\%)(1+8.5\%)-5\%]$

$=75.44(元)$

$70+75.44=145.44(元)$

即该新型号卷烟定价在每条145.44元以上才能抵消增加的税负。

第四章　城市维护建设税和教育费附加

【本章重点】

城市维护建设税的计税依据、税率、应纳税额的计算；教育费附加的计征。

【本章难点】

城市维护建设税和教育费附加计征依据的确定。

第一节　城市维护建设税

城市维护建设税（以下简称"城建税"）是为了加强城市的维护建设，扩大和稳定城市维护建设资金的来源，对有经营收入的单位和个人征收的一个税种。它是1984年工商税制全面改革中设置的一个税种。城建税是一种附加税，以纳税人实际缴纳的增值税、消费税税额为计税依据，附加于增值税和消费税税额，本身没有特定的、独立的征税对象。征收城建税具有特定目的，即城建税税款专门用于城市的公用事业和公共设施的维护建设。

我国现行城建税法的基本规范，是自1985年1月1日起施行的《中华人民共和国城市维护建设税暂行条例》。

一、纳税人

城市维护建设税以缴纳增值税、消费税的单位和个人为纳税人，即只要缴纳增值税和消费税，就必须依法缴纳城建税。

二、税率

(一) 城建税采用地区差别比例税率

纳税人所在地在市区的,税率为7%;纳税人所在地在县城、镇的,税率为5%;纳税人所在地不在市区、县城或镇的,税率为1%。

(二) 按缴纳增值税和消费税所在地规定的税率就地缴纳城建税

(1) 由受托方代征代扣增值税、消费税的单位和个人,其代征代扣的城建税按受托方所在地适用税率。

(2) 流动经营等无固定纳税地点的单位和个人,在经营地缴纳增值税和消费税的,其城建税的缴纳按经营地适用税率。

三、计税依据

城建税以纳税人实际缴纳的增值税、消费税税额为计税依据,包括被查补的增值税和消费税税额。

(1) 纳税人违反增值税法、消费税法规定被加罚的滞纳金和罚款不能作为计征城建税的依据。

(2) 纳税人违反上述两项税法规定被处罚的,对其城建税也应同时进行处罚,按拖欠或偷漏的城建税税额为依据计算滞纳金或罚款。

四、应纳税额的计算

(一) 计算公式

城建税应纳税额的计算公式为:

$$应纳税额=(实纳增值税+实纳消费税)\times 适用税率$$

(二) 会计处理

城建税的会计分录为:

借:税金及附加

    贷:应交税费——应交城市维护建设税

五、税收优惠

城建税的税收优惠具体如下:

(1) 城建税一般不单独减免,主税减免,城建税才减免。

（2）主税退库，城建税也同时退库。

（3）进口产品不征城建税。

（4）出口产品退还增值税、消费税，不退还已缴纳的城建税。

（5）对纳税确有困难的企业或个人，由县级人民政府审批减免。

六、征收管理与纳税申报

城建税的征收与增值税、消费税的征收同时进行，所以其纳税环节、地点、纳税期限的规定，均按上述两税的规定办理。

第二节　教育费附加

教育费附加是对缴纳增值税、消费税的单位和个人，就其实缴增值税、消费税税额为计算依据征收的一种附加费。其作用是发展地方性教育事业，扩大地方教育经费的资金来源。其征收范围及计征依据同城市维护建设税，计征比率为3%（生产卷烟和烟叶的单位减半征收）。

2010年12月1日，财政部下发了《关于统一地方教育附加政策有关问题的通知》，对各省、市、自治区的地方教育附加的征收标准进行了统一。地方教育附加的征收标准统一为单位和个人（包括外贸投资企业、外国企业及外籍个人）实缴增值税、消费税税额的2%。

一、应纳税额的计算

（一）一般单位和个人

其计算公式为：

$$应纳教育费附加 = 实纳增值税、消费税税额 \times 征收比率$$

（二）卷烟和烟叶生产单位

其计算公式为：

$$应纳教育费附加 = 实纳增值税、消费税税额 \times 征收比率 \times 50\%$$

二、会计处理

教育费附加的会计分录为：

借:税金及附加
　　贷:应交税费——应交教育费附加

三、税收优惠

教育费附加的税收优惠具体如下:

(1) 教育费附加一般不单独减免,主税减免,教育费附加才减免。

(2) 主税退库,教育费附加也同时退库。

(3) 进口产品不征教育费附加。

(4) 出口产品退还增值税、消费税,不退还已缴纳的教育费附加。

(5) 自2016年2月1日起,月销售额不超过10万元的纳税人,免征教育费附加和地方教育费附加。

第五章 关税法

【本章重点】

关税的相关概念、应纳税额的计算、完税价格的确定和征收管理的有关规定。由于关税由海关负责征收,因此在征收管理方面有不同于其他税收之处,应特别注意这些差别。

【本章难点】

完税价格的确定。

第一节 关税的征税对象与纳税义务人

一、关税所依据的法律规范

关税是海关依法对进出关境的货物、物品征收的一种税。关税所依据的法律规范如下:

(1)《中华人民共和国海关法》(法律)。

(2)《中华人民共和国进出口关税条例》《中华人民共和国海关进出口税则》《中华人民共和国海关入境旅客行李物品和个人邮递物品征收进口税办法》等(法规)。

(3)由海关总署拟定的管理办法和实施细则,如《中华人民共和国海关法行政处罚实施细则》等(规章)。

二、关境与国境的关系

关境是海关执法时常用的术语,也是海关执法的地域性范畴。关境(Customs Frontier/Customs Boundary),又称"税境"或"海关境域",是一国关税领域的界限。在关境之内,适用同一海关法或实行同一关税制度。

一般情况下，一国的关境与国境是一致的，即关境等同于国境；特殊情况下，关境可能大于或小于国境。国境是指一个国家行使全部过界主权的国家空间，包括领陆、领海、领空。第二次世界大战后，关税同盟和自由贸易区、自由港大量出现，国境等于关境的原则被突破，国境和关境有时不完全一致。例如，在几个国家结成关税同盟（如欧盟、北美自由贸易区等）时，其关境是几个国境之和，关境便大于国境；而一国设立自由港、自由贸易区或其他特区，其关境便小于国境。

在我国，海关的关境是指除单独关境以外的中华人民共和国全部领域。目前，我国法律已明确的单独关境有香港特别行政区、澳门特别行政区和台澎金马关税区。因此，我国关境是小于国境的。

三、关税的征税对象

关税的征税对象是指准许进出我国关境的货物和物品。货物是指贸易性商品；物品包括入境旅客随身携带的行李和物品，个人邮递物品，各种运输工具上的服务人员携带进口的自用物品、馈赠物品，以及以其他方式进入国境的个人物品。

四、关税的纳税义务人

关税的纳税义务人是指进口货物的收货人、出口货物的发货人、进出境物品的所有人。

进口货物的收货人、出口货物的发货人是依法取得对外贸易经营权，并进口或出口货物的法人或其他社会团体。

进出境物品的所有人，可以分为以下几种情况：

（1）一般情况下，对于携带进的物品，推定其携带人为所有人。
（2）对分离运输的行李，推定相应的进出境旅客为所有人。
（3）对以邮递方式进境的物品，推定其收件人为所有人。
（4）对以邮递或其他运输方式出境的物品，推定其寄件人或托运人为所有人。

第二节　关税的进出口税则

一、进出口税则概况

我国现行进出口税则由《中华人民共和国进出口关税条例》《税率适用说明》

《中华人民共和国海关进口税则》《中华人民共和国海关出口税则》和各种税率表等组成。

二、税则商品分类目录

为将每项进出口商品按其特性在税则商品分类目录中找出其最适合的某一个税号,我国制定了税则商品分类目录。该目录至今已经历过1951年版、1985年版、1992年版三个版本。

1992年,我国加入《商品名称及编码协调制度》(Harmonized Commodity Description and Coding System,简称HS公约),它是在原海关合作理事会(1995年更名为世界海关组织)的《海关合作理事会商品分类目录》(CCCN)和联合国的《国际贸易标准分类》(SITC)的基础上,参照国际上主要国家的税则、统计、运输等多种商品分类目录而制定的一部多用途的国际贸易商品分类目录。

我国海关自1992年1月1日起开始采用该公约,使进出口商品归类工作成为我国海关最早实现与国际接轨的执法项目之一。该公约最新修订版本为2018年版。HS公约及我国现行税则的商品分类将所有商品分为21类、97章、8 549个税目。

三、税率的种类及运用

(一)税率的种类

1. 进口关税税率

(1)税率设置。自2002年1月1日起,我国进出口税则设有最惠国税率、协定税率、特惠税率、普通税率、关税配额税率、暂定税率等。

① 最惠国税率:适用原产于与我国共同适用最惠国待遇条款的世界贸易组织(WTO)成员国或地区的进口货物,或原产于与我国签订有相互给予最惠国待遇条款的双边贸易协定的国家或地区的进口货物,以及原产于我国境内的进口货物。

② 协定税率:适用原产于我国参加的含有关税优惠条款的区域性贸易协定有关缔约方的进口货物。

③ 特惠税率:适用原产于与我国签订有特殊优惠关税协议的国家或地区的进口货物。

④ 普通税率:适用原产于上述以外的其他国家或地区的进口货物。

⑤ 关税配额税率:是指一定数量内的进口货物适用税率较低的配额内税率,超出该数量的进口货物适用税率较高的配额外税率。现行税则对小麦、豆油等10种农产品和尿素等3种化肥产品实行关税配额管理。

⑥ 暂定税率:根据经济发展需要,国家对部分进口原材料、零部件、农药原药和中间体、乐器及生产设备实行暂定税率。暂定税率优先于特惠税率和最惠国税率,按普通税率征税的进口货物不适用暂定税率。

为扩大双边、多边经贸合作,促进区域经济发展,我国将依据中国—东盟、中国—智利、中国—巴基斯坦、中国—新西兰、中国—新加坡等自由贸易协定以及《亚太贸易协定》,对原产于东盟十国、智利、巴基斯坦、新西兰、新加坡、韩国、印度、斯里兰卡、孟加拉等国家的部分进口货物实施比最惠国税率更优惠的协定税率;在我国内地与香港、澳门更紧密经贸关系安排框架下,继续对原产于港澳地区且已制定原产地优惠标准的产品实施零关税;继续对原产于老挝等东南亚4国、苏丹等非洲31国、也门等6国,共41个最不发达国家的部分商品实施特惠税率。2015年我国的进口关税总水平为9.8%。2018年9月30日,国务院关税税则委员会发布公告,自2018年11月1日起,降低1 585个税目的进口关税。至此,我国的进口关税总水平降至7.5%。

(2) 计征办法。我国关税基本上实行从价征税。从1997年7月1日起,我国对部分商品实行从量税、复合税和滑准税。

① 从量税:目前我国对原油、部分鸡产品、啤酒、胶卷进口分别以重量、容量、面积计征从量税。

② 复合税:是指对同一种商品同时使用从价和从量两种标准课征的一种关税,我国目前对录像机、放像机、摄像机、数字相机、摄录一体机实行复合税。

③ 滑准税:滑准税又称滑动税,是指对进口税则中的同一种商品,按其市场价格标准分别制定不同价格档次的税率,而征收的一种进口关税。其高档商品价格的税率低或不征税,低档商品价格的税率高。征收这种关税的目的,是使该种进口商品,不论其进口价格高低,税后价格保持在一个预定的价格标准上,以稳定进口国国内该种商品的市场价格,不受国际市场影响。

我国曾对进口新闻纸实行过滑准税,但2003年改为计征单一的从价税,停止了滑准税。另外,我国2005年5月开始对关税配额外棉花进口配额征收滑准税,税率滑动的范围为5%~40%,征收的目的是在大量棉花进口的情况下,减少进口棉花对国内棉花市场的冲击,以确保棉农的收益。这相当于为进口棉花价格设置了底限,因此对国内棉花市场价格形成支撑。

2. 出口关税税率

我国出口税则为一栏税率,即出口税率。国家仅对少数资源性产品及易于竞相杀价、需要规范出口秩序的半制成品征收出口关税。2019年版的《中华人民共和国进出口税则》对102个税目商品计征出口关税,税率为2%~40%。主要对鳗鱼苗、部分有色金属矿砂及其精矿、生锑、磷、氟钽酸钾、苯、山羊板皮、部分铁合金、钢铁废碎料、铜和铝原料及其制品、镍锭、锌锭、锑锭等资源品征收出口关税。

3. 特别关税

任何国家或地区对其进口的原产于我国的货物征收歧视性关税或者给予其他歧视性待遇的,海关对原产于该国家或地区的进口货物,可以征收特别关税。征收特别关税的货物品种、适用税率、征收办法、起征和停征时间,由国务院关税税则委员会决定,并公布施行。

特别关税包括报复性关税、反倾销关税与反补贴关税、保障性关税。

(1) 报复性关税。报复性关税是指为报复他国对本国出口货物的关税歧视,而对相关国家的进口货物征收的一种进口附加税。任何国家或地区对其进口的原产于我国的货物征收歧视性关税或者给予其他歧视性待遇的,我国对原产于该国家或地区的进口货物征收报复性关税,税率视具体情况而定。

(2) 反倾销关税与反补贴关税。反倾销关税是指对外国的倾销商品,在征收正常进口关税的同时,附加征收的一种关税。它是差别关税的重要形式。如果某国将商品以低于生产成本的价格向其他国家推销,就有可能构成倾销,进口国就可以对倾销商品征收数量不超过倾销差价的反倾销关税。

反补贴关税是指对接受任何津贴或奖金的外国进口商品附加征收的一种关税,是差别关税的又一重要形式。商品输出国为了加强本国输出商品在国际市场上的竞争能力,往往对输出商品给予津贴、补贴或奖励,以降低成本,廉价销售于国外市场。输入国为防止他国补贴商品进入本国市场,威胁本国产业正常发展,对凡接受政府、垄断财团补贴、津贴或奖金的他国输入商品,课征与补贴、津贴或奖金额相等的反补贴关税，以抵消外国商品因接受补贴所形成的竞争优势。

在国际贸易中，补贴与反补贴一直是争议很多的难题，因而成为《关税及贸易总协定》（General Agreement on Tariffs and Trade，GATT）所调节和制约的主要对象之一。GATT规定，必须断定补贴的出口商品对进口国国内某项工业造成重大损害或产生重大威胁，或严重阻碍某项工业的建立，才能征收抵销关税。GATT制定有专门的《贴补法案》，并设立了补贴和反补贴措施委员会，专门负责处理缔约国间有关抵销关税的争端。需要指出的是，许多国家对出口商品采取退还国内税的方法予以鼓励，对这种属于已退还国内税的出口商品一般不作为接受补贴商品来看待，因为退税属于国内税种调整范畴，与他国没有直接利益关系。

（3）保障性关税。当某类商品进口量剧增，对我国相关产业带来巨大威胁或损害时，按照WTO的有关规则，可以启动一般保障措施，即在与有实质利益的国家或地区进行磋商后，在一定时期内提高该项商品的进口关税或采取数量限制措施，以保护国内相关产业不受损害。根据《中华人民共和国保障措施条例》的规定，有明确证据表明进口商品数量增加，在不采取临时保障措施将对国内产业造成难以补救的损害的紧急情况下，可以做出初裁决定，并采取临时保障措施。临时保障措施采取提高关税的形式。终裁决定确定进口商品数量增加，并由此对国内产业造成损害的，可以采取保障措施。保障措施可以采取提高关税、限制数量等形式，针对正在进口的商品实施，不区分商品来源国家或地区。其中，采取提高关税形式的，由商务部提出建议，国务院关税税则委员会根据建议做出决定，由商务部予以公告。

（二）税率的运用

进口关税设普通税率和优惠税率。对原产于与我国未订有关税互惠协议的国家或地区的进口货物，按照普通税率征税；对原产于与我国订有关税互惠协议的国家或地区的进口货物，按照优惠税率征税。

按照普通税率征税的进口货物，经国务院关税税则委员会特别批准，可以按照优惠税率征税。进出口货物，应当依照《中华人民共和国海关进出口税则》规定的归类原则归入合适的税号，并按照适用的税率征税。进出口货物，应当按照收发货人或他们的代理人申报进口或者出口之日实施的税率征税。进口货物到达前，经海关核准先行申报的，应当按照装载此项货物的运输工具申报进境之日实施的税率征税。进出口货物的补税和退税,适用该进出口货物原申报进口或者出口之日所实施的税率。

四、原产地规定

我国原产地规定基本上采用了全部产地生产标准、实质性加工标准两种国际上通用的原产地标准。全部产地生产标准,是指进口货物完全在一个国家内生产或制造,生产或制造国即为该货物的原产国。实质性加工标准,是指确定两个或两个以上国家参与生产的产品的原产国的标准,以最后一个对货物进行经济上可以视为实质性加工的国家为原产国。实质性加工,是指产品加工后,在进出口税则中四位数税号一级的税则归类已经发生改变,或者加工增值部分所占新产品总值的比例已超过30%。

第三节 关税完税价格及应纳税额的计算

关税完税价格,是指海关根据有关规定对进出口货物进行审定或估定后通过估价确定的价格,它是海关征收关税的依据。

一、关税的完税价格

(一) 一般进口货物的完税价格

1. 以成交价格为基础的完税价格

完税价格通常就是发票上表明的成交价格,即进口商在货物销售出口至进口国时实付或应付的价格,也称到岸价(CIF)。但只有当进口商申报的价格被海关接受后才能成为进口货物的完税价格。具体计算公式为:

进口货物完税价格=货价+购货费用

(1) 应当计入完税价格的费用。若下列费用或价值未包括在实付或应付价格中,应当计入完税价格:

① 由买方负担的除购货佣金以外的佣金和经纪费。

② 由买方负担的与进口货物视为一体的容器费用。

③ 由买方负担的包装材料和包装劳务费用。

④ 可以按比例分摊的,由买方直接或间接免费提供,或者以低于成本价方式销售给卖方的或有关方的货物或服务的价值,可以理解为以劳务、实物支付价款。

⑤ 与进口货物有关并作为卖方向我国销售该货物的一项条件,应当由买方直接或间接支付的特许权使用费。

⑥ 卖方直接或间接从买方对货物进口后转售、处置或使用所得中获得的收益。

(2) 不得计入完税价格的费用。若下列费用能与进口货物实付或应付价格区分,则不得计入完税价格:

① 厂房、机械、设备等货物进口后的基建、安装、装配、维修和技术服务的费用。

② 货物运抵我国境内输入地点之后的运输费用。

③ 进口关税及其他国内税。

(3) 买卖双方存在特殊关系的完税价格。如果买卖双方存在特殊关系,但成交价格与下列任一价格相近,则不影响成交价格的公允性,同时还要考虑商业水平和进口数量等的影响:

① 向境内无特殊关系的买方出售的成交价格。

② 按倒扣法确定的完税价格。

③ 按计算价格确定的完税价格。

有下列情形之一的,应当认为买卖双方存在特殊关系:

① 买卖双方为同一家族成员。

② 买卖双方互为商业上的高级职员或董事。

③ 一方直接或间接地受另一方控制。

④ 买卖双方都直接或间接地受第三方控制。

⑤ 买卖双方共同直接或间接地控制第三方。

⑥ 一方直接或间接地拥有、控制或者持有对方5%以上(含5%)公开发行的有表决权的股票或股份。

⑦ 一方是另一方的雇员、高级职员或董事。

⑧ 买卖双方是同一合伙的成员。

买卖双方在经营上相互有联系,一方是另一方的独家代理、独家经销或独家受让人,如果符合前款的规定,那么也应当视为存在特殊关系。

2. 以海关估价为基础的完税价格

进口货物的价格不符合成交价格条件或成交价格不能确定的,海关经了解有关情况,并与纳税义务人进行价格磋商后,依次以下列方法审查确定进口货物的完税价格:

(1) 相同货物成交价格估价方法。

(2) 类似货物成交价格估价方法。

(3) 倒扣价格估价方法。使用倒扣价格估价方法应同时满足以下五个条件:

① 在被估货物进口时销售或大约同时销售。

② 按进口时的状态销售。

③ 在境内第一环节销售。

④ 合计的货物销售总量最大。

⑤ 向境内无特殊关系的买方销售。

使用倒扣价格估价方法应扣除的项目:

① 进口货物在境内销售时的利润和一般费用及通常支付的佣金。

② 货物运抵境内输入地点之后的运费、保险费等相关购货费用。

③ 进口关税、进口环节税和其他与进口或销售有关的国内税。

(4) 计算价格估价方法。采用计算价格估价方法时,按下列各项总和计算的价格估定完税价格:

① 生产进口货物所使用的料件成本和加工费用。

② 向境内销售同等级或同种类货物通常的利润和一般费用(包含直接费用和间接费用)。

③ 货物运抵境内输入地点起卸前的运费、保险费等。

(5) 其他合理方法,即以境内获得的数据资料为基础估定完税价格。

(二) 特殊进口货物的完税价格

有些货物在进口时没有销售价格,不是销售货物或还没有进行销售,例如加工贸易、租赁、寄售等方式的进口货物,在进口时没有成交价格可作为依据,我国对这些特殊进口货物特制定了确定其完税价格的方法,主要内容如下:

(1) 加工贸易。加工贸易进口料件及其制成品需征税或内销补税的,海关按照一般进口货物的完税价格规定,审定其完税价格。

① 进口时需征税的进料加工进口料件,以该料件申报进口时的价格估定。

② 内销的进料加工进口料件或其制成品(包括残次品、副产品),以料件原进口时的价格估定。

③ 内销的来料加工进口料件或其制成品(包括残次品、副产品),以料件申报内销时的价格估定。

④ 出口加工区内的加工企业内销的制成品(包括残次品、副产品),以制成品申报内销时的价格估定(视同进口)。

⑤ 保税区内的加工企业内销的进口料件或其制成品(包括残次品、副产品),分别以料件或制成品申报内销时的价格估定。如果内销的制成品中含有从境内采购的料件,则以所含从境外购入的料件原进口时的价格估定(视同进口)。

⑥ 加工贸易加工过程中产生的边角料,以申报内销时的价格估定。

⑦ 保税区、出口加工区货物,视同进出口处理。

(2) 运往境外修理的货物。出境时已向海关报明,并在海关规定期限内复运进境的,应当以海关审定的正常的修理费和料件费,以及该货物复运进境的运费、保险费估定完税价格。

(3) 运往境外加工的货物。出境时已向海关报明,并在海关规定期限内复运进境的,应当以海关审定的境外加工费和料件费,以及该货物复运进境的运费、保险费估定完税价格。

(4) 暂时进境的货物。按照一般进口货物估价办法的规定,估定完税价格。

(5) 租赁方式进口的货物。以租金方式对外支付的租赁货物,在租赁期间以海关审定的租金为完税价格;留购的租赁货物,以海关审定的留购价格为完税价格;承租人申请一次性缴纳税款的,经海关同意,按照一般进口货物估价办法的规定,估定完税价格。

(6) 留购的进口货物。留购的进口货样、展览品和广告陈列品,以海关审定的留购价格为完税价格。

(7) 减免税进口的货物。减税或免税进口的货物需予补税时,应当以海关审定的该货物原进口时的价格,扣除折旧部分价值为完税价格。其计算公式为:

完税价格=海关审定的原进口价×[1-实际已使用的时间(月)÷监管年限×12]

（三）出口货物的完税价格

出口货物的完税价格由海关以该货物的成交价格为基础审查确定,并应当包括货物运至中华人民共和国境内输出地点装载前的运费、保险费等。

1. 以成交价格为基础的完税价格

出口货物的成交价格,是指该货物出口销售时,卖方为出口该货物应当向买方直接收取和间接收取的价款总额。

下列税收、费用不计入出口货物的完税价格：

（1）出口关税。

（2）在货物价款中单独列明的货物运至中华人民共和国境内输出地点装载后的运费、保险费(即出口货物的运费、保险费最多算至离境口岸)。

（3）在货物价款中单独列明由卖方承担的佣金。

出口货物以离岸价(FOB)成交的,应该以该价格扣除出口关税为完税价格;以其他价格成交的,应该换算成 FOB 价再按以下公式计算：

$$出口货物完税价格 = FOB \div (1 + 出口关税税率)$$

2. 以海关估价为基础的完税价格

出口货物的成交价格不能确定时,完税价格由海关依次使用下列方法估定：

（1）同时或大约同时向同一国家或地区出口的相同货物的成交价格。

（2）同时或大约同时向同一国家或地区出口的类似货物的成交价格。

（3）根据境内生产相同或类似货物的成本、利润和一般费用,境内发生的运费、保险费计算所得的价格。

（4）按照其他合理方法估定的价格。

（四）进出口货物完税价格中的运费、保险费的计算

1. 以一般海、陆、空运方式进口的货物

以一般海、陆、空运方式进口的货物,应当按照实际支付的运费、保险费计算。如果进口货物的运费无法确定或未实际发生,则海关应当按照该货物进口同期运输行业公布的运费率(额)计算运费;按照"货价加运费"两者总额的3‰计算保险费。

2. 以其他方式进口的货物

（1）邮运的进口货物,应当以邮费为运费、保险费。

（2）以境外边境口岸价格条件成交的铁路或公路运输的进口货物,海关应当

按照货价的1%计算运费、保险费。

（3）作为进口货物的自驾进口的运输工具，海关在审定完税价格时，可以不另行计入运费，如汽车。

3. 出口货物

出口货物的销售价格包括离境口岸至境外口岸之间的运费、保险费的，该运费、保险费应当扣除。

（五）完税价格的审定

纳税义务人应当按照《中华人民共和国海关进出口税则》规定的目录条文和归类总规则、类注、章注、子目注释以及其他归类注释，对其申报的进出口货物进行商品归类，并归入相应的税则号列；海关应当依法审核确定该货物的商品归类。

海关可以要求纳税义务人提供确定商品归类所需的有关资料；必要时，海关可以组织化验、检验，并将其认定的化验、检验结果作为商品归类的依据。海关为审查申报价格的真实性和准确性，可以查阅、复制与进出口货物有关的合同、发票、账册、结付汇凭证、单据、业务函电、录音录像制品和其他反映买卖双方关系及交易活动的资料。

海关对纳税义务人申报的价格有怀疑并且所涉关税数额较大的，经直属海关关长或其授权的隶属海关关长批准，凭《中华人民共和国海关账户查询通知书》及有关工作人员的工作证件，可以查询纳税义务人在银行或者其他金融机构开立的单位账户的资金往来情况，向银行业监督管理机构通报有关情况；并将怀疑理由书面告知纳税义务人，要求其在规定的期限内书面做出说明、提供有关资料。

纳税义务人在规定的期限内未做说明、未提供有关资料的，或者海关仍有理由怀疑申报价格的真实性和准确性的，海关可以不接受纳税义务人申报的价格，并按照规定估定完税价格。

海关审查确定进出口货物的完税价格后，纳税义务人可以以书面形式要求海关就如何确定其进出口货物的完税价格做出书面说明，海关应当向纳税义务人做出书面说明。

二、应纳关税税额的计算

（一）从价税

从价税的计算公式为：

$$应纳关税税额 = 应税进(出)口货物数量 × 单位完税价格 × 税率$$

（二）从量税

从量税的计算公式为：

$$应纳关税税额 = 应税进(出)口货物数量 × 单位货物税额$$

（三）复合税

复合税的计算公式为：

$$应纳关税税额 = 应税货物数量 × 单位货物税额 + 应税货物数量 × 单位完税价格 × 税率$$

（四）滑准税

滑准税的计算公式为：

$$应纳关税税额 = 应税进(出)口货物数量 × 单位完税价格 × 滑准税税率$$

第四节　关税的减免

一、法定减免

法定减免是指根据《中华人民共和国海关法》（以下简称《海关法》）和《中华人民共和国进出口关税条例》（以下简称《关税条例》）列明予以减免的，如国际组织、外国政府无偿赠送的物资，中华人民共和国缔结或参加的国际条约规定减征、免征的货物、物品，来料加工、补偿贸易进口的原材料等。

《海关法》规定的法定减免有以下几种情况：

（1）无商业价值的广告品和货样，免税。

（2）外国政府、国际组织（不含企业）无偿赠送的物资，免税。

（3）进出境运输工具装载的途中必需的燃料物料、饮食用品，免税。

（4）暂时进境或出境，并在6个月内复出境或进境的物品，暂免。

（5）来料加工分两种情况：①直接免；②进口时先征，出口时再退。

（6）退还的出口货物，免进口税，但不退已征的出口关税。

（7）退还的进口货物，免出口税，但不退已征的进口关税。

（8）进口货物酌情减税或免税的情形：①在境外运输途中或在起卸时损坏或损失的；②起卸后、海关放行前，因不可抗力损坏或损失的；③海关查验时，已经破漏、损坏、腐烂的,经证明不是保管不慎造成的。

（9）无代价抵偿货物,同国外免费补偿或更换的,免税。但未将问题货物退还国外的,视作重新进口,照章纳税。

（10）关税税额在人民币50元以下的一票货物,可免征关税。

（11）我国缔结或参加的国际条约规定减征、免征关税的货物、物品,按规定予以减免关税。

（12）法律规定减征、免征的其他货物。

二、特定减免

特定减免是按照《海关法》和《关税条例》的规定,给予经济特区等特定地区进出口的货物,中外合资经营企业、中外合作经营企业、外商独资企业等特定企业进出口的货物,以及其他依法给予关税减免优惠的进出口货物以减免关税优惠。

法定减免外的其他减免均由国务院规定。具体如下：

（1）科教用品。对科研机构和学校,不以营利为目的,在合理数量范围内,进口国内不能生产的科教用品,且直接用于科研或教学的,免征进口关税和进口环节增值税、消费税。

（2）残疾人专用品。残疾人专用品,免征进口关税和进口环节增值税、消费税。

（3）扶贫、慈善性捐赠物资。扶贫、慈善性捐赠物资,免征进口关税和进口环节增值税。

（4）加工贸易产品。具体如下：

① "三来一补"的,进境料件不征税;进口外商的不作价设备和作价设备,分别比照外商投资项目和国内投资项目的免税规定执行;余料或增产的产品经批准内销时,价值在进口料件总值2%以内,且总价值在3 000元以下的,免税。

② 专为加工出口而进口的,按实际复出口的数量,免税;内销的,照章征税。对于副产品、次品、边角料,估价征税或酌情减免。余料或增产的产品,经批准转内销的,价值在进口料件总值2%以内,且总价值在5 000元以下的,免税。

（5）边境贸易进出口物资。边境民众通过互市贸易进口的生活用品,每人每日价值在人民币8 000元(较以前3 000元有所提高)以下的,免征进口关税和进口环节增值税、消费税。

（6）保税区货物。进口供保税区使用的、进料加工的、储存的转口物资,免进口关税和其他进口环节税。出口的物资免征出口关税。

（7）出口加工区进口货物。出口加工区可视为不在我国国内,区内运往境内的货物,视同进口;境内运往区内的货物,视为出口。

（8）进口设备。对国家鼓励发展的国内投资和外商投资项目进口设备,自2009年起调整为只免征进口关税,不免征进口环节增值税。

（9）特定行业或用途的减免税政策（略）。

三、临时减免

临时减免是指国家根据国内生产和国际市场行情变化,确定对某一类和几种商品在一定时限内临时降低或取消关税。

特定地区、特定企业或有特定用途的进出口货物减征或者免征关税,以及临时减征或者免征关税,按照国务院的有关规定执行。

第五节 行李和邮递物品进口税

根据国务院批准的《中华人民共和国进境物品进口税率表》,海关总署制定了《入境旅客行李物品和个人邮递物品进口税税则归类表》及《入境旅客行李物品和个人邮递物品完税价格表》。

一、概念

行邮税是行李和邮递物品进口税的简称,是海关对入境旅客行李物品和个人邮递物品征收的进口税。由于其中包含了进口环节的增值税和消费税,故也是对个人非贸易性入境物品征收的进口关税和进口工商税收的总称。

二、纳税人

行邮税的纳税人包括：
（1）携带应税个人自用物品入境的旅客及运输工具服务人员。

(2) 进口邮递物品的收件人。

(3) 以其他方式进口应税个人自用物品的收件人。

个人自用物品不包括汽车、摩托车及其配件、附件(已属货物范畴)。

三、税率

自 2019 年 4 月 9 日起实施的三档行邮税税率如下:

(1) 适用 13%税率的物品。具体有:书报、刊物、教育用影视资料;计算机、视频摄录一体机、数码照相机等信息技术产品;食品、饮料;金银;家具;玩具、游戏品、节日或其他娱乐用品。

(2) 适用 20%税率的物品。具体有:运动用品(不含高尔夫球及球具)、钓鱼用品;纺织品及其制成品;电视机、摄像机及其他电器用具;自行车;税目(1)、(3)中未包含的其他商品。

(3) 适用 50%税率的物品。具体有:烟、酒;贵重首饰及珠宝玉石;高尔夫球及球具;高档手表(指完税价格一万元人民币以上的手表);高档化妆品。

进口物品行邮税采用从价计征方法,完税价格由海关参照该物品境外正常零售平均价格确定。邮递物品低于 50 元的免征行邮税。

四、进出境个人邮递物品的监管

2016 年 3 月 24 日,财政部、海关总署、国家税务总局发布《关于跨境电子商务零售进口税收政策的通知》,自 2016 年 4 月 8 日起,跨境电子商务零售进口商品的单次交易限值提高至 2 000 元,个人年度交易限值为 20 000 元;同时,税收由原来的行邮税调整为"关税+增值税+消费税"的组合。在限值以内的进口的跨境电子零售进口商品,关税税率暂设为 0;进口环节增值税、消费税取消免征额,暂按法定应纳税额的 70%征收。超过单次限值、累加后超过个人年度限值的单次交易,以及完税价格超过 2 000 元限值的单个不可分割商品,均按照一般贸易方式全额征税。

个人邮寄进出境物品超出规定限值的,应办理退运手续或按照货物规定办理通关手续。但邮包内仅有一件物品且不可分割的,虽超出规定限值,经海关审核确属个人自用的,可以按照个人物品规定办理通关手续。

邮运进出口的商业性邮件,应按照货物规定办理通关手续。

五、进境居民旅客携带的在境外获取的自用物品的监管

根据中华人民共和国海关总署 2010 年第 54 号公告规定,对进境居民旅客携带的在境外获取的自用物品,总值在 5 000 元人民币以内(含 5 000 元)的,予以免税放行,总值超过 5 000 元人民币、经海关审核确属自用的,对超出部分征税。

电视机、摄像机、录像机、放像机、音响设备、空调器、电冰箱(电冰柜)、洗衣机、照相机、复印机、程控电话交换机、微型计算机及外设、电话机、无线寻呼系统、传真机、电子计算器、打字机及文字处理机、家具、灯具、餐料,包含手机、平板电脑、笔记本电脑等物品,无论新旧、型号均全额征税。

第六节 关税的征收管理

一、关税的缴纳

(一) 申报

进口货物自运输工具申报进境之日起 14 日内,出口货物在货物运抵海关监管区后装货的 24 小时以前,应由进出口货物的纳税人向货物进(出)境地海关申报。

(二) 纳税期限

纳税义务人应当在海关填发海关(进出口)专用缴款书之日起 15 日内,向指定银行缴纳税款。

关税纳税义务人因特殊情况不能按期缴纳税款的,经海关审核批准将纳税义务人的全部或部分应纳税款的缴纳期限予以延长,但最长不得超过 6 个月。

二、关税的强制执行

(一) 征收关税滞纳金

关税滞纳金自关税缴纳期限届满之日起至纳税义务人缴纳关税之日止,按滞纳税款 0.5‰ 的比例按日征收,周末或法定节假日不予扣除。其计算公式为:

关税滞纳金金额 = 滞纳关税税额 × 滞纳金征收比例(0.5‰) × 滞纳天数

(二) 强制征收

如纳税义务人自海关填发缴款书之日起 3 个月仍未缴纳税款,经海关关长批

准,海关可以采取强制扣缴、变价抵缴等强制措施。

三、关税的退还

有下列情形之一的,进出口货物的纳税义务人,可以自缴纳税款之日起一年内,书面声明理由,连同原纳税收据向海关申请退税并加算银行同期活期存款利息,逾期不予受理:

(1) 因海关误征,多纳税款的。
(2) 海关核准免验进口的货物,在完税后,发现有短缺情况,经海关审查认可的。
(3) 已征出口关税的货物,因故未装运出口,申报退关,经海关查验属实的。
海关应当自受理退税申请之日起30日内做出书面答复并通知退税申请人。

四、关税的补征和追征

(一) 关税补征

非因纳税人违反海关规定造成少征或漏征的关税,关税补征期为缴纳税款或货物放行之日起1年内。

(二) 关税追征

因纳税人违反海关规定造成少征或漏征的关税,关税追征期为进出口货物完税之日或货物放行之日起3年内。走私物品不受3年的限制。

五、关税的纳税争议

在纳税义务人同海关发生争议时,可以向海关申请复议,但同时应当在规定期限内按海关核定的税额缴纳关税,逾期则构成滞纳,海关有权按规定采取强制执行措施。

纳税争议的申诉程序如下:

(1) 纳税义务人应当自海关填发税款缴款书之日起30日内,向原征税海关的上一级海关书面申请复议。逾期申请复议的,海关不予受理。
(2) 海关应当自收到复议申请之日起60日内做出复议决定,并以复议决定书的形式正式答复纳税义务人。
(3) 纳税义务人对海关复议决定仍然不服的,可以自收到复议决定书之日起15日内,向人民法院提起诉讼。

第六章 资源类税法

【本章重点】

掌握资源类税的纳税人、税目、计税依据的规定,应纳税额的计算和纳税地点的确定,资源类税减免的规定。

【本章难点】

应计税的资源产品应为初级产品,以及准确确定计税依据、适用税率等。

以自然资源为课税对象的一系列税种构成了资源税体系,具体包括资源税、城镇土地使用税、耕地占用税、土地增值税、环境保护税五个税种。对资源课税可以提高资源的开发利用率,减少资源的损失浪费;调节资源的级差收入,创造企业公平竞争的环境;同时,增加国家的税收收入。

第一节 资源税法

资源税法是指国家制定的用以调整资源税征收与缴纳之间权利和义务关系的法律规范。

资源税是对在我国境内从事开采各种自然资源为征税对象征收的一种税。征过资源税的产品,销售时还应征收增值税。两个税种主要的区别是资源税只对初级矿产品征收,征收以后,再进入流通环节时不再计征资源税;而增值税是对销售的任何矿产品征收,不论是初级矿产品还是精加工矿产品。

为深化财税体制改革,促进资源节约集约利用,加快生态文明建设,自2016年7月1日起全面推进资源税改革。

一、资源税的纳税义务人

资源税的纳税义务人是指在我国境内从事开采各种应税资源的单位或个人。目前我国资源税的征税范围仅限于矿产品和盐,对其他自然资源暂不征收。

"单位"包括国有企业、集体企业、私营企业、股份企业、外商投资企业、外国企业;"个人"是指个体经营者和其他个人。

对资源税纳税义务人的理解应注意以下问题:

(1) 对在我国境内生产或开采应税资源的单位或个人征收资源税,而对进口应税资源的单位或个人不征资源税。

(2) 对开采或生产应税资源进行销售或自用的单位和个人,在出厂销售或移作使用时的一次性征收资源税,而对批发、零售已税产品的单位和个人不征资源税。

(3) 收购未税产品的单位为资源税的扣缴义务人。

二、资源税税目、税率

我国通过全面实施从价计征改革,清费立税,理顺资源税费关系,建立规范公平、调控合理、征管高效的资源税制度,从而有效发挥资源税组织收入、调控经济、促进资源节约集约利用和保护生态环境的作用。

资源税税目税率表详见表6-1。

表6-1 资源税税目税率表

序号	税目		征税对象	税率幅度
1	原油		天然原油	5%~10%
2	天然气		专门开采或与原油同时开采的天然气	5%~10%
3	煤炭		原煤、洗煤、选煤等	2%~10%
4	金属矿	铁矿	精矿	1%~6%
5		金矿	金锭	1%~4%
6		铜矿	精矿	2%~8%
7		铝土矿	原矿	3%~9%

（续表）

序号	税目		征税对象	税率幅度
8		铅锌矿	精矿	2%～6%
9		镍矿	精矿	2%～6%
10		锡矿	精矿	2%～6%
11		其他金属矿产品	原矿或精矿	不超过20%
12		石墨	精矿	3%～10%
13		硅藻土	精矿	1%～6%
14		高岭土	原矿	1%～6%
15		萤石	精矿	1%～6%
16		石灰石	原矿	1%～6%
17		硫铁矿	精矿	1%～6%
18		磷矿	原矿	3%～8%
19	非金属矿	氯化钾	精矿	3%～8%
20		硫酸钾	精矿	6%～12%
21		井矿盐	氯化钠初级产品	1%～6%
22		湖盐	氯化钠初级产品	1%～6%
23		提取地下卤水晒制的盐	氯化钠初级产品	3%～15%
24		煤层（成）气	原矿	1%～2%
25		黏土、砂石	原矿	每吨或立方米0.1～5元
26		其他非金属矿产品	原矿或精矿	从量税率每吨或立方米不超过30元；从价税率不超过20%
27	海盐		氯化钠初级产品	1%～5%

注：(1) 铝土矿包括耐火级矾土、研磨级矾土等高铝黏土。

（2）氯化钠初级产品是指井矿盐、湖盐原盐、提取地下卤水晒制的盐和海盐原盐，包括固体和液体形态的初级产品。

（3）海盐是指海水晒制的盐，不包括提取地下卤水晒制的盐。

（4）对经营分散、多为现金交易且难以控管的黏土、砂石，按照便利征管原则，仍实行从量定额计征。

三、资源税的计税依据

资源税的计税依据是销售额（量）。

（一）销售额的认定

销售额是指纳税人销售应税产品向购买方收取的全部价款和价外费用，不包括增值税销项税额和运杂费用。运杂费用是指应税产品从坑口或洗选（加工）地到车站、码头或购买方指定地点的运输费用、建设基金以及随运销产生的装卸、仓储、港杂费用。运杂费用应与销售额分别核算，凡未取得相应凭据或不能与销售额分别核算的，应当一并计征资源税。

（二）原矿销售额与精矿销售额的换算或折算

为公平原矿与精矿之间的税负，对同一种应税产品，征税对象为精矿的，纳税人销售原矿时，应将原矿销售额换算为精矿销售额缴纳资源税；征税对象为原矿的，纳税人销售自采原矿加工的精矿，应将精矿销售额折算为原矿销售额缴纳资源税。换算比或折算率原则上应通过原矿售价、精矿售价和选矿比计算，也可通过原矿销售额、加工环节平均成本和利润计算。

金矿以标准金锭为征税对象，纳税人销售金原矿、金精矿的，应比照上述规定将其销售额换算为金锭销售额缴纳资源税。

（三）确定资源税课税金额（数量）的基本办法

纳税人开采或生产应税产品销售的，以销售额（量）为课税依据；纳税人开采或生产应税产品自用的，以自用额（量）为课税依据。

（四）特殊情况课税金额（数量）的确定方法

（1）纳税人不能准确提供应税产品销售数量或移送使用数量的，以应税产品的产量或主管税务机关确定的折算比换算成的数量为课税数量。

（2）原油中的稠油、高凝油与稀油划分不清或不易划分的，一律按原油的数量课税。

（3）煤炭中的洗选煤，按销售额给予一定比例折扣作为计税依据。

（4）金属和非金属矿产品原矿，因无法准确掌握纳税人移送使用原矿数量的，可将其精矿按选矿比折算成原矿数量作为课税数量。其计算公式为：

$$应纳税额 = 入选精矿 \div 选矿比 \times 单价 \times 税率$$

（5）纳税人用已税产品进一步加工应税产品销售的，不再缴纳资源税。纳税人以未税产品和已税产品混合销售或者混合加工为应税产品销售的，应当准确核算已税产品的购进金额,在计算加工后的应税产品销售额时,准予扣减已税产品的购进金额;未分别核算的,一并计算缴纳资源税。

四、资源税的应纳税额

资源税应纳税额的计算公式为:

$$应纳税额 = 课税金额(数量) \times 税率(税额)$$

五、资源税的税收优惠

资源税的税收优惠具体如下:

(1) 人造石油、开采原油过程中用于加热、修井的原油免税。

(2) 铁矿石资源税减按40%征收。

(3) 对依法在建筑物下、铁路下、水体下通过充填开采方式采出的矿产资源,资源税减征50%。充填开采是指随着回采工作面的推进,向采空区或离层带等空间充填废石、尾矿、废渣、建筑废料以及专用充填合格材料等采出矿产品的开采方法。

(4) 对实际开采年限在15年以上的衰竭期矿山开采的矿产资源,资源税减征30%。衰竭期矿山是指剩余可采储量下降到原设计可采储量的20%(含)以下或剩余服务年限不超过5年的矿山,以开采企业下属的单个矿山为单位确定。

(5) 对鼓励利用的低品位矿、废石、尾矿、废渣、废水、废气等提取的矿产品,由省级人民政府根据实际情况确定是否给予减税或免税。

(6) 为促进共伴生矿的综合利用,纳税人开采销售共伴生矿,共伴生矿与主矿产品销售额分开核算的,对共伴生矿暂不计征资源税;没有分开核算的,共伴生矿按主矿产品的税目和适用税率计征资源税。

(7) 纳税人开采或者生产应税产品过程中,因意外事故或者自然灾害等原因遭受重大损失的,由省、自治区、直辖市人民政府酌情决定减税或者免税。

六、资源税的征收管理

(一) 纳税义务发生时间

纳税人销售应税产品,其纳税义务发生时间是:①纳税人采取分期收款结算方式的,其纳税义务发生时间为销售合同规定的收款日期的当天。②纳税人采取预收货款结算方式的,其纳税义务发生时间为发出应税产品的当天。③纳税人采取其他结算方式的,其纳税义务发生时间为收讫销售款项或取得索取销售款项凭据的当天。

纳税人自产自用应税产品的纳税义务发生时间为移送使用应税产品的当天。

扣缴义务人代扣代缴税款的纳税义务发生时间为支付首笔货款或者开具应支付货款凭据的当天。

独立矿山、联合企业收购未税矿产品,按本单位适用应税产品税率标准,依据收购的金额代扣代缴资源税;其他收购单位收购的未税矿产品,按应税产品税率标准,依据收购的金额代扣代缴资源税。

(二) 纳税环节和纳税地点

资源税在应税产品的销售或自用环节计算缴纳。以自采原矿加工精矿产品的,在原矿移送使用时不缴纳资源税,在精矿销售或自用时缴纳资源税。

纳税人以自采原矿加工金锭的,在金锭销售或自用时缴纳资源税。纳税人销售自采原矿或者自采原矿加工的金精矿、粗金,在原矿或者金精矿、粗金销售时缴纳资源税,在移送使用时不缴纳资源税。

以应税产品投资、分配、抵债、赠与、以物易物等,视同销售,依照有关规定计算缴纳资源税。

纳税人应当向矿产品的开采地或盐的生产地缴纳资源税。纳税人在本省、自治区、直辖市范围内开采或者生产应税产品,其纳税地点需要调整的,由省级税务机关决定。

第二节 城镇土地使用税法

城镇土地使用税是对在城市、县城、建制镇和工矿区范围内使用土地的单位和个人,按其实际占用的土地面积和规定的土地等级征收的一种税。

1988年公布实施的《中华人民共和国城镇土地使用税暂行条例》是依据20世纪80年代中期的经济发展水平、土地利用状况及相关政策制定的。近年来,随着土地有偿使用制度的实施、经济的发展和土地需求的不断增加,原城镇土地使用税的一些规定已明显滞后于经济形势发展变化的要求。

2006年12月,国务院颁布了修订后的《中华人民共和国城镇土地使用税暂行条例》,并于2013年12月7日做了部分修改。此条例的出台是地方税改革的最新进展,有利于统一税制、公平税负、拓宽税基,贯彻落实国家宏观经济政策,增加地方财政收入。

一、城镇土地使用税的纳税义务人和征税范围

（一）纳税义务人

城镇土地使用税的纳税义务人为：

(1) 拥有土地使用权的单位和个人。

(2) 拥有土地使用权而不在土地所在地的纳税人,由代管人或实际使用人纳税。

(3) 土地使用权未确定或权属纠纷未解决的,由实际使用人纳税。

(4) 土地使用权共有的,由共有各方分别纳税。

在开征此税地区范围内使用国家和集体所有土地的单位及个人,都是该税的纳税义务人。

（二）征税范围

城镇土地使用税的征税范围为城市、县城、建制镇、工矿区。其中,城市的征税范围为市区和郊区;县城的征税范围为县人民政府所在的城镇;建制镇的征税范围为镇政府所在地。

二、城镇土地使用税应纳税额的计算

（一）计税依据

城镇土地使用税的计税依据为纳税人实际占用的土地面积(平方米)。

（二）税率

城镇土地使用税采用定额税率,即采用有幅度的差别税额,按大、中、小城市和县城、建制镇、工矿区分别规定每平方米每年应纳税额。

城镇土地使用税每平方米年应纳税额标准具体规定如下：

(1) 大城市(50万人口以上)每平方米年应纳税额为:一级土地30元;二级土

地 24 元；三级土地 18 元；四级土地 12 元；五级土地 3 元；六级土地 1.5 元。

（2）中等城市（20 万至 50 万人口）每平方米年应纳税额为 1.2 元至 24 元。

（3）小城市（20 万人口以下）每平方米年应纳税额为 0.9 元至 18 元。

（4）县城、建制镇、工矿区每平方米年应纳税额为 0.6 元至 12 元。

（三）计算公式

城镇土地使用税年应纳税额的计算公式为：

$$年应纳税额 = 实际占用土地面积（平方米）\times 适用税额$$

当分季度或月度缴纳时：

$$季度应纳税额 = 年应纳税额 \div 4$$

$$月应纳税额 = 年应纳税额 \div 12$$

三、城镇土地使用税的税收优惠

（一）法定免缴城镇土地使用税的税收优惠

下列土地免缴城镇土地使用税：

（1）国家机关、人民团体（指经国务院授权的政府部门批准设立或登记备案并由国家拨付行政事业费的各种社会团体）、军队自用的土地（指这些单位的办公用地和公务用地，如从事生产、经营则不属免税范围）。

（2）由国家财政部门拨付事业经费的单位自用的土地。

（3）宗教寺庙、公园、名胜古迹自用的土地。

以上各单位的生产、营业用地和其他用地，如公园、名胜古迹中附设的营业单位：影剧院、饮食部、茶社、照相馆等均应按规定缴纳土地使用税。

（4）市政街道、广场、绿化地带等公用土地。

（5）直接用于农、林、牧、渔业的生产用地。

（6）经批准开山填海整治的土地和改造的废弃土地，从使用之月份起免税 5 年至 10 年。

（7）非营利性医疗机构、疾病控制机构和妇幼保健机构等卫生机构自用的土地；对营利性医疗机构自用的土地自 2000 年起免税 3 年。

（8）企业办的学校、医院、幼儿园、托儿所自用土地能明确区分的。

（9）免税单位无偿使用纳税单位的土地免税；纳税单位无偿使用免税单位的

土地按章征税;纳税单位和免税单位共同使用、共有使用权土地上的多层建筑,纳税单位按比例征税。

（10）中国人民银行总行（含国家外汇管理局）所属分支机构自用的土地。

（11）为了体现国家产业政策、支持重点产业的发展,由财政部另行规定免税的能源、交通、水利设施用地。

（二）由省级税务局规定的税收优惠

由省级税务局规定的下列土地免缴城镇土地使用税：

（1）个人所有的居住房屋及院落用地。

（2）对房管部门按政府规定价格出租给居民的公有住房和廉租住房用地。

（3）免税单位职工家属的宿舍用地。

（4）集体和个人办的各类学校、医院、托儿所、幼儿园用地。

四、城镇土地使用税的征收管理与纳税申报

（一）纳税期限

城镇土地使用税实行按年计算、分期缴纳的征收办法,具体纳税期限由省、自治区、直辖市人民政府确定。

（二）纳税义务发生时间

城镇土地使用税纳税义务发生时间为：

（1）纳税人购置新建商品房,自房屋交付使用次月起纳税。

（2）纳税人购置存量房地产,自房产证签发次月起纳税。

（3）纳税人出租、出借房产,自自用、出租、出借次月起纳税。

（4）房地产开发企业自用、出租、出借本企业建造的商品房,自自用、出租、出借次月起纳税。

（5）纳税人新征用的耕地,自批准征用之日起满1年时开始纳税。

（6）纳税人新征用的非耕地,自批准征用次月起纳税。

（三）纳税地点和征收机构

纳税人应在土地所在地的主管税务机关纳税。如纳税人占用的土地跨省市,应分别向不同所在地税务机关纳税;在同一省市,其纳税地点由省级税务局确定。

城镇土地使用税由土地所在地的税务机关征收,其收入纳入地方财政预算管理。

第三节 耕地占用税法

为了合理利用土地资源,加强土地管理,保护农用耕地,1987年4月1日国务院发布了《中华人民共和国耕地占用税暂行条例》,并于2007年进行了修订。2018年12月29日第十三届全国人民代表大会常务委员会第七次会议通过了《中华人民共和国耕地占用税法》,自2019年9月1日起施行。

一、耕地占用税的纳税义务人

在中华人民共和国境内占用耕地建设建筑物、构筑物或者从事非农业建设的单位和个人,为耕地占用税的纳税义务人。占用耕地建设农田水利设施的,不缴纳耕地占用税。

耕地,是指用于种植农作物的土地。此外,占用前三年内曾用于种植农作物的土地,亦视为耕地。

二、耕地占用税的课税基础

耕地占用税以纳税人实际占用的耕地面积为计税依据,按照规定的适用税额一次性征收,应纳税额为纳税人实际占用的耕地面积(平方米)乘以适用税额。

三、耕地占用税的税收负担

(一)耕地占用税的税率

考虑到不同地区之间客观条件的差别以及与此相关的税收调节力度和纳税人负担能力方面的差别,耕地占用税在税率设计上采用了地区差别定额税率。耕地占用税的税额规定如下:

(1)人均耕地不超过1亩的地区(以县、自治县、不设区的市、市辖区为单位,下同),每平方米为10元至50元。

(2)人均耕地超过1亩但不超过2亩的地区,每平方米为8元至40元。

(3)人均耕地超过2亩但不超过3亩的地区,每平方米为6元至30元。

(4)人均耕地超过3亩的地区,每平方米为5元至25元。

(二)各省、自治区、直辖市的平均税额

根据人均耕地面积和经济发展情况确定的各省、自治区、直辖市的平均税额如表 6-2 所示。

表 6-2 各省、自治区、直辖市耕地占用税平均税额表

地区	每平方米平均税额(元)
上海	45
北京	40
天津	35
江苏、浙江、福建、广东	30
辽宁、湖北、湖南	25
河北、安徽、江西、山东、河南、重庆、四川	22.5
广西、海南、贵州、云南、陕西	20
山西、吉林、黑龙江	17.5
内蒙古、西藏、甘肃、青海、宁夏、新疆	12.5

各地区耕地占用税的适用税额,由省、自治区、直辖市人民政府根据人均耕地面积和经济发展等情况,在表 6-2 规定的税额幅度内提出,报同级人民代表大会常务委员会决定,并报全国人民代表大会常务委员会和国务院备案。各省、自治区、直辖市耕地占用税适用税额的平均水平,不得低于表 6-2 规定的平均税额。

(三)耕地占用税的税额调整

1. 耕地占用税的税额调整

(1)在人均耕地低于 0.5 亩的地区,省、自治区、直辖市可以根据当地经济发展情况,适当提高耕地占用税的适用税额,但提高的部分不得超过适用税额的 50%。

(2)占用基本农田的,应当按照当地适用税额,加按 150% 征收。

2. 耕地占用税的减免优惠

(1)军事设施、学校、幼儿园、社会福利机构、医疗机构占用耕地,免征耕地占用税。

(2)铁路线路、公路线路、飞机场跑道、停机坪、港口、航道、水利工程占用耕

地,减按每平方米 2 元的税额征收耕地占用税。

（3）农村居民在规定用地标准以内占用耕地新建自用住宅,按照当地适用税额减半征收耕地占用税,其中农村居民经批准搬迁,新建自用住宅占用耕地不超过原宅基地面积的部分,免征耕地占用税。

（4）农村烈士遗属、因公牺牲军人遗属、残疾军人以及符合农村最低生活保障条件的农村居民,在规定用地标准以内新建自用住宅,免征耕地占用税。

根据国民经济和社会发展的需要,国务院可以规定免征或者减征耕地占用税的其他情形,报全国人民代表大会常务委员会备案。

免征或者减征耕地占用税后,纳税人改变原占地用途,不再属于免征或者减征耕地占用税情形的,应当按照当地适用税额补缴耕地占用税。

四、耕地占用税应纳税额的计算

耕地占用税以纳税人实际占用的耕地面积计税,计税单位是平方米,按照规定税额一次性征收。具体计算公式为:

应纳税额＝实际占用耕地面积×适用税额

五、耕地占用税的征收管理

（1）耕地占用税的纳税义务发生时间为纳税人收到自然资源主管部门办理占用耕地手续的书面通知的当日。纳税人应当自纳税义务发生之日起 30 日内申报缴纳耕地占用税。自然资源主管部门凭耕地占用税完税凭证或者免税凭证和其他有关文件发放建设用地批准书。

（2）纳税人因建设项目施工或者地质勘查临时占用耕地,应当依照规定先缴纳耕地占用税。纳税人在批准临时占用耕地期满之日起 1 年内依法复垦,恢复种植条件的,全额退还已经缴纳的耕地占用税。

（3）占用园地、林地、草地、农田水利用地、养殖水面、渔业水域滩涂以及其他农用地建设建筑物、构筑物或者从事非农业建设的,依照规定缴纳耕地占用税。适用税额可以适当低于本地区规定税额,但降低的部分不得超过 50%。占用农用地建设直接为农业生产服务的生产设施的,不缴纳耕地占用税。

（4）税务机关应当与相关部门建立耕地占用税涉税信息共享机制和工作配合

机制。县级以上地方人民政府自然资源、农业农村、水利等相关部门应当定期向税务机关提供农用地转用、临时占地等信息,协助税务机关加强耕地占用税征收管理。

(5)税务机关发现纳税人的纳税申报数据资料异常或者纳税人未按照规定期限申报纳税的,可以提请相关部门进行复核,相关部门应当自收到税务机关复核申请之日起30日内向税务机关出具复核意见。

第四节 土地增值税法

为了规范土地、房地产市场交易秩序,合理调节土地增值收益,维护国家权益,特开征了土地增值税。

土地增值税法是指国家制定的用以调整土地增值税征收与缴纳之间权利及义务关系的法律规范。

一、土地增值税的纳税义务人

土地增值税,是指对转让土地使用权及出售建筑物时所产生的增值额征收的税种。

土地增值税的纳税义务人,为有偿转让国有土地使用权、地上建筑物及其附着物(即转让房地产)并取得收入的单位和个人。

二、土地增值税的征税范围

(一)征税范围

(1)转让国有土地使用权。

(2)地上建筑物及其附着物连同国有土地使用权一并转让。

(二)征税范围的界定

按以下三个标准来判断是否应计征土地增值税:

1. 土地使用权必须为国家所有

(1)转让国有土地使用权,征土地增值税。

(2)转让集体所有制土地,应先在有关部门办理(或补办)土地使用或出让手续,使之变为国家所有才可转让,之后再纳入土地增值税的征税范围。

(3) 自行转让集体土地是一种违法行为。

2. 土地使用权、地上建筑物及其附着物发生产权转让

(1) 出让土地使用权不征税(一级市场)。土地使用权出让是指土地使用者在政府垄断的土地一级市场通过支付土地出让金,获得一定年限的土地使用权的行为。

(2) 转让土地使用权征税(二级市场)。土地使用权转让是指土地使用者通过出让形式取得土地使用权后,在土地二级市场将土地再转让的行为。

(3) 未转让土地使用权、房地产产权,如出租,不征税。

3. 转让房地产产权须取得收入

不论是国有土地使用权单独转让,还是房地产产权与国有土地使用权一并转让,只要取得收入,均属于土地增值税的征税范围。

三、具体情况的判定

(一) 出售

(1) 出售国有土地使用权应征税。

(2) 取得国有土地使用权进行房屋开发建造后出售应征税。

(3) 存量房地产出售应征税。

(二) 继承、赠与

(1) 继承不征税(无收入)。

(2) 赠与中公益性赠与、赠与直系亲属或承担直接赡养义务人不征税。

(3) 非公益性赠与征税。

(三) 出租

出租行为无权属转移,不征税。

(四) 房地产抵押

(1) 抵押期内不征税。

(2) 抵押期满偿还债务本息收回房地产不征税。

(3) 抵押期满,不能偿还债务,而以房地产抵债,征税。

（五）房地产交换

单位之间换房，有收入的一方征税；个人之间互换自住房，免征税。

（六）以房地产投资、联营

（1）房地产转让到投资、联营企业不征税；将投资、联营房地产再转让，征税。

（2）企业兼并转让房地产，暂免征税。

（3）房地产重新评估增值，不征税（无收入）。

（4）国家依法征用、收回的房地产，不征税。

四、土地增值税的税率

土地增值税实行的是四级超率累进税率，即以纳税对象数额的相对率为累进依据，按超率累进方式计算应纳税额。

采用超率累进税率，需要确定几项因素：一是纳税对象数额的相对率。土地增值税的增值额占扣除项目金额的比率即为相对率。二是把纳税对象的相对率从低到高划分为若干个级次。土地增值税税率具体如表6-3所示。

表6-3　土地增值税四级超率累进税率

级次	增值额占扣除项目金额的比率	税率（%）	速算扣除率（%）
1	50%（含）以下	30	0
2	50%以上～100%（含）	40	5
3	100%以上～200%（含）	50	15
4	200%以上	60	35

土地增值税按增值额占扣除项目金额的比率从低到高划分为四个级次，即增值额未超过扣除项目金额50%的部分，税率是30%；增值额超过扣除项目金额50%、未超过100%的部分，税率是40%；增值额超过扣除项目金额100%、未超过200%的部分，税率是50%；增值额超过扣除项目金额200%的部分，税率是60%。

五、土地增值税应税收入的确定

纳税人转让房地产取得的收入，包括转让房地产取得的全部价款及有关的经济收益。从形式上看，包括货币收入、实物收入和其他收入。

六、土地增值税扣除项目的确定

税法准予纳税人从转让收入中减除的扣除项目有以下内容：

1. 取得土地使用权所支付的金额

（1）纳税人为取得土地使用权支付的地价款。

（2）纳税人在取得土地使用权时国家统一规定缴纳的有关费用，如登记、过户手续费。

2. 房地产开发成本

房地产开发成本是指纳税人房地产开发项目实际发生的成本，具体如下：

（1）土地的征用及拆迁补偿费。

（2）前期工程费。

（3）建筑安装工程费。

（4）基础设施费。

（5）公共配套设施费。

（6）开发间接费用等。

3. 房地产开发费用

房地产开发费用是指与房地产开发项目有关的三项期间费用，即销售费用、管理费用、财务费用。开发费用在从转让收入中减除时，不是按实际发生额，而是按《中华人民共和国土地增值税暂行条例实施细则》的标准扣除，标准的选择取决于财务费用中的利息支出。

（1）纳税人能够按转让房地产项目计算分摊利息支出，并能提供金融机构的贷款证明的：①利息支出据实扣除，但最高不能超过按商业银行同类同期贷款利率计算的金额；②其他开发费用按地价款和房地产开发成本之和的5%以内计算扣除。用公式表示为：

房地产开发费用＝利息＋(取得土地使用权支付的金额＋房地产开发成本)×5%

（2）纳税人不能按转让房地产项目计算分摊利息支出，或不能提供金融机构的贷款证明的，允许其扣除的房地产开发费用为：

房地产开发费用＝(取得土地使用权支付的金额＋房地产开发成本)×10%

4. 与转让房地产有关的税费

与转让房地产有关的税费是指在转让房地产时缴纳的"两税一费"，即城市维护建设税、印花税、教育费附加。

5. 财政部规定的其他扣除项目

专业从事房地产开发的纳税人,可以加计扣除20%的费用,用公式表示为:

加计扣除费用=(取得土地使用权支付的金额+房地产开发成本)×20%

例如:某专业从事房地产开发企业,开发某个楼盘支付的地价款为150万元,房地产开发成本为250万元,则加计扣除费用应为80万元,即(150+250)×20%。

即使是从事房地产开发的纳税人,如果取得土地使用权后未进行任何开发与投入就对外转让,则也不得扣除20%的加计费用。

6. 对转让旧房及建筑物增值额的确定

房屋及建筑物评估价格的计算公式为:

房屋及建筑物的评估价格=重置成本价×成新度折扣率

转让旧房及建筑物以评估价格扣除取得土地使用权所支付的地价款、国家统一规定缴纳的有关费用及转让环节的税金后的余额计征土地增值税。对取得土地使用权时未支付地价款或不能提供已支付的地价款凭证的,在计征土地增值税时不允许扣除。

七、土地增值税应纳税额的计算

土地增值税的征税对象即土地增值额。

(一)土地增值额的确定

转让房地产取得的收入总额减除扣除项目金额后的余额即为土地增值额。

在实际的房地产交易过程中,纳税人有下列情形之一,则按照房地产评估价格计算征收:

(1)隐瞒虚报房地产成交价格的。

(2)提供扣除项目金额不实的。

(3)转让房地产的成交价格低于房地产评估价格,又无正当理由的。

(4)转让已使用的房屋及建筑物的。

(二)土地增值率的确定

土地增值率是指土地增值额超过扣除项目金额的比率。其计算公式为:

土地增值率=土地增值额/扣除项目金额之和×100%

(三) 应纳税额的计算方法

土地增值税的计征方法有两种：一种是超率累进税率的方法。这是《中华人民共和国土地增值税暂行条例》规定的计税方法，其计算公式为：

$$应纳税额 = 增值额 \times 适用税率 - 扣除项目金额 \times 扣除系数$$

土地增值税的计算步骤如下：

(1) 计算转让房地产取得的收入。

(2) 计算扣除项目金额。

(3) 计算增值额。

(4) 计算增值额占扣除项目金额的比率，确定适用税率。

(5) 计算应纳税额。

另一种是预征的方法。纳税人在项目全部竣工结算前转让房地产取得的收入，由于涉及成本确定或其他原因而无法据以计算土地增值税的，可以预征土地增值税，待该项目全部竣工、办理结算后再进行清算，多退少补。

【例 6-1】 某纳税人转让房地产所取得的收入为 400 万元，扣除项目金额为 90 万元，其应纳土地增值税税额是多少？

解：

(1) 用分步方法计算

土地增值额 = 400 - 90 = 310（万元）

土地增值率 = 310 ÷ 90 × 100% = 344%

各级次增值额应纳税额：

增值额占扣除项目金额的比率	税率(%)	应纳税额（万元）
50%以内的部分	30	90 × 50% × 30% = 13.5
50%至100%的部分	40	90 × (100% - 50%) × 40% = 18
100%至200%的部分	50	90 × (200% - 100%) × 50% = 45
200%以上的部分	60	[310 - (90 × 200%)] × 60% = 78

应纳土地增值税税额 = 13.5 + 18 + 45 + 78 = 154.5（万元）

(2) 用单步方法计算

增值额占扣除项目金额的比率为 344%，适用税率为 60%，速算扣除系数为 35%。

应纳土地增值税税额=310×60%-90×35%=154.5(万元)

八、土地增值税的税收优惠

(1)纳税人建造普通标准住宅出售,增值额未超过扣除项目金额20%的,免征土地增值税;超过20%的,应就其全部增值额按规定计税。

(2)因国家建设需要依法征用、收回的房地产,免征土地增值税。

(3)个人因工作调动或改善居住条件而转让原自用住房,经向税务机关申报核准,土地增值税减免税优惠如下:居住满5年或5年以上的,免征;居住满3年未满5年的,减半征税;居住未满3年的,按规定计税。

九、土地增值税的征收管理与纳税申报

(一)征收管理

(1)建立健全土地增值税的纳税申报制度、房地产评估规程、委托代征办法。

(2)加强部门之间的配合和协作,完善土地增值税的预征办法。

(二)纳税地点

(1)当纳税人是法人时。转让房地产坐落地与纳税人机构所在地或经营所在地一致的,应在办理税务登记的原管辖税务机关申报纳税;不一致的,则应在房地产坐落地所管辖的税务机关纳税。

(2)当纳税人是自然人时。转让房地产坐落地与纳税人住所所在地一致的,应在住所所在地税务机关申报纳税;不一致的,则应在办理过户手续所在地的税务机关申报纳税。

(三)纳税申报

(1)税法规定土地增值税的纳税人应当自转让房地产合同签订之日起7日内,向房地产所在地主管税务机关办理纳税申报。

(2)纳税人因经常发生房地产转让而难以在每次转让后申报的,经税务机关审核同意后,可以定期进行纳税申报。

(3)纳税人在项目全部竣工结算前转让房地产取得的收入可以预征土地增值税。

第五节　环境保护税法

环境保护税是对在中华人民共和国领域和中华人民共和国管辖的其他海域，直接向环境排放应税污染物的企业事业单位和其他生产经营者征收的一种税。为了保护和改善环境，减少污染物排放，推进生态文明建设，2016年12月25日第十二届全国人民代表大会常务委员会第二十五次会议通过了《中华人民共和国环境保护税法》（以下简称《环境保护税法》），自2018年1月1日起实施。

一、环境保护税的纳税义务人

环境保护税的纳税义务人是在中华人民共和国领域和中华人民共和国管辖的其他海域，直接向环境排放应税污染物的企业事业单位和其他生产经营者。

应税污染物，是指《环境保护税法》所附《环境保护税税目税额表》《应税污染物和当量值表》规定的大气污染物、水污染物、固体废物和噪声。

有下列情形之一的，不属于直接向环境排放污染物，不缴纳相应污染物的环境保护税：

（1）企业事业单位和其他生产经营者向依法设立的污水集中处理、生活垃圾集中处理场所排放应税污染物的。

城乡污水集中处理场所，是指为社会公众提供生活污水处理服务的场所，不包括为工业园区、开发区等工业聚集区域内的企业事业单位和其他生产经营者提供污水处理服务的场所，以及企业事业单位和其他生产经营者自建自用的污水处理场所。

（2）企业事业单位和其他生产经营者在符合国家和地方环境保护标准的设施、场所贮存或者处置固体废物的。

达到省级人民政府确定的规模标准并且有污染物排放口的畜禽养殖场，应当依法缴纳环境保护税；依法对畜禽养殖废弃物进行综合利用和无害化处理的，不属于直接向环境排放污染物，不缴纳环境保护税。

二、环境保护税的税目与税率

环境保护税税目包括大气污染物、水污染物、固体废物和噪声四大类，采用定额税率。《环境保护税税目税额表》见表6-4,大气污染物当量值(部分)见表6-5,第一类水污染物污染当量值(部分)见表6-6。

表6-4 环境保护税税目税额表

税目		计税单位	税额	备注
大气污染物		每污染当量	1.2~12元	
水污染物		每污染当量	1.4~14元	
固体废物	煤矸石	每吨	5元	
	尾矿	每吨	15元	
	危险废物	每吨	1 000元	
	冶炼渣、粉煤灰、炉渣、其他固体废物(含半固态、液态废物)	每吨	25元	
噪声	工业噪声	超标1~3分贝	每月350元	1. 一个单位边界上有多处噪声超标,根据最高一处超标声级计算应纳税额;当沿边界长度超过100米有两处以上噪声超标,按照两个单位计算应纳税额。 2. 一个单位有不同地点作业场所的,应当分别计算应纳税额,合并计征。 3. 昼、夜均超标的环境噪声,昼、夜分别计算应纳税额,累计计征。 4. 声源一个月内超标不足15天的,减半计算应纳税额。 5. 夜间频繁突发和夜间偶然突发厂界超标噪声,按等效声级和峰值噪声两种指标中超标分贝值高的一项计算应纳税额。
		超标4~6分贝	每月700元	
		超标7~9分贝	每月1 400元	
		超标10~12分贝	每月2 800元	
		超标13~15分贝	每月5 600元	
		超标16分贝以上	每月11 200元	

表 6-5　大气污染物当量值(部分)

污染物	污染当量值(千克)
1. 二氧化硫	0.95
2. 氮氧化物	0.95
3. 一氧化碳	16.7
4. 氯气	0.34
5. 氯化氢	10.75
6. 氟化物	0.87
7. 氰化物	0.005
8. 硫酸雾	0.6
9. 铬酸雾	0.0007
10. 汞及其化合物	0.0001

表 6-6　第一类水污染物污染当量值(部分)

污染物	污染当量值(千克)
1. 总汞	0.0005
2. 总镉	0.005
3. 总铬	0.04
4. 六价铬	0.02
5. 总砷	0.02
6. 总铅	0.025
7. 总镍	0.025
8. 苯并(a)芘	0.0000003
9. 总铍	0.01
10. 总银	0.02

三、环境保护税的计税依据和应纳税额的计算

（一）计税依据

应税污染物的计税依据,按照下列方法确定：

（1）应税大气污染物按照污染物排放量折合的污染当量数确定。

（2）应税水污染物按照污染物排放量折合的污染当量数确定。

应税大气污染物、水污染物的污染当量数,以该污染物的排放量除以该污染物的污染当量值计算。每种应税大气污染物、水污染物的具体污染当量值,依照《应税污染物和当量值表》执行。

（3）应税固体废物按照固体废物的排放量确定。

固体废物的排放量为当期应税固体废物的产生量减去当期应税固体废物的贮存量、处置量、综合利用量的余额。固体废物的贮存量、处置量,是指在符合国家和地方环境保护标准的设施、场所贮存或者处置的固体废物数量;固体废物的综合利用量,是指按照国务院发展改革、工业和信息化主管部门关于资源综合利用要求以及国家和地方环境保护标准进行综合利用的固体废物数量。

（4）应税噪声按照超过国家规定标准的分贝数确定。

（二）应纳税额的计算

环境保护税应纳税额按照下列方法计算：

（1）应税大气污染物的应纳税额为污染当量数乘以具体适用税额。

（2）应税水污染物的应纳税额为污染当量数乘以具体适用税额。

（3）应税固体废物的应纳税额为固体废物排放量乘以具体适用税额。

（4）应税噪声的应纳税额为超过国家规定标准的分贝数对应的具体适用税额。

四、环境保护税的税收减免

下列情形,暂予免征环境保护税：

（1）农业生产（不包括规模化养殖）排放应税污染物的。

（2）机动车、铁路机车、非道路移动机械、船舶和航空器等流动污染源排放应税污染物的。

（3）依法设立的城乡污水集中处理、生活垃圾集中处理场所排放相应应税污染物,不超过国家和地方规定的排放标准的。

（4）纳税人综合利用的固体废物,符合国家和地方环境保护标准的。

（5）国务院批准免税的其他情形。

纳税人排放应税大气污染物或者水污染物的浓度值低于国家和地方规定的污染物排放标准30%的,减按75%征收环境保护税。纳税人排放应税大气污染物或者水污染物的浓度值低于国家和地方规定的污染物排放标准50%的,减按50%征收环境保护税。

五、环境保护税的征收管理

环境保护税由税务机关依照《中华人民共和国税收征收管理法》和《环境保护税法》的有关规定征收管理。环境保护主管部门依照《环境保护税法》和有关环境保护法律法规的规定负责对污染物的监测管理。县级以上地方人民政府应当建立税务机关、环境保护主管部门和其他相关单位分工协作工作机制,加强环境保护税征收管理,保障税款及时足额入库。

(1) 环境保护主管部门和税务机关应当建立涉税信息共享平台和工作配合机制。环境保护主管部门应当将排污单位的排污许可、污染物排放数据、环境违法和受行政处罚情况等环境保护相关信息,定期交送税务机关。税务机关应当将纳税人的纳税申报、税款入库、减免税额、欠缴税款以及风险疑点等环境保护税涉税信息,定期交送环境保护主管部门。

(2) 纳税义务发生时间为纳税人排放应税污染物的当日。

(3) 环境保护税按月计算,按季申报缴纳。不能按固定期限计算缴纳的,可以按次申报缴纳。纳税人申报缴纳时,应当向税务机关报送所排放应税污染物的种类、数量,大气污染物、水污染物的浓度值,以及税务机关根据实际需要要求纳税人报送的其他纳税资料。

(4) 纳税人按季申报缴纳的,应当自季度终了之日起15日内,向税务机关办理纳税申报并缴纳税款。纳税人按次申报缴纳的,应当自纳税义务发生之日起15日内,向税务机关办理纳税申报并缴纳税款。

(5) 税务机关应当将纳税人的纳税申报数据资料与环境保护主管部门交送的相关数据资料进行比对。税务机关发现纳税人的纳税申报数据资料异常或者纳税人未按照规定期限办理纳税申报的,可以提请环境保护主管部门进行复核,环境保护主管部门应当自收到税务机关的数据资料之日起15日内向税务机关出具复核意见。税务机关应当按照环境保护主管部门复核的数据资料调整纳税人的应纳税额。

第七章　财产、行为类税法

【本章重点】

掌握财产、行为类税的纳税人、税目、计税依据的规定，应纳税额的计算和纳税地点的确定，税收优惠等。

【本章难点】

计税依据的确定和征税环节的确定。

以纳税人的应税财产为课税对象的一系列税种构成财产税体系，以纳税人的特定行为为课税对象的一系列税种构成行为税体系。财产税包括房产税、车船税；行为税包括车辆购置税、契税、印花税等。

第一节　房产税法

房产税法是指国家制定的用以调整房产税征收与缴纳之间权利及义务关系的法律规范。现行房产税法的基本规范，是1986年9月15日国务院颁布的《中华人民共和国房产税暂行条例》（以下简称《房产税暂行条例》），并于2011年1月8日进行了修订。

房产税是以城市、县城、建制镇和工矿区的房屋这种不动产为征税对象，依据房产余值或租金向房产产权所有人征收的一种税，属于财产类税。

一、房产税的纳税义务人、征税对象和征税范围

（一）纳税义务人

凡在我国境内拥有房屋产权的单位和个人都是房产税的纳税义务人。

(1) 产权属于全民所有的,由经营管理的单位纳税。

(2) 产权出典的,由承典人纳税。

(3) 产权所有人、承典人不在房产所在地的,或者产权未确定及典租纠纷未解决的,由房产代管人或者使用人纳税。

所谓产权出典是指产权所有人将房屋、生产资料等的产权,在一定期限内典当给其他人使用,而取得资金的一种融资业务。

房屋出典具有如下法律特征:①房屋出典是"房不计租、钱不计息"的互利、有偿法律关系。在房屋出典中,承典人占有使用出典的房屋而不缴纳租金;出典人取得、使用承典人的金钱而不支付利息。但出典人交付房屋须以承典人支付典价为前提,因而双方这种法律关系又是双务、有偿的。②房屋出典受典期限制,典期届满前出典人并不丧失房屋所有权,承典人只能取得房屋典权(用益物权)。房屋出典后,在典期以内,出典人仍然享有房屋所有权,但已不能直接占有、使用房屋;承典人虽取得对房屋的占有、使用权,但并不能任意进行处分。典期届满的一般法律后果是,出典人如不返还典价款即丧失房屋所有权,承典人则因此而取得房屋所有权。③房屋产权出典后,在质典期内,产权所有人无法支配使用自己的房屋,在此期间,其使用权和支配权归承典人所有;房屋抵押后,产权所有人可以继续使用自己的房屋。房屋产权出典的,质典期满后,若出典人无力按约定典价赎回,则该房屋产权转移给承典人。

(4) 纳税单位和个人无租使用房产管理部门、免税单位及纳税单位的房产,应由使用人代为缴纳房产税。

(二)征税对象

房产税的征税对象为房产。所谓房产是指有屋面和围护结构(有墙或两边有柱),能够遮风挡雨,可供人们在其中生产、学习、工作、娱乐、居住或储藏物资的场所。

房地产开发企业建造的商品房,在出售前不征收房产税;但对出售前已使用或出租、出借的商品房应按规定征收房产税。

(三)征税范围

房产税的征税范围包括城市、县城、建制镇、工矿区,但不包括农村房屋。

二、房产税的计税依据与税率

（一）计税依据

房产税的计税依据是房产余值或租金。

1. 从价计征

从价计征时，其计税依据是按房产原值一次性减除10%～30%后的余值。减除幅度由省级人民政府确定。

房产原值是指纳税人按会计制度规定，在固定资产账簿中记载的房屋原价；应包括与房屋不能分割的各种附属设备或一般不单独计算价值的配套设施；纳税人对原有房屋进行改建、扩建的，要相应地增加房产原值。

从价计征应注意的问题：

第一，投资联营的房产参与利润分红、共担风险的按房产余值计税；收取固定收入，不承担联营风险的按租金收入计税。

第二，融资租赁按房产余值计税，纳税人由税务机关据实确定。

第三，新建房屋交付使用时，如中央空调设备已计算在房产原值中，则房产原值应包括中央空调设备；如中央空调设备作为单项固定资产入账，单独核算并提取折旧，则房产原值不应包括中央空调设备。关于旧房安装空调设备，一般都作为单项固定资产入账，不应计入房产原值。

2. 从租计征

从租计征时，其计税依据是租金。

（二）税率

房产税适用比例税率，计税依据不同，适用的税率也不同。

（1）经营、自用房，按房产余值计算，从价计征，税率为1.2%。

（2）出租房屋，按房产租金计算，从租计征，税率为12%。

（3）个人按市场价格出租的居民住房，用于居住的，可暂减按4%的税率征收房产税。

三、房产税应纳税额的计算

（一）从价计征

从价计征时其计算公式为：

$$年应纳税额=房产原值×(1-一次性减除率)×1.2\%$$

【例7-1】 某企业的经营用房原值为5 000万元,按照当地规定允许减除30%后计税,适用税率为1.2%,其应纳房产税税额是多少?

应纳税额=5 000×(1-30%)×1.2%=42(万元)

(二)从租计征

从租计征时其计算公式为:

$$年应纳税额=全年房产租金收入×12\%$$

【例7-2】 某公司出租房屋三间,年租金收入为30 000元,适用税率为12%,其应纳房产税税额是多少?

应纳税额=30 000×12%=3 600(元)

四、房产税的税收优惠

下列房产免纳房产税:

(1)国家机关、人民团体、军队自用的房产。

(2)由国家财政部门拨付事业经费的单位自用的房产。

(3)宗教寺庙、公园、名胜古迹自用的房产。

(4)个人所有非营业用的房产,以及经省(市、自治区)确定的免税房产。

(5)中国人民银行总行(含国家外汇管理局所属分支机构)自用的房产。

(6)财政部批准免税的其他房产。

免税单位的出租房产以及非自身业务使用的生产、营业用房,不属于免税范围。

五、房产税的征收管理与纳税申报

(一)纳税义务发生的时间

房产税纳税义务发生的时间为:

(1)纳税人将原有房产用于生产经营,自生产经营之月起缴纳房产税。

(2)纳税人自建房屋用于生产经营,自建成次月起缴纳房产税。

(3)纳税人委托施工企业建房,自办理验收手续次月起缴纳房产税。

(4)纳税人购置新建商品房,自房屋交付使用次月起缴纳房产税。

（5）纳税人购置存量房地产,自房产证签发次月起缴纳房产税。

（6）纳税人出租、出借房产,自出租、出借次月起缴纳房产税。

（7）房地产开发企业自用、出租、出借本企业建造的商品房,自房产使用或交付次月起缴纳房产税。

（二）纳税期限

房产税实行按年征收、分期缴纳的办法,具体纳税期限由省(市、自治区)政府决定。

（三）纳税地点

房产税应向房产所在地的税务机关缴纳。房产不在同一地方的纳税人,应按房产坐落地点分别向房产所在地的税务机关纳税。

第二节 车船税法

车船税是对在我国境内依法应当到公安、交通、农业、渔业、军事等管理部门办理登记或不需要登记的车辆、船舶,根据其种类,按照规定的计税单位和年税额标准计算征收的一种财产税。征收车船税对于提高车船利用率、公平税负、拓宽税基、增加地方财政收入、加强地方税收征管都具有重要的意义。

2011年2月25日,第十一届全国人民代表大会常务委员会第十九次会议通过《中华人民共和国车船税法》(以下简称《车船税法》),自2012年1月1日起施行。

一、车船税的纳税义务人、征税范围

车船税的纳税义务人是指在中华人民共和国境内的车辆、船舶的所有人或者管理人。

若有租赁关系,拥有人和使用人不一致的,由租赁双方商定纳税一方;租赁双方未商定的,由使用人纳税。

车船税的征税范围为依法应当在车船登记管理部门登记的机动车辆和船舶以及依法不需要在车船登记管理部门登记的在单位内部场所行驶或者作业的机动车辆和船舶。

二、车船税的税率、计税依据和应纳税额的计算

（一）税率

车船税一直采用定额税率。它根据车船载重量的大小分别规定固定税额，实行从量计征。

（二）计税依据

车船税的计税依据为应税车船的数量、净吨位或载重吨位。

（三）应纳税额的计算

车船税应纳税额的计算公式为：

$$应纳税额 = 车船的数量（或吨位）× 适用税额$$

《车船税税目税额表》如表7-1所示。

表7-1 车船税税目税额表

税目		计税单位	年基准税额	备注
乘用车[按发动机汽缸容量（排气量）分档]	1.0升（含）以下的	每辆	60元至360元	核定载客人数9人（含）以下
	1.0升以上至1.6升（含）的		300元至540元	
	1.6升以上至2.0升（含）的		360元至660元	
	2.0升以上至2.5升（含）的		660元至1 200元	
	2.5升以上至3.0升（含）的		1 200元至2 400元	
	3.0升以上至4.0升（含）的		2 400元至3 600元	
	4.0升以上的		3 600元至5 400元	
商用车	客车	每辆	480元至1 440元	按照核定载客人数9人以上20人以下和20人（含）以上两档划分，包括电车
	货车	整备质量每吨	16元至120元	包括半挂牵引车、三轮汽车和低速载货汽车等

(续表)

税目		计税单位	年基准税额	备注
挂车		整备质量每吨	按照货车税额的50%计算	
其他车辆	专用作业车	整备质量每吨	16元至120元	不包括拖拉机
	轮式专用机械车	整备质量每吨	16元至120元	
摩托车		每辆	36元至180元	
船舶	机动船舶	净吨位每吨	3元至6元	拖船、非机动驳船分别按照机动船舶税额的50%计算
	游艇	艇身长度每米	600元至2 000元	

注：客货两用车依照货车的计税单位和年基准税额计征车船税。

车船税所涉及的核定载客人数、自重、净吨位、马力等计税标准，以车船管理部门核发的车船登记证书或者行驶证书相应项目所载数额为准。纳税人未按照规定到车船管理部门办理登记手续的，上述计税标准以车船出厂合格证明或者进口凭证相应项目所载数额为准；不能提供车船出厂合格证明或者进口凭证的，由主管地方税务机关根据车船自身状况并参照同类车船核定。

车船的整备质量、净吨位、艇身长度等计税单位，有尾数的一律按照含尾数的计税单位据实计算车船税应纳税额。计算出的应纳税额小数点后超过两位的可四舍五入保留两位小数。

《车船税法》中车辆、船舶的含义如下：

乘用车，是指在设计和技术特性上主要用于载运乘客及随身行李，核定载客人数包括驾驶员在内不超过9人的汽车。

商用车，是指除乘用车外，在设计和技术特性上用于载运乘客、货物的汽车，划分为客车和货车。

半挂牵引车，是指装备有特殊装置用于牵引半挂车的商用车。

三轮汽车，是指最高设计车速不超过每小时50公里，具有三个车轮的货车。

低速载货汽车，是指以柴油机为动力，最高设计车速不超过每小时70公里，具有四个车轮的货车。

挂车，是指就其设计和技术特性需由汽车或者拖拉机牵引才能正常使用的一种无动力的道路车辆。

专用作业车,是指在其设计和技术特性上用于特殊工作的车辆。

轮式专用机械车,是指有特殊结构和专门功能,装有橡胶车轮可以自行行驶,最高设计车速大于每小时20公里的轮式工程机械车。

摩托车,是指无论采用何种驱动方式,最高设计车速都大于每小时50公里,或者使用内燃机,其排量大于50毫升的两轮或者三轮车辆。

船舶,是指各类机动、非机动船舶以及其他水上移动装置,但是船舶上装备的救生艇筏和长度小于5米的艇筏除外。其中,机动船舶是指用机器推动的船舶;拖船是指专门用于拖(推)动运输船舶的专业作业船舶;非机动驳船,是指在船舶登记管理部门登记为驳船的非机动船舶;游艇是指具备内置机械推进动力装置,长度在90米以下,主要用于游览观光、休闲娱乐、水上体育运动等活动,并应当具有船舶检验证书和适航证书的船舶。

三、车船税的税收优惠

下列车船免征车船税:

(1)捕捞、养殖渔船。

(2)军队、武装警察部队专用的车船。

(3)警用车船。

(4)悬挂应急救援专用号牌的国家综合性消防救援车辆和国家综合性消防救援专用船舶。

(5)对节约能源、使用新能源的车船可以减征或者免征车船税;对受严重自然灾害影响纳税困难以及有其他特殊原因确需减税、免税的,可以减征或者免征车船税。具体由国务院规定,并报全国人民代表大会常务委员会备案。

(6)省、自治区、直辖市人民政府根据当地实际情况,可以对公共交通车船,农村居民拥有并主要在农村地区使用的摩托车、三轮汽车和低速载货汽车定期减征或者免征车船税。

(7)经批准临时入境的外国车船和香港特别行政区、澳门特别行政区、台湾地区的车船,不征收车船税。

四、车船税的征收管理与纳税申报

（一）纳税义务发生的时间

车船税纳税义务发生的时间为取得车船所有权或者管理权的当月。

（二）纳税期限

车船税按年申报缴纳，具体申报纳税期限由省、自治区、直辖市人民政府规定。

（三）纳税地点和征收机关

车船税的纳税地点为车船的登记地或者车船税扣缴义务人所在地。车船税实行源泉控制，由纳税人所在地的税务机关负责征管，各地对外省市来的车船不得查补税款。

第三节 车辆购置税法

《中华人民共和国车辆购置税法》由第十三届全国人民代表大会常务委员会第七次会议于2018年12月29日审议通过，自2019年7月1日起施行，2001年1月1日起施行的《中华人民共和国车辆购置税暂行条例》同时废止。车辆购置税是在原交通部门收取的车辆购置附加费的基础上，通过"费改税"方式改革而来的，属行为类税。

一、车辆购置税的基本原理

（一）车辆购置税的概念

车辆购置税是以在中华人民共和国境内购置规定的车辆为课税对象、在特定的环节向车辆购置者征收的一种税。

（二）车辆购置税的特点

1. 征税范围单一

车辆购置税以购置的特定车辆为课税对象。

2. 征收环节单一

车辆购置税只在由流通领域进入消费领域的特定环节征收。

3. 税率单一

车辆购置税只确定一个统一的比例税率。

4. 征税方法单一

车辆购置税根据纳税人购置应税车辆的计税价格实行从价计征。

5. 征税具有特定目的

车辆购置税具有专门用途,由中央财政根据国家交通建设投资计划,统筹安排。

6. 价外征收,税负不发生转嫁

车辆购置税的计税依据中不包含车辆购置税税额,车辆购置税税额是附加在价格之外的,纳税人即为负税人。

二、车辆购置税的纳税义务人

在中华人民共和国境内购置汽车、有轨电车、汽车挂车、排气量超过150毫升的摩托车的单位和个人,为车辆购置税的纳税义务人。

三、车辆购置税的征税范围

车辆购置税的征税范围包括汽车、有轨电车、汽车挂车、排气量超过150毫升的摩托车。

四、车辆购置税的税率与计税依据

(一) 税率

车辆购置税实行统一的比例税率,税率为10%。

(二) 计税依据

车辆购置税的计税价格根据不同情况,按照下列规定确定:

1. 购买自用

纳税人购买自用应税车辆的计税价格,为纳税人实际支付给销售者的全部价款,不包括增值税税款。

2. 进口自用

纳税人进口自用应税车辆的计税价格,为关税完税价格加上关税和消费税。

计算公式为：

$$计税价格 = 关税完税价格 + 关税 + 消费税$$

3. 自产自用

纳税人自产自用应税车辆的计税价格，按照纳税人生产的同类应税车辆的销售价格确定，不包括增值税税款。

4. 以受赠、获奖或者其他方式取得自用

纳税人以受赠、获奖或者其他方式取得自用应税车辆的计税价格，按照购置应税车辆时相关凭证载明的价格确定，不包括增值税税款。

纳税人申报的应税车辆计税价格明显偏低，又无正当理由的，由税务机关依照《中华人民共和国税收征收管理法》的规定核定其应纳税额。

五、车辆购置税应纳税额的计算

车辆购置税实行从价定率的办法计算应纳税额。应纳税额的计算公式为：

$$应纳税额 = 计税价格 \times 税率$$

六、车辆购置税的税收优惠

下列车辆免征车辆购置税：

（1）依照法律规定应当予以免税的外国驻华使馆、领事馆和国际组织驻华机构及其有关人员自用的车辆。

（2）中国人民解放军和中国人民武装警察部队列入装备订货计划的车辆。

（3）悬挂应急救援专用号牌的国家综合性消防救援车辆。

（4）设有固定装置的非运输专用作业车辆。

（5）城市公交企业购置的公共汽电车辆。

根据国民经济和社会发展的需要，国务院可以规定减征或者其他免征车辆购置税的情形，报全国人民代表大会常务委员会备案。

对于免税、减税车辆因转让、改变用途等原因不再属于免税、减税范围的，纳税人应当在办理车辆转移登记或者变更登记前缴纳车辆购置税。计税价格以免税、减税车辆初次办理纳税申报时确定的计税价格为基准，每满1年扣减10%。

已征车辆购置税的车辆退回车辆生产或销售企业，纳税人申请退还车辆购置

税的,应退税额计算公式如下:

$$应退税额 = 已纳税额 \times (1 - 使用年限 \times 10\%)$$

应退税额不得为负数。

使用年限的计算方法是,自纳税人缴纳税款之日起,至申请退税之日止。

七、车辆购置税的征收管理

(1) 纳税人应当在向公安机关交通管理部门办理车辆注册登记前,缴纳车辆购置税。公安机关交通管理部门办理车辆注册登记,应当根据税务机关提供的应税车辆完税或者免税电子信息对纳税人申请登记的车辆信息进行核对,核对无误后依法办理车辆注册登记。

(2) 纳税人购置应税车辆,应当向车辆登记注册地的主管税务机关申报纳税;购置不需要办理车辆登记注册手续的应税车辆,应当向纳税人所在地的主管税务机关申报纳税。

(3) 车辆购置税纳税人应当自纳税义务发生之日起60日内申报缴纳车辆购置税。

(4) 税务机关发现纳税人未按照规定缴纳车辆购置税的,有权责令其补缴;纳税人拒绝缴纳的,税务机关可以通知公安机关暂扣纳税人的车辆牌照。

(5) 纳税人以外汇结算应税车辆价款的,按照申报纳税之日中国人民银行公布的人民币基准汇价,折合成人民币计算应纳税额。

车辆购置税由税务机关负责征收。车辆购置税实行一次性征收制度。购置已征车辆购置税的车辆,不再征收车辆购置税。

第四节 契 税 法

契税是在中华人民共和国境内转移土地、房屋权属时,对承受的单位和个人征收的一种税,它属于行为类税。

中华人民共和国成立后颁布的第一个税收法规就是《中华人民共和国契税暂行条例》,1954年财政部对此条例进行了修改,1980年、1990年财政部又对契税政策进行了一些补充和调整,现行契税依据的是国务院1997年7月7日重新颁布施行的《中华人民共和国契税暂行条例》。

一、契税的征税对象、纳税义务人和税率

(一) 征税对象

契税的征税对象是指在中华人民共和国境内承受土地、房屋权属的行为。

契税与土地增值税在以下方面有所交叉：

(1) 国有土地使用权出让（不征土地增值税，征契税）。

(2) 国有土地使用权转让（既征土地增值税，又征契税）。

(3) 房屋买卖（征契税，符合条件的还应征土地增值税）。

(4) 房屋赠与（征契税，符合条件的还应征土地增值税）。

(5) 房屋交换（征契税，单位之间进行房地产交换还应征土地增值税）。

以下情形视同土地使用权转让、房屋买卖或者房屋赠与，征收契税：

(1) 以土地、房屋权属作价投资、入股（以自有房产作股投入本人独资经营企业，免契税）。

(2) 以土地、房屋权属抵债或实物交换房屋。

(3) 以获奖方式承受土地、房屋权属。

(4) 以预购方式或者预付集资建房款方式承受土地、房屋权属。

(5) 买房拆料或翻建新房。

(二) 纳税义务人

契税的纳税义务人是指以受让、购买、受赠、交换等方式取得土地、房屋权属的单位和个人，包括中国公民和外籍人员。

(三) 税率

契税采用3%～5%的幅度比例税率，具体执行税率由各省（自治区、直辖市）人民政府在上述幅度内按照本地区的实际情况确定。

二、契税的计税依据和应纳税额的计算

(一) 计税依据

契税的计税依据为：

(1) 国有土地使用权出让、土地使用权出售、房屋买卖时，以成交价格为计

税依据。

（2）土地使用权赠与、房屋赠与时，由征收机关参照土地使用权出售、房屋买卖的市场价格核定计税依据。

（3）土地使用权交换、房屋交换时，以交换的差额为计税依据。

（4）以划拨方式取得使用权，经批准转让时，由转让者补缴契税，计税依据为补缴的土地使用权出让费或者土地收益金。

成交价格和交换差价明显不合理又无正当理由的，由征收机关参照市场价格核定。

（二）应纳税额的计算

契税应纳税额的计算公式为：

$$应纳税额＝计税依据×适用税率$$

计税依据为发生上述不同应税行为时的成交价格、市场价格和交换差价。

三、契税的税收优惠

（一）契税优惠的一般规定

（1）国家机关、事业单位、社会团体、军事单位承受土地、房屋用于办公、教学、医疗、科研和军事设施的，免征契税。

（2）城镇职工按规定第一次购买公有住房的，免征契税。

（3）因不可抗力灭失住房而重新购买住房的，酌情准予减征或者免征契税。

（4）财政部规定的其他减征、免征项目。

对个人购买家庭唯一住房，面积为90平方米及以下的，减按1%的税率征收契税；面积为90平方米以上的，减按1.5%的税率征收契税。对个人购买家庭第二套住房，面积为90平方米及以下的，减按1%的税率征收契税；面积为90平方米以上的，减按2%的税率征收契税。

（5）承受荒山等用于农业生产的，免征契税。

（6）外国使领馆及外交人员承受土地、房屋权属的，免征契税。

（二）特殊规定

（1）公司制改造，对改建后的公司承受原企业土地、房屋权属的，免征契税。

（2）单位、个人承受企业股权，土地、房屋权属不发生转移的，免征契税。

（3）合并后的企业承受原合并各方的土地、房屋权属的,免征契税。

（4）分立企业承受原企业土地、房屋权属的,免征契税。

（5）收购企业安置原企业职工30%以上的,减半征收契税;安置全部职工的,免征契税。

（6）承受关闭、破产企业的,债权人承受关闭、破产企业土地、房屋权属的,免征契税。非债权人承受关闭、破产企业土地、房屋权属,安置原企业职工30%以上的,减半征收契税;安置全部职工的,免征契税。

（7）继承土地、房屋权属,法定继承的免征契税,非法定继承的应征收契税。

四、契税的征收管理

（一）纳税义务发生的时间

契税纳税义务发生的时间为纳税人签订土地、房屋权属转移合同的当天,或者纳税人取得其他具有土地、房屋权属转移合同性质凭证的当天。

（二）纳税期限

契税的纳税人应自纳税义务发生之日起10日内,向土地、房屋所在地的契税征收机关办理纳税申报。

（三）纳税地点

契税的纳税地点是土地、房屋所在地的征收机关。纳税人出具契税完税凭证,土地管理部门、房产管理部门才能办理变更登记手续。土地、房产管理部门应向契税征收机关提供有关资料,并协助契税征收机关征收契税。

第五节 印花税法

印花税是以经济活动和经济交往中签立的各种合同、产权转移书据、营业账簿、权利许可证照等应税凭证文件为对象所征收的一种税。印花税因其采用在应税凭证上粘贴印花税票的方法缴纳税款而得名。

印花税是一个很古老的税种,1624年,荷兰政府发生经济危机,财政困难。当时执掌政权的统治者摩里斯(Maurs)为了满足财政上的需要,拟提出要用增加税收的办法来解决财政困难,但又怕人民反对,便采用公开招标的办法,以重赏来寻求新税种的设计方案。印花税,就是从千万个应征者设计的方案中精选出来的"杰作"。印花税的设计者可谓独具匠心。他观察到人们在日常生活中使用契约、借贷凭证之类的单据很多,且连绵不断,所以一旦征税,税源将很大;而且,人们还有一个心理,认为凭证单据上由政府盖个印,就是合法凭证,在诉讼时可以有法律保障,因而对缴纳印花税也乐于接受。印花税被经济学家誉为税负轻微、税源畅旺、手续简便、成本低廉的"良税"。

一、印花税的纳税义务人

在中华人民共和国境内书立、使用、领受税法所列举凭证应履行纳税义务的单位和个人,都是印花税的纳税义务人。

印花税的纳税人按征税对象可分为五类:

(1) 立合同人。指合同的当事人,不包括保人、证人、鉴定人。如果一份合同由两方或两方以上的当事人共同签订,则签订合同的各方都是纳税人。

(2) 立据人。指书立产权转移书据的单位和个人。如果书据由两方或两方以上的当事人共同书立,则各方都是纳税人。

(3) 立账簿人。指开立并使用营业账簿的单位和个人。

(4) 领受人。指领取并持有权利许可证照的单位和个人,如领取营业执照的人。

(5) 使用人。在国外书立、领受,但在国内使用应税凭证的单位和个人。

二、印花税的税目、税率

(一) 税目

印花税的应税凭证有五大类共 13 个税目:

1. 经济合同

(1) 购销合同。

(2) 加工承揽合同。

(3) 建设工程勘察设计合同。

(4) 建筑安装工程承包合同。

(5) 财产租赁合同。

（6）货物运输合同。

（7）仓储保管合同。

（8）借款合同。

（9）财产保险合同。

（10）技术合同。

2. 产权转移书据

3. 记载资金的营业账簿

4. 权利许可证照

5. 经财政部确定征收的其他凭证

（二）税率

印花税的税率有两种形式：比例税率和定额税率。

1. 比例税率

比例税率适用于记载金额的应税凭证，13个税目中大部分采用比例税率。比例税率分为四档：0.05‰、0.3‰、0.5‰、1‰。

2. 定额税率

定额税率也称固定税额，适用于无法记载金额或者虽有金额但作为计税依据明显不合理的税目。13个税目中只有权利许可证照、营业账簿中的其他账簿采用这种定额税率，即每件应税凭证缴纳固定数额(5元)的税款。

三、印花税的计税依据和应纳税额的计算

（一）计税依据的一般规定

1. 购销合同

购销合同的计税依据为购销全额，即不做任何扣减的购销金额，特别是调剂合同和易货合同，应包括调剂、易货的全额，也就是各自提供货物额之和。购销合同的税率为0.3‰，计税公式为：

$$应纳税额 = 购销金额 \times 0.3‰$$

此应纳税额由当事人各方分别缴纳，而不能在当事人之间平均分摊。

2. 加工承揽合同

加工承揽合同的计税依据为加工或承揽收入的金额。合同中由受托方提供原

材料的,凡在合同中分别记载原材料金额和加工费金额的,应分别按加工承揽和购销合同计税,合计数为应贴印花;未分别记载的,应就全部金额按加工承揽合同计税贴花。但由委托方提供原材料,受托方只提供辅助材料的,受托方提供的辅助材料等金额不能剔除。加工承揽合同的适用税率为0.5‰,计税公式为:

$$应纳税额＝加工承揽收入\times0.5‰$$

3. 建设工程勘察设计合同

建设工程勘察设计合同的计税依据为收取的全部费用,适用税率为0.5‰。

4. 建筑安装工程承包合同

建筑安装工程承包合同的计税依据为承包总金额,不得剔除任何费用。建筑安装工程承包合同适用税率为0.3‰,计税公式为:

$$应纳税额＝承包总金额\times0.3‰$$

应注意的是,施工单位若将自己承包的建设项目再分包或转包给其他施工单位,则其所签订的分包或转包合同,也必须缴纳印花税,按所载金额另行贴花。这是因为印花税属行为税,只要发生应税行为就要纳税。

5. 财产租赁合同

财产租赁合同的计税依据为租赁金额,适用税率为1‰。

6. 货物运输合同

货物运输合同的计税依据为运费金额,不包括所运货物的金额、装卸费和保险费等,适用税率为0.5‰。

7. 仓储保管合同

仓储保管合同的计税依据为保管费用,适用税率为1‰。

8. 借款合同

借款合同是银行及其他金融机构和借款人(不包括银行同业拆借)之间所签订的合同,其计税依据为借款金额,适用税率为0.05‰,计税公式为:

$$应纳税额＝借款金额\times0.05‰$$

目前,由于金融机构融资活动的日益广泛,国家对不同形式的借款合同又具体规定了不同的计税办法:

(1)一项信贷业务既签订借款合同,又一次或分次填开借据的,只以借款合同所载金额为计税依据计税贴花;如只填开借据并作为合同使用,则应以借据所载金额为计税依据计税贴花。

（2）借贷双方签订的流动资金周转性借款合同,一般按年(期)签订,规定最高限额,借款人在规定的期限和最高限额内随借随还。为避免加重借贷双方的负担,对这类合同只以其规定的最高限额为计税依据,在签订时贴花一次,在限额内随借随还不签订新合同的,不再另贴印花。

（3）对抵押贷款合同应按借款合同贴花；在借款方因无力偿还借款而将抵押财产转移给贷款方时,应再就双方书立的产权书据的有关规定计税贴花。

（4）对银行及其他金融机构的融资租赁业务签订的融资租赁合同,应按合同所载租金总额,暂按借款合同计税贴花。

（5）在贷款业务中,如果贷方是由若干银行组成的银团,则银团各方均承担一定的贷款数额。借款合同由借款方与贷款银团各方共同书立,各执一份合同正本。对这类合同,借款方与贷款银团各方应分别在所执的合同正本上,按各自的借（贷）款数额计税贴花。

（6）在基本建设贷款中,如果按年度用款计划分年签订借款合同,在最后一年按总概算签订借款总合同,且总合同的借款金额包括各个分合同的借款金额,则对这类基建借款合同,应按分合同分别计税贴花,最后签订的总合同,只就借款总额扣除分合同借款金额后的余额计税贴花。

需特别强调的是：凡持有应税凭证的各方,都要依法计算并缴纳印花税,而不能将印花税税额在持证各方之间分摊。

9. 财产保险合同

财产保险合同的计税依据为支付的保险费,不包括所保财产的金额,适用税率为 1‰。

10. 技术合同

技术合同的计税依据为合同所载价款、报酬或使用费,不包括研究开发经费,适用税率为 0.3‰。

11. 产权转移书据

产权转移书据的计税依据为书据所载金额,适用税率为 0.5‰。

12. 记载资金的营业账簿

营业账簿税目中记载资金的账簿的计税依据为"实收资本"与"资本公积"两

项的合计金额,适用税率为 0.5‰。

13. 股权转移书据

股权转让书据的计税依据为实际成交价格。目前,只对卖方征税,适用税率为 1‰。

14. 其他营业账簿、权利许可证照

其他营业账簿、权利许可证照的计税依据为应税凭证数量,以每件 5 元计税。

(二) 计税依据的特殊规定

(1) 以"金额""收入""费用"为计税依据的,应当全额计税,不得做任何扣除。

(2) 同一凭证,载有两个以上经济事项而适用不同税目税率,如分别记载金额的,应分别计算应纳税额;如未分别记载金额的,按税率高的计税贴花。

(3) 按金额比例贴花的凭证,未标明金额的,应按照数量及国家牌价计算金额。

(4) 凭证所载金额为外国货币的,应折合成人民币。

(5) 有些合同,在签订时无法确定计税金额,如技术转让合同、财产租赁合同等,可在签订时先按定额 5 元贴花,以后结算时再按实际金额计税,补贴印花。

(6) 印花税既是凭证税,又具有行为税的性质。不论合同是否兑现,均应贴花。

(7) 对已履行并贴花的合同,所载金额与合同履行后实际结算金额不一致的,只要双方未修改合同金额,则不再补税。

(8) 对有经营收入的事业单位,其记载经营业务的账簿,按其他账簿定额贴花,不记载经营业务的账簿不贴花;凡属经费自收自支的单位,应对记载资金的账簿和其他账簿分别贴花。

(9) 以以货易货方式进行商品交易签订的合同,应按购、销合计金额贴花。

(10) 施工单位将自己承包的建设项目分包,应按新的合同所载金额另行贴花。

(11) 对股票交易征收印花税,因转让、继承、赠与所书立的股权转让书据,均依当日实际成交价格,由转让方当事人按 1‰的税率缴纳印花税。

(12) 对国内各种形式的货物联运,应以全程运费为计税依据,由起运地运费结算双方缴纳印花税。对国际货运,凡由中国运输企业运输的,对中国运输企业所持的一份运费结算凭证,按本程运费计税;对托运方所持的一份运费结算凭证,按全程运费计税。

由外国运输企业运输进出口货物的,外国运输企业所持的一份运费结算凭证免纳印花税;托运方所持的一份运费结算凭证应纳印花税。

(三)应纳税额的计算

1. 适用比例税率

适用比例税率的应税凭证,计税依据为凭证上所记载的金额,计税公式为:

$$应纳税额=计税金额×比例税率$$

2. 适用定额税率

适用定额税率的应税凭证,计税依据为凭证件数,计税公式为:

$$应纳税额=凭证件数×固定税额(5元)$$

四、印花税的税收优惠

(一)法定免税项目

(1)已缴纳印花税的凭证的副本或者抄本免税。

(2)财产所有人将财产赠给政府、社会福利单位、学校所立的书据免税。

(3)国家指定的收购部门与村民委员会、农民个人书立的农副产品收购合同免税。

(4)无息、贴息贷款合同免税。

(5)外国政府或者国际金融组织向我国政府及国家金融机构提供的优惠贷款所书立的合同免税。

(6)房地产管理部门与个人签订的用于生活居住的租赁合同免税。

(7)农牧业保险合同免税。

(8)特殊货运凭证免税(军事物资运输、抢险救灾物资运输、新建铁路的工程临管线运输)。

(二)企业改制有关印花税的征免规定

(1)改制新成立的企业记载资金的账簿原已贴花的可不再贴花。

(2)合并、分立成立的新企业记载资金的账簿原已贴花的可不再贴花。

(3)企业债权转股权新增加的资金按规定贴花。

(4)企业改制中经评估增加的资金按规定贴花。

（5）企业其他会计科目记载的资金转为实收资本或资本公积的资金按规定贴花。

（6）尚未履行的合同仅改变合同主体的不再贴花。

（7）企业因改制签订的产权转移书据免于贴花。

五、印花税的征收管理与纳税申报

（一）纳税办法

印花税采取贴花纳税，其具体纳税办法有三种：

（1）自行贴花。此办法由纳税人自行计算应纳税额，自行向税务机关购买印花税票，自行在应税凭证上一次贴足印花，自行画红线或盖章加以注销。这是使用范围较广泛的纳税办法，一般适用于应税凭证少或同一凭证纳税次数少的纳税人。

（2）汇贴或汇缴。这是对需频繁贴花的应税凭证，在税务机关批准的前提下，由纳税人在限期内（1个月）汇贴或汇缴印花税的一种办法；或者是对应纳印花税税额超过500元的一份凭证，经税务机关批准，纳税人可用填开完税证或缴款书的办法纳税，不再贴花。

（3）委托代征。这是对国家有关部门发放、鉴证、公证或仲裁的应税凭证，由税务机关委托这些部门代征印花税的办法。税务机关应发给代征单位代征委托书。这种办法是实行印花税源泉控管的有效手段。

（二）纳税环节

印花税应当在合同书立或领受时贴花。合同在国外签订，不便在国外贴花的，应在合同带入境时办理贴花手续。

（三）纳税地点

印花税一般实行就地纳税。全国性订货会上所签合同，由纳税人回其所在地办理贴花；地方主办，不涉及省际关系的订货会上所签合同，由省级政府自行确定纳税地点。

六、印花税的处罚规定

纳税人有下列行为之一的，由税务机关视情节轻重予以处罚：

（1）应税凭证上未贴或少贴印花税票的，除令其补贴印花税票外，还可处以补贴印花税票金额3～5倍的罚款。

（2）已粘贴的印花税票未注销或未划销的，可处以未注销或未画销印花税票金额 1～3 倍的罚款。

（3）已贴用的印花税票揭下重用的，可处以重用印花税票金额 5 倍或 2 000～10 000 元的罚款。

（4）伪造印花税票的，由税务机关提请司法机关追究刑事责任。

（5）汇缴凭证不按规定办理并保存备查的，处 5 000 元以下罚款；情节严重的，撤销其汇缴许可证。

（6）未按规定期限保存纳税凭证的，处 5 000 元以下罚款。

（7）代售户违反规定，视情节轻重，给予警告或取消代售资格的处罚。

第八章 企业所得税法

【本章重点】

企业所得税纳税人、税率、应纳税所得额的确定;资产的税务处理;税收优惠;税额扣除、纳税筹划等。

【本章难点】

计税收入的确定;准予扣除项目金额的确定;应纳税所得额的调整;亏损弥补;境外企业分回利润已纳税款的扣除、纳税筹划。

现行《中华人民共和国企业所得税法》(以下简称《企业所得税法》)已由第十届全国人民代表大会第五次会议于 2007 年 3 月 16 日通过,自 2008 年 1 月 1 日起施行。此法是将《中华人民共和国企业所得税暂行条例》与《中华人民共和国外商投资企业和外国企业所得税法》合并而成的。企业所得税是注册会计师执业活动中涉及最多的税种,因而也是税法中的重点税种之一。

第一节 企业所得税纳税义务人与征税对象

企业所得税是对中华人民共和国境内的企业和其他取得收入的组织的生产经营所得及其他所得所征收的一种税收。它是国家参与企业利润分配的重要手段。

一、纳税义务人

在中华人民共和国境内的企业和其他取得收入的组织(以下统称"企业")为企业所得税的纳税义务人。个人独资企业、合伙企业不适用《企业所得税法》。

企业所得税的纳税义务人分为居民企业和非居民企业。

居民企业,是指依法在中国境内成立,或者依照外国(地区)法律成立但实际管理机构在中国境内的企业。实际管理机构,是指对企业的生产经营、人员、账务、财产等实施实质性全面管理和控制的机构。

非居民企业,是指依照外国(地区)法律成立且实际管理机构不在中国境内,但在中国境内设立机构、场所的,或者在中国境内未设立机构、场所,但有来源于中国境内所得的企业。

二、征税对象的确定原则和具体内容

(一)确定原则

企业所得税的征税对象必须是合法所得、纯收益、实物或货币所得。

(二)具体内容

居民企业应当就其来源于中国境内、境外的所得缴纳企业所得税。

非居民企业在中国境内设立机构、场所的,应当就其所设机构、场所取得的来源于中国境内的所得以及发生在中国境外但与其所设机构、场所有实际联系的所得,缴纳企业所得税。

非居民企业在中国境内未设立机构、场所的,或者虽设立机构、场所但取得的所得与其所设机构、场所没有实际联系的,应当就其来源于中国境内的所得缴纳企业所得税。

第二节 企业所得税的税率

企业所得税实行单一比例税率,除基本税率为25%外,还有两档照顾税率,具体如下:

1. 减按20%的税率征收

符合条件的小型微利企业,减按20%的税率征收企业所得税。

非居民企业在中国境内未设立机构、场所的,或者虽设立机构、场所但取得的所得与其所设机构、场所没有实际联系的,应当就其来源于中国境内的所得缴纳企业所得税,适用税率为20%。

2. 减按15%的税率征收

国家重点扶持的高新技术企业,减按15%的税率征收企业所得税。

第三节 应纳税所得额的计算

应纳税所得额是指企业每一纳税年度的收入总额,减除不征税收入、免税收入、各项扣除以及允许弥补的以前年度亏损后的余额。具体公式为:

应纳税所得额=收入总额-不征税收入-免税收入-各项扣除金额-
允许弥补的以前年度亏损金额

一、收入总额

收入总额是指企业在纳税年度内取得的各项收入合计,包括来源于中国境内、境外的生产经营收入和其他收入。

(一)收入确定的基本规定

企业以货币形式和非货币形式从各种来源取得的收入,称为收入总额。具体包括:

1. 收入的种类

企业以货币形式和非货币形式从各种来源取得的收入,称为收入总额。企业取得收入的货币形式,包括现金、存款、应收账款、应收票据、准备持有至到期的债券投资以及债务的豁免等。企业取得收入的非货币形式,包括固定资产、生物资产、无形资产、股权投资、存货、不准备持有至到期的债券投资、劳务以及有关权益等。企业以非货币形式取得的收入,应当按照公允价值确定收入额。公允价值,是指按照市场价格确定的价值,具体包括:

(1)销售货物收入。销售货物收入是指企业销售商品、产品、原材料、包装物、低值易耗品以及其他存货取得的收入。

(2)提供劳务收入。提供劳务收入是指企业从事建筑安装、修理修配、交通运输、仓储租赁、金融保险、邮电通信、咨询经纪、文化体育、科学研究、技术服务、教育培训、餐饮住宿、中介代理、卫生保健、社区服务、旅游、娱乐、加工以及其他劳务服务活动取得的收入。

（3）转让财产收入。转让财产收入是指企业转让固定资产、生物资产、无形资产、股权、债权等财产取得的收入。

（4）股息、红利等权益性投资收益。股息、红利等权益性投资收益是指企业因权益性投资从被投资处取得的收入。股息、红利等权益性投资收益，除国务院财政、税务主管部门另有规定外，按照被投资方做出利润分配决定的日期确认收入的实现。

（5）利息收入。利息收入是指企业将资金提供给他人使用但不构成权益性投资，或者因他人占用本企业资金取得的收入，包括存款利息、贷款利息、债券利息、欠款利息等收入。利息收入，按照合同约定的债务人应付利息的日期确认收入的实现。

（6）租金收入。租金收入是指企业提供固定资产、包装物或者其他有形资产的使用权取得的收入。租金收入，按照合同约定的承租人应付租金的日期确认收入的实现。

（7）特许权使用费收入。特许权使用费收入是指企业提供专利权、非专利技术、商标权、著作权以及其他特许权的使用权取得的收入。特许权使用费收入，按照合同约定的特许权使用人应付特许权使用费的日期确认收入的实现。

（8）接受捐赠收入。接受捐赠收入是指企业接受的来自其他企业、组织或者个人无偿给予的货币性资产、非货币性资产。接受捐赠收入，按照实际收到捐赠资产的日期确认收入的实现。

（9）其他收入。其他收入是指企业取得的除上述收入以外的其他收入，包括企业资产溢余收入、逾期未退包装物押金收入、确实无法偿付的应付款项、已做坏账损失处理后又收回的应收款项、债务重组收入、补贴收入、违约金收入、汇兑收益等。

2. 分期确认收入

企业的下列生产经营业务可以分期确认收入的实现：

（1）以分期收款方式销售货物的，按照合同约定的收款日期确认收入的实现。

（2）企业受托加工制造大型机械设备、船舶、飞机以及从事建筑、安装、装配工程业务或者提供其他劳务等，持续时间超过12个月的，按照纳税年度内完工进度或者完成的工作量确认收入的实现。

（3）采取产品分成方式取得收入的，按照企业分得产品的日期确认收入的实现，其收入额按照产品的公允价值确定。

（4）企业发生非货币性资产交换以及将货物、财产、劳务用于捐赠、偿债、赞助、集资、广告、样品、职工福利或者利润分配等用途的，应当视同销售货物、转让财产或者提供劳务，但国务院财政、税务主管部门另有规定的除外。

3. 不征税收入

收入总额中的下列收入为不征税收入：

（1）财政拨款，是指各级人民政府对纳入预算管理的事业单位、社会团体等组织拨付的财政资金。

（2）依法收取并纳入财政管理的行政事业性收费、政府性基金。行政事业性收费，是指依照法律法规等有关规定，按照国务院规定程序批准，在实施社会公共管理，以及在向公民、法人或者其他组织提供特定公共服务过程中，向特定对象收取并纳入财政管理的费用。政府性基金，是指企业依照法律、行政法规等有关规定，代政府收取的具有专项用途的财政资金。

（3）国务院规定的其他不征税收入，是指企业取得的，由国务院财政、税务主管部门规定专项用途并经国务院批准的财政资金。

（二）收入确定的特殊规定

（1）减免或返还流转税的税务处理。企业减免或退还的流转税，一般情况下都应并入企业利润，照章征收企业所得税。对直接减免的，应并入企业当年利润计征所得税；对先征税后返还和先征税后退还的，应并入企业实际收到退税或退还税款年度的企业利润计征所得税。

出口退回的增值税不缴纳企业所得税；出口退回的消费税冲减"税金及附加"，即应计入企业应税所得征收企业所得税。

（2）资产评估增值的税务处理。根据资产评估增值的起因不同，税务处理方法有如下具体规定：①清产核资中的资产评估增值。纳税人按国务院统一规定进行清产核资，发生的固定资产评估增值不计入应纳税所得额。②产权转让中的净损益。纳税人在产权转让中发生的产权转让净收益或净损失，需计入应纳税所得额，依法缴纳企业所得税；国有资产产权转让净收益上缴财政的，不计入应纳税所得额。③股份制改造中的资产评估增值。纳税人进行股份制改造发生的资产评估增值,经过调整相应账户,可以计提折旧,但在计算应纳税所得额时不得扣除。资产范围既包括企业固定资产,又包括流动资产等。调整方法可据实逐年调整,也可综合调整。

(3) 接受捐赠实物资产。纳税人接受捐赠的资产(包括现金和非现金资产),应计入应纳税所得额,依法计算缴纳企业所得税。企业取得的捐赠收入数额较大的,可在5年内分期计入应纳税所得额。

(4) 销售货物给购货方的折扣销售,如果在同一张发票上注明,则可以从销售额中扣除;如果另开发票,则不得从销售额中扣除。

(5) 未约定期限的包装物押金,原则上应不得超过1年,最长不得超过3年确认收入。

(6) 金融机构代发行国债取得的手续费收入,应作为企业所得税应税收入。

(7) 烟草公司收到的财政部门返还的罚没收入,应征收企业所得税。

(8) 电信业,除纳入财政专户、实行收支两条线管理的不计征企业所得税,其余应征收企业所得税。

(9) 纳税人在基本建设、专项工程及职工福利等方面使用本企业商品、产品的,应作为收入处理。

(10) 纳税人在建工程试运行期间取得的收入应征收企业所得税。

(11) 纳税人取得国家财政性补贴和其他补贴收入,除国务院、财政部和国家税务总局规定不计入损益者外,应一律并入实际收到该补贴收入年度的应纳税所得额。

(12) 纳税人取得非货币资产或权益的,参照当时的市场价格计算或估定收入。

(13) 可分期确定收入的情况:分期收款方式销售商品;建筑、安装、装配工程和提供劳务持续时间超过1年;加工制造大型设备、船舶等持续时间超过1年。

(14) 金融企业应收利息收入的确定。90天内的应收未收利息应计入应纳税所得额,超过90天的应收未收利息不计入应纳税所得额,待实际收到时再计入当期应纳税所得额。

(15) 新股申购冻结资金利息收入征收所得税的确定。申购成功投资者的冻结利息,作为股票溢价计入资本公积;申购无效投资者的冻结利息,应计入应纳税所得额;若数额较大,可在5年内平均转入计税;若不能准确区分申购成功和申购无效,一律并入应纳税所得额计税。

(16)企业将自产、委托加工和外购的资产用于捐赠,应分解为按公允价值视同销售和捐赠两项业务进行所得税处理。

(17)取得退货证明的销售退回可以冲减销售收入。

(18)国债利息收入不计入应纳税所得额。城市商业银行在一级市场认购的国库券利息收入,免征企业所得税。城市商业银行在二级市场买卖国库券所取得的收益,应当缴纳企业所得税。城市商业银行因办理国库券业务取得的手续费收入,应当缴纳企业所得税。

(三)房地产开发企业开发产品销售收入的确认

1. 开发产品销售收入的确认

(1)一次收款销售的,于实际收讫价款或取得索取价款的凭证时确认收入。

(2)分期收款销售的,以合同约定的收款日期确认收入。

(3)采用银行按揭的,首期款于实际收到时确认收入,余款在按揭贷款办理转账之日确认收入。

(4)委托销售的,于收到代销清单时确认收入。

(5)开发产品出租后销售的,出租期间取得的价款按照租金收入确认,出售时再按照销售开发产品确认销售收入。

(6)以非货币资产分成取得收入的,应于实际分得开发产品时确认收入。

2. 开发产品预售收入的确认

其计算公式为:

预计营业利润额=预售开发产品收入×利润率(不低于15%)

3. 开发产品视同销售收入的确认

(1)按近期同类开发产品销售价格确认。

(2)按税务机关核定的价格确认。

(3)按成本利润率确认,成本利润率不得低于15%。

4. 代建工程和提供劳务收入的确认

代建工程和提供劳务不超过12个月的,按合同约定确认;超过12个月的,按完工百分比法确认。

二、准予扣除项目

(一) 准予扣除项目应遵循的原则

准予扣除项目应遵循权责发生制原则、配比性原则、相关性原则、确定性原则及合理性原则。

(二) 准予扣除项目的基本范围

准予扣除项目是在计算应纳税所得额时准予从收入中扣除的项目,是指纳税人每一纳税年度发生的与取得应税收入有关的所有必要和正常的成本、费用、税金及损失。

(三) 准予扣除项目的具体范围

准予扣除项目是按照税法和会计制度的规定,允许纳税人从收入中扣除的项目,但税法对扣除有范围的限制,纳税人在计算应纳税所得额时,对于超过税法规定扣除范围的部分,需调增应纳税所得额,这部分内容主要有:

1. 企业发生的支出

企业发生的支出应当区分收益性支出和资本性支出。收益性支出在发生当期直接扣除;资本性支出应当分期扣除或者计入有关资产成本,不得在发生当期直接扣除。

企业的不征税收入用于支出所形成的费用或者财产,不得扣除或者计算对应的折旧、摊销扣除。

除《企业所得税法》及其实施条例另有规定外,企业实际发生的成本、费用、税金、损失和其他支出,不得重复扣除。

2. 企业发生的成本、费用、税金、损失和其他支出

(1)《企业所得税法》所称成本,是指企业在生产经营活动中发生的销售成本、销货成本、业务支出以及其他耗费。

(2)《企业所得税法》所称费用,是指企业在生产经营活动中发生的销售费用、管理费用和财务费用,已经计入成本的有关费用除外。

(3)《企业所得税法》所称税金,是指企业发生的除企业所得税和允许抵扣的增值税以外的各项税金及其附加。

(4)《企业所得税法》所称损失,是指企业在生产经营活动中发生的固定资产

和存货的盘亏、毁损、报废损失、转让财产损失、呆账损失、坏账损失、自然灾害等不可抗力因素造成的损失以及其他损失。

企业发生的损失，减除责任人赔偿和保险赔款后的余额，依照国务院财政、税务主管部门的规定扣除。

企业已经作为损失处理的资产，在以后纳税年度又全部收回或者部分收回时，应当计入当期收入。

(5)《企业所得税法》所称其他支出，是指除成本、费用、税金、损失外，企业在生产经营活动中发生的与生产经营活动有关的、合理的支出。

(四) 准予扣除项目的具体标准

1. 企业发生的合理的工资薪金支出

工资薪金，是指企业每一纳税年度支付给在本企业任职或者受雇的员工的所有现金形式或者非现金形式的劳动报酬，包括基本工资、奖金、津贴、补贴、年终加薪、加班工资，以及与员工任职或者受雇有关的其他支出。国税函〔2009〕3号文件第一条规定，"合理工资薪金"是指企业按照股东大会、董事会、薪酬委员会或相关管理机构制定的工资薪金制度规定实际发放给员工的工资薪金。

2. 职工福利费、工会经费、职工教育经费支出

国税函〔2009〕3号文件第三条规定，企业职工福利费包括三方面：一是尚未实行分离办社会职能的企业，其内设福利部门所发生的设备、设施和人员费用，包括职工食堂、职工浴室、理发室、医务所、托儿所、疗养院等集体福利部门的设备、设施及维修保养费用和福利部门工作人员的工资薪金、社会保险费、住房公积金、劳务费等；二是为职工卫生保健、生活、住房、交通等所发放的各项补贴和非货币性福利，包括企业向职工发放的因公外地就医费用、未实行医疗统筹企业职工医疗费用、职工供养直系亲属医疗补贴、供暖费补贴、职工防暑降温费、职工困难补贴、救济费、职工食堂经费补贴、职工交通补贴等；三是按照其他规定发生的其他职工福利费，包括丧葬补助费、抚恤费、安家费、探亲假路费等。

(1) 企业发生的职工福利费支出，不超过工资薪金总额14%的部分，准予扣除。

(2) 企业拨缴的工会经费，不超过工资薪金总额2%的部分，准予扣除。

(3) 企业发生的职工教育经费支出，不超过工资薪金总额2.5%的部分，准予

扣除;超过部分,准予在以后纳税年度结转扣除。经认定的技术先进型服务企业发生的职工教育经费支出,不超过工资薪金总额8%的部分,准予扣除;超过部分,准予在以后纳税年度结转扣除。

3. 社会保险费

(1) 企业依照国务院有关主管部门或者省级人民政府规定的范围和标准为职工缴纳的"五险一金",即基本养老保险费、基本医疗保险费、失业保险费、工伤保险费、生育保险费等基本社会保险费和住房公积金,准予扣除。

(2) 企业为投资者或者职工支付的补充养老保险费、补充医疗保险费,在国务院财政、税务主管部门规定的范围和标准内,准予扣除。

(3) 除企业依照国家有关规定为特殊工种职工支付的人身安全保险费和国务院财政、税务主管部门规定可以扣除的其他商业保险费外,企业为投资者或者职工支付的商业保险费,不得扣除。

4. 利息费用

企业在生产经营活动中发生的下列利息支出,准予扣除:

(1) 非金融企业向金融企业借款的利息支出、金融企业的各项存款利息支出和同业拆借利息支出、企业经批准发行债券的利息支出;

(2) 非金融企业向非金融企业借款的利息支出,不超过按照金融企业同期同类贷款利率计算的数额的部分。

5. 借款费用

(1) 企业在生产经营活动中发生的合理的不需要资本化的借款费用,准予扣除。

(2) 企业为购置、建造固定资产、无形资产和经过12个月以上的建造才能达到预定可销售状态的存货发生借款的,在有关资产购置、建造期间发生的合理的借款费用,应当作为资本性支出计入有关资产的成本,并依照规定扣除。

6. 汇兑损失

企业在货币交易中以及纳税年度终了时将人民币以外的货币性资产、负债按照期末即期人民币汇率中间价折算为人民币时产生的汇兑损失,除已经计入有关资产成本以及与向所有者进行利润分配相关的部分外,准予扣除。

7. 业务招待费

企业发生的与生产经营活动有关的业务招待费支出,按照发生额的60%扣除,但最高不得超过当年销售(营业)收入的5‰。

8. 广告费和业务宣传费

企业发生的符合条件的广告费和业务宣传费支出,除国务院财政、税务主管部门另有规定外,不超过当年销售(营业)收入15%的部分,准予扣除;超过部分,准予在以后纳税年度结转扣除。

9. 环境保护专项资金

企业依照法律、行政法规有关规定提取的用于环境保护、生态恢复等方面的专项资金,准予扣除。上述专项资金提取后改变用途的,不得扣除。

10. 财产保险费

企业按照规定缴纳的财产保险费,准予扣除。

11. 租赁费

企业根据生产经营活动的需要租入固定资产支付的租赁费,按照以下方法扣除:

(1) 以经营租赁方式租入固定资产发生的租赁费支出,按照租赁期限均匀扣除;

(2) 以融资租赁方式租入固定资产发生的租赁费支出,按照规定构成融资租入固定资产价值的部分应当提取折旧费用,分期扣除。

12. 劳动保护费

企业发生的合理的劳动保护费支出,准予扣除。

13. 公益性捐赠

公益性捐赠是指企业通过公益性社会团体或者县级以上人民政府及其部门,用于《中华人民共和国公益事业捐赠法》规定的公益事业的捐赠。

企业发生的公益性捐赠支出,不超过年度利润总额12%的部分,准予扣除。年度利润总额,是指企业依照国家统一会计制度的规定计算的年度会计利润。

公益性社会团体,是指同时符合下列条件的基金会、慈善组织等社会团体:

(1) 依法登记,具有法人资格。

(2) 以发展公益事业为宗旨,且不以营利为目的。

(3) 全部资产及其增值为该法人所有。

(4) 收益和营运结余主要用于符合该法人设立目的的事业。

(5) 终止后的剩余财产不归属任何个人或者营利组织。

(6) 不经营与其设立目的无关的业务。

(7) 有健全的财务会计制度。

(8) 捐赠者不以任何形式参与社会团体财产的分配。

(9) 国务院财政、税务主管部门会同国务院民政部门等登记管理部门规定的其他条件。

14. 有关资产的费用

企业发生的下列支出作为长期待摊费用,按照规定摊销的,准予扣除:

(1) 已足额提取折旧的固定资产的改建支出。

(2) 租入固定资产的改建支出。

(3) 固定资产的大修理支出。

(4) 其他应当作为长期待摊费用的支出。

15. 总机构分摊的费用

非居民企业在中国境内设立的机构、场所,就其中国境外总机构发生的与该机构、场所生产经营活动有关的费用,能够提供总机构出具的费用汇集范围、定额、分配依据和方法等证明文件,并合理分摊的,准予扣除。

16. 资产损失

企业当期发生的固定资产和流动资产盘亏、毁损净损失,准予扣除;与其相对应的进项税额准予在计算应纳税所得额时扣除。

17. 手续费及佣金支出

(1) 企业发生的与生产经营活动有关的手续费及佣金支出,不超过以下规定限额以内的部分,准予扣除;超过部分,不得扣除:①保险企业。财产保险企业按当年全部保费收入扣除退保金等后余额的15%计算限额;人身保险企业按当年全部保费收入扣除退保金等后余额的10%计算限额。②其他企业。按与具有合法经营资格中介服务机构或个人所签订服务协议或合同确认的收入金额的5%计算限额。

(2) 企业应与具有合法经营资格的中介服务机构或个人签订代办协议或合同,并按国家有关规定支付手续费及佣金。除委托个人代理外,企业以现金等非转账方式支付的手续费及佣金不得在税前扣除。企业为发行权益性证券支付给有关证券承销机构的手续费及佣金不得在税前扣除。

(3) 企业不得将手续费及佣金支出计入回扣、业务提成、返利、进场费等费用。

(4) 企业已计入固定资产、无形资产等相关资产的手续费及佣金支出,应当通过折旧、摊销等方式分期扣除,不得在发生当期直接扣除。

(5) 企业支付的手续费及佣金不得直接冲减服务协议或合同金额,并如实入账。

(6) 企业应当如实向当地税务机关提供当年手续费及佣金计算分配表和其他相关资料,并依法取得合法真实凭证。

18. 其他项目

其他项目是指依照有关法律、行政法规规定准予扣除的项目,如会员费、合理的会议费、差旅费、违约金、诉讼费用等。

19. 房地产开发企业开发房地产可以扣除的成本费用

(1) 销售成本。

(2) 土地征用及差遣补偿费、公用设施配套费。

(3) 借款费用。

(4) 开发产品共用部位、公共设施设备维修费。

(5) 土地闲置费。

(6) 成本对象报废或毁损损失。

(7) 广告费和业务宣传费。

(8) 折旧(转作经营用的房产可以计提折旧)。

三、不得扣除项目

以下项目,不得从企业应纳税所得额中扣除:

(1) 向投资者支付的股息、红利等权益性投资收益款项。

(2) 企业所得税税款。

(3) 税收滞纳金。

(4) 罚金、罚款和被没收财物的损失。

(5) 规定以外的捐赠支出。

(6) 赞助支出,是指企业发生的与生产经营活动无关的各种非广告性质支出。

(7) 未经核定的准备金支出,是指不符合国务院财政、税务主管部门规定的各项资产减值准备、风险准备等准备金支出。

（8）企业之间支付的管理费、企业内部营业机构之间支付的租金和特许权使用费，以及非银行企业内营业机构之间支付的利息。

（9）与取得收入无关的其他支出。

（10）下列固定资产不得计算折旧扣除：①房屋、建筑物以外未投入使用的固定资产；②以经营租赁方式租入的固定资产；③以融资租赁方式租出的固定资产；④已足额提取折旧仍继续使用的固定资产；⑤与经营活动无关的固定资产；⑥单独估价作为固定资产入账的土地；⑦其他不得计算折旧扣除的固定资产。

（11）下列无形资产不得计算摊销费用扣除：①自行开发的支出已在计算应纳税所得额时扣除的无形资产；②自创商誉；③与经营活动无关的无形资产；④其他不得计算摊销费用扣除的无形资产。

（12）企业对外投资期间，投资资产的成本在计算应纳税所得额时不得扣除。

（13）企业在汇总计算缴纳企业所得税时，其境外营业机构的亏损不得抵减境内营业机构的盈利。

四、亏损弥补

（一）亏损弥补的基本规定

亏损是指依照《企业所得税法》及其实施条例的规定，将每一纳税年度的收入总额减去不征税收入、免税收入和各项扣除后小于零的数额。

1. 亏损的弥补

纳税人发生年度亏损的，可以用下一纳税年度的所得弥补，下一纳税年度的所得不足以弥补的，可以逐年延续弥补，但是延续弥补的期限最长不能超过五年。而且，企业在汇总计算缴纳企业所得税时，其境外营业机构的亏损不得抵减境内营业机构的盈利。

2. 对于弥补亏损的说明

（1）这里所说的亏损不是企业财务报表中的亏损额，而是企业财务报表中的亏损额经主管税务机关按税法核实调整后的金额。

（2）五年弥补期是以亏损年度的次年为第一年度算起，连续五年内不论是盈利还是亏损，都作为实际弥补年限计算。在五年内未弥补完的亏损，从第六年起应从企业税后利润或盈余公积金中弥补。

（3）连续发生年度亏损，必须从第一个亏损年度算起，先亏先补，后亏后补，不得将每个亏损年度的连续弥补期相加，也不得哪年亏损额大先补哪年。

3. 弥补亏损适用方面的一些具体问题

（1）有关联营企业与其投资方：①对联营企业生产、经营取得的所得，一律先就地征收所得税，然后再进行分配。联营企业的亏损，由联营企业就地按规定进行弥补。②投资方从联营企业分回的税后利润按规定应补缴所得税的，如果投资方企业发生亏损，则其分回的利润可先还原后用于弥补亏损，弥补亏损后仍有余额的，再按规定补缴企业所得税。

（2）企业境外业务之间的盈亏可以相互弥补（同一国家内的盈亏可以相互弥补，不同国家的盈亏不得相互弥补），但企业境内外之间的盈亏不得相互弥补。

（3）汇总纳税成员企业（单位）的亏损可以相互弥补。

（4）年度亏损按税法规定确认。

（5）税前弥补亏损由税务机关审核。

（6）免税项目（科研、技术服务、三产等）的所得也应用于弥补以前年度亏损。

（7）建立弥补亏损台账。

（8）企业的某些项目免征所得税。如果一家企业既有应税项目，又有免税项目，则其应税项目发生亏损时，结转以后年度弥补的亏损，应该是冲抵免税项目所得后的余额。此外，虽然应税项目有所得，但不足弥补以前年度亏损的，免税项目的所得也应用于弥补以前年度亏损。

（9）清算所得，按规定缴纳企业所得税。清算所得是指纳税人清算时的全部资产扣除各项清算费用、损失、负债、企业未分配利润、公益金和公积金后的余额，超过实缴资本的部分。

（二）分立、兼并、股权重组的亏损弥补

（1）企业分立前尚未弥补的亏损，由分立后的各企业逐年延续弥补。

（2）被兼并企业尚未弥补的亏损，应区别处理：①被兼并企业在被兼并后继续具有独立纳税资格的，由其逐年延续弥补，不得用兼并企业的所得弥补。②被兼并企业在被兼并后不具有独立纳税人资格的，由兼并企业逐年延续弥补。

（3）企业进行股权重组，在股权转让前尚未弥补的亏损，可由重组后的企业逐年延续弥补。

第四节 资产的税务处理

对资产的处理,目的在于划分资本性支出与经营性支出,确定准予扣除和不得扣除的项目,正确计算应纳税所得额。

税法对固定资产、无形资产、递延资产及存货的计价和摊销方法做出了规定,其内容与会计制度中对资产的会计处理有差异。当税法规定与会计制度规定相抵触时,以税法规定为准确定应纳税所得额。

企业的各项资产,包括固定资产、生物资产、无形资产、长期待摊费用、存货、投资资产等,以历史成本为计税基础。所谓历史成本,是指企业取得该项资产时实际发生的支出。

企业持有各项资产期间资产增值或者减值,除国务院财政、税务主管部门规定可以确认损益外,不得调整该资产的计税基础。

一、固定资产的税务处理

固定资产,是指企业为生产产品、提供劳务、出租或者经营管理而持有的、使用时间超过 12 个月的非货币性资产,包括房屋、建筑物、机器、机械、运输工具以及其他与生产经营活动有关的设备、器具、工具等。

(一) 固定资产的计税基础

固定资产按照以下方法确定计税基础:

(1) 外购的固定资产,以购买价款和支付的相关税费以及直接归属于使该资产达到预定用途而发生的其他支出为计税基础。

(2) 自行建造的固定资产,以竣工结算前发生的支出为计税基础。

(3) 融资租入的固定资产,以租赁合同约定的付款总额和承租人在签订租赁合同过程中发生的相关费用为计税基础,租赁合同未约定付款总额的,以该资产的公允价值和承租人在签订租赁合同过程中发生的相关费用为计税基础。

(4) 盘盈的固定资产,以同类固定资产的重置完全价值为计税基础。

(5) 通过捐赠、投资、非货币性资产交换、债务重组等方式取得的固定资产,以该资产的公允价值和支付的相关税费为计税基础。

(6) 改建的固定资产,以改建过程中发生的改建支出增加计税基础。

(二) 固定资产折旧的范围和方法

在计算应纳税所得额时,企业按照规定计算的固定资产折旧,准予扣除。

1. 计提折旧的范围

企业在用的固定资产,包括经营用固定资产、租出固定资产均要计提折旧。具体包括房屋、建筑物;在用的机器设备、仪器仪表、运输工具、工具器具;季节性停用、大修理停用的设备;融资租入和以经营租赁方式租出的固定资产。

2. 不得计提折旧扣除的固定资产

下列固定资产不得计提折旧扣除:

(1) 房屋、建筑物以外的未使用和不需用的固定资产。

(2) 以经营租赁方式租入的固定资产。

(3) 以融资租赁方式租出的固定资产。

(4) 已提足折旧继续使用的固定资产。

(5) 与经营活动无关的固定资产。

(6) 单独估价作为固定资产入账的土地。

(7) 国家规定不计提折旧的其他固定资产。

3. 固定资产计提折旧的方法

固定资产计提折旧的方法具体如下:

(1) 固定资产按照直线法计提的折旧,准予扣除。

(2) 企业应当自固定资产投入使用月份的次月起计提折旧;停止使用的固定资产,应当自停止使用月份的次月起停止计提折旧。

(3) 企业应当根据固定资产的性质和使用情况,合理确定固定资产的预计净残值。固定资产的预计净残值一经确定,不得变更。

4. 固定资产计提折旧的最低年限

除国务院财政、税务主管部门另有规定外,固定资产计提折旧的最低年限如下:

(1) 房屋、建筑物,20年。

(2) 飞机、火车、轮船、机器、机械和其他生产设备,10年。

(3) 与生产经营活动有关的器具、工具、家具等,5年。

(4) 飞机、火车、轮船以外的运输工具,4年。

(5) 电子设备,3年。

从事开采石油、天然气等矿产资源的企业,在开始商业性生产前发生的费用和有关固定资产的折耗、折旧方法,由国务院财政、税务主管部门具体规定。

二、生物资产的税务处理

根据《企业会计准则》的有关规定,生物资产是指有生命的动物和植物。它又分为消耗性生物资产、生产性生物资产和公益性生物资产。其中,消耗性生物资产,是指为出售而持有的,或在将来收获为农产品的生物资产,包括生长中的大田作物、蔬菜、用材林以及存栏待售的牲畜等。与企业会计上的做法一样,对于消耗性生物资产,税法将其作为存货来看待,适用存货的有关规定,没有做专门的特殊规定。公益性生物资产,是指以防护、环境保护为主要目的的生物资产,包括防风固沙林、水土保持林和水源涵养林等。从目的上看,公益性生物资产与消耗性生物资产和生产性生物资产有本质的不同。后两者的目的是直接给企业带来经济利益,而公益性生物资产主要是出于防护、环境保护等目的,尽管其不能直接给企业带来经济利益,但具有服务潜能,有助于企业从相关资产获得经济利益。由于公益性生物资产具有公益的目的,虽然会计上将其确认为企业资产,但实际上它属于不可变现的资产,因公益性生物资产而发生的支出,在企业所得税上,已经作为费用直接税前扣除,也不存在提取折旧的说法,因此企业所得税未对消耗性生物资产和公益性生物资产的折旧、扣除等做专门的规定。

(一) 生产性生物资产的计税基础

生产性生物资产,是指为产出农产品、提供劳务或出租等而持有的生物资产,包括经济林、薪炭林、产畜和役畜等。这与《企业会计准则》中关于生产性生物资产的界定完全一致。

生产性生物资产按照以下方法确定计税基础:

(1) 外购的生产性生物资产,以购买价款和支付的相关税费为计税基础。

(2) 通过捐赠、投资、非货币性资产交换、债务重组等方式取得的生产性生物资产,以该资产的公允价值和支付的相关税费为计税基础。

（二）生产性生物资产计提折旧的方法

生产性生物资产按照直线法计提的折旧，准予扣除。企业应当自生产性生物资产投入使用月份的次月起计提折旧；停止使用的生产性生物资产，应当自停止使用月份的次月起停止计提折旧。

企业应当根据生产性生物资产的性质和使用情况，合理确定生产性生物资产的预计净残值。生产性生物资产的预计净残值一经确定，不得变更。

（三）生产性生物资产计提折旧的最低年限

生产性生物资产计提折旧的最低年限如下：

（1）林木类生产性生物资产，10年。

（2）畜类生产性生物资产，3年。

三、无形资产的税务处理

无形资产，是指企业为生产产品、提供劳务、出租或者经营管理而持有的、没有实物形态的非货币性长期资产，包括专利权、商标权、著作权、土地使用权、非专利技术、商誉等。

（一）无形资产的计税基础

无形资产按照以下方法确定计税基础：

（1）外购的无形资产，以购买价款和支付的相关税费以及直接归属于使该资产达到预定用途而发生的其他支出为计税基础。

（2）自行开发的无形资产，以开发过程中该资产符合资本化条件后至达到预定用途前发生的支出为计税基础。

（3）通过捐赠、投资、非货币性资产交换、债务重组等方式取得的无形资产，以该资产的公允价值和支付的相关税费为计税基础。

（二）无形资产的摊销方法

无形资产按照直线法计算的摊销费用，准予扣除。

无形资产的摊销年限不得低于10年。作为投资或者受让的无形资产，有关法律规定或者合同约定了使用年限的，可以按照规定或者约定的使用年限分期摊销。外购商誉的支出，在企业整体转让或者清算时，准予扣除。

(三) 无形资产的其他有关规定

(1) 纳税人自行研制开发无形资产,凡在发生时已作为研究开发费扣除的,使用时不得再摊销。

(2) 纳税人为取得土地使用权支付的土地出让价款应作为无形资产管理,并在使用期间平均摊销。

(3) 纳税人购买计算机所附带的软件,未单独计价的,应并入计算机硬件作为固定资产管理;单独计价的,作为无形资产管理。

四、长期待摊费用的税务处理

长期待摊费用,是指企业发生的应在一个纳税年度以上或几个年度进行摊销的费用。在计算应纳税所得额时,企业发生的下列支出作为长期待摊费用,按照规定摊销的,准予扣除。

(一) 已提足折旧继续使用的固定资产的改建支出

固定资产的改建支出,是指改变房屋或者建筑物结构、延长使用年限等发生的支出。如已提足折旧,则按照固定资产预计可使用年限分期摊销。

(二) 租入固定资产的改建支出

租入固定资产的改建支出,按照合同约定的租赁期限分期摊销。

(三) 固定资产的大修理支出

固定资产的大修理支出,按照固定资产预计可使用年限分期摊销。大修理支出是指同时符合下列条件的支出:

(1) 修理支出达到取得固定资产时的计税基础的50%以上。

(2) 修理后固定资产的使用年限延长2年以上。

(四) 其他应当作为长期待摊费用的支出

其他应当作为长期待摊费用的支出,自支出发生月份的次月起,分期摊销,摊销年限不得低于3年。

企业的固定资产修理支出可在发生当期直接扣除。企业的固定资产改良支出,如果尚未提足折旧,则可增加固定资产价值;如已提足折旧,则可作为长期待摊费用,在规定的期间内平均摊销。

五、存货的税务处理

存货,是指企业持有以备出售的产品或者商品、处在生产过程中的在产品、在生产或者提供劳务过程中耗用的材料和物料等。

(一)存货成本的确定

存货按照以下方法确定成本:

(1)通过支付现金方式取得的存货,以购买价款和支付的相关税费为成本。

(2)通过支付现金以外的方式取得的存货,以该存货的公允价值和支付的相关税费为成本。

(3)生产性生物资产收获的农产品,以产出或者采收过程中发生的材料费、人工费和分摊的间接费用等必要支出为成本。

(二)存货成本的计算方法

存货成本的计算方法具体如下:

(1)企业使用或者销售的存货的成本计算方法,可以在先进先出法、加权平均法、个别计价法中选用一种。计价方法一经选用,不得随意变更。

(2)企业转让以上资产,在计算应纳税所得额时,资产的净值允许扣除。所称资产的净值和财产净值,是指有关资产、财产的计税基础减除已经按照规定扣除的折旧、折耗、摊销、准备金等后的余额。

除国务院财政、税务部门另有规定外,企业在重组过程中,应当在交易发生时确认有关资产的转让所得或者损失,相关资产应当按照交易价格重新确定计税基础。

六、投资资产的税务处理

投资资产,是指企业对外进行权益性投资和债权性投资形成的资产。

(一)投资资产成本的确定

投资资产按照以下方法确定成本:

(1)通过支付现金方式取得的投资资产,以购买价款为成本。

(2)通过支付现金以外的方式取得的投资资产,以该资产的公允价值和支付的相关税费为成本。

（二）投资资产成本的扣除方法

企业对外投资期间，投资资产的成本在计算应纳税所得额时不得扣除，企业在转让或者处置投资资产时，投资资产的成本准予扣除。

（三）企业撤回或减少投资的税务处理

企业从被投资企业撤回或减少投资，其取得的资产中，相当于初始出资的部分，应确认为投资收回；相当于被投资企业累计未分配利润和累计盈余公积按减少实收资本比例计算的部分，应确认为股息所得；其余部分应确认为投资资产转让所得。

被投资企业发生的经营亏损，由被投资企业自行弥补；投资企业不得调整减低其投资成本，也不得将其确认为投资损失。

（四）股权投资所得的税务处理

（1）投资方企业适用的所得税税率高于被投资企业适用的所得税税率，除国家税收法规规定的定期减税、免税优惠以外（此项视同已按被投资企业适用税率交过了，另外，地区性税率差要补税），其取得的投资所得应按规定还原为税前收益后并入投资企业的应纳税所得额，依法补缴企业所得税（地区性税率差要补税）。

（2）非货币性分配，属分配利润，构成应纳税所得额。被投资企业向投资方分配非货币性资产，应视为以公允价值销售有关非货币性资产和分配利润两项经济业务，并按规定计算财产转让所得或损失。例如，分配的非货币性资产成本为8 000元，公允价值为10 000元，则差额2 000元应缴所得税。

（3）被投资企业会计账务上实际做利润分配处理（包括以盈余公积和未分配利润转增资本）时，投资方企业应确认投资所得的实现（即投资方此项纳税义务发生时间为被投资方做账时）。

（4）企业分得的非货币性资产（除股票外）按照公允价值确定投资收益，取得的股票按照票面价值确定投资所得。

（五）以部分非货币性资产投资的税务处理

企业以部分非货币性资产投资，应在投资交易发生时，将其分解为两项经济业务进行所得税处理，并按规定计算资产转让所得或损失：

（1）按公允价值销售有关非货币性资产。

（2）投资。

上述资产转让所得税税额巨大、一次缴纳有困难的,经批准可在5年内平均摊转。

（六）整体资产转让的税务处理

整体资产转让的接受方支付的交换额中,除接受企业股权以外的现金、有价证券、其他资产（非股权支付额）,不高于所支付股权的票面价值20%的,经税务机关确认,转让企业可暂不计算确认资产转让所得或损失。

（七）整体资产置换的税务处理

整体资产置换交易中,作为资产置换交易补价（差额）的货币性资产占换入总资产公允价值不高于25%的,经税务机关确认,置换双方均不确认资产转让的所得或损失。

七、税法与会计制度规定差异的处理

税法与会计制度规定差异的处理,是指企业在财务会计核算中与税法规定不一致的,应当按照税法规定予以调整,即企业平时可以按照会计制度的规定进行账务处理,但在申报纳税时,对税法规定与会计制度规定有差异的,要按税法规定进行纳税调整。具体如下:

（1）企业不能提供完整、准确的收入、成本及费用凭证,不能正确计算应纳税所得额的,由税务机关核定其应纳税所得额。

（2）企业依法清算时,以其清算终了后的清算所得为应纳税所得额,按规定缴纳企业所得税。所谓清算所得,是指企业的全部资产可变现价值或者交易价格减除资产净值、清算费用以及相关税费后的余额。投资方企业从被清算企业分得的剩余资产,其中相当于被清算企业累计未分配利润和累计盈余公积中应当分得的部分,应确认为股息所得;剩余资产减除上述股息所得后的余额,超过或者低于投资成本的部分,应当确认为投资资产转让所得或者损失。

第五节　资产损失税前扣除的所得税处理

资产,是指企业拥有或者控制的、用于经营管理活动且与取得应税收入有关的

资产,包括现金、银行存款、应收及预付款项(包括应收票据)等货币资产,存货、固定资产、在建工程、生产性生物资产等非货币资产,以及债权性投资和股权(权益)性投资。

一、资产损失的定义

资产损失,是指企业在生产经营活动中实际发生的、与取得应税收入有关的资产损失,包括现金损失,存款损失,坏账损失,贷款损失,股权投资损失,固定资产和存货的盘亏、毁损、报废、被盗损失,自然灾害等不可抗力因素造成的损失以及其他损失。

二、资产损失扣除政策

根据《财政部 国家税务总局关于企业资产损失税前扣除政策的通知》(财税〔2009〕57号)的规定,企业资产损失在计算企业所得税应纳税所得额时的扣除政策如下:

(1)企业清查出的现金短缺减除责任人赔偿后的余额,作为现金损失在计算应纳税所得额时扣除。

(2)企业将货币性资金存入法定具有吸收存款职能的机构,因该机构依法破产、清算,或者政府责令停业、关闭等原因,确实不能收回的部分,作为存款损失在计算应纳税所得额时扣除。

(3)企业除贷款类债权外的应收、预付账款符合下列条件之一的,减除可收回金额后确认的无法收回的应收、预付款项,可以作为坏账损失在计算应纳税所得额时扣除:①债务人依法宣告破产、关闭、解散、被撤销,或者被依法注销、吊销营业执照,其清算财产不足清偿的;②债务人死亡,或者依法被宣告失踪、死亡,其财产或者遗产不足清偿的;③债务人逾期3年以上未清偿,且有确凿证据证明已无力清偿债务的;④与债务人达成债务重组协议或法院批准破产重整计划后,无法追偿的;⑤因自然灾害、战争等不可抗力导致无法收回的;⑥国务院财政、税务主管部门规定的其他条件。

(4)企业经采取所有可能的措施和实施必要的程序之后,符合下列条件之一的贷款类债权,可以作为贷款损失在计算应纳税所得额时扣除:①借款人和担保人依法宣告破产、关闭、解散、被撤销,并终止法人资格,或者已完全停止经营活动,被依法注销、吊销营业执照,对借款人和担保人进行追偿后,未能收回的债权;②借款人死亡,或者依法被宣告失踪、死亡,依法对其财产或者遗产进行清偿,并对担保人进行追偿后,未能收回的债权;③借款人遭受重大自然灾害或者意外事故,损失巨大且不能获得保险补偿,或者以保险赔偿后,确实无力偿还部分或者全部债务,对借款人财产进行清偿和对担保人进行追偿后,未能收回的债权;④借款人触犯刑律,依法受到制裁,其财产不足归还所借债务,又无其他债务承担者,经追偿后确实无法收回的债权;⑤由于借款人和担保人不能偿还到期债务,企业诉诸法律,经法院对借款人和担保人强制执行,借款人和担保人均无财产可执行,法院裁定执行程序终结或终止(中止)后,仍无法收回的债权;⑥由于借款人和担保人不能偿还到期债务,企业诉诸法律后,经法院调解或经债权人会议通过,与借款人和担保人达成和解协议或重整协议,在借款人和担保人履行完还款义务后,无法追偿的剩余债权;⑦由于上述①至⑥项原因借款人不能偿还到期债务,企业依法取得抵债资产,抵债金额小于贷款本息的差额,经追偿后仍无法收回的债权;⑧开立信用证、办理承兑汇票、开具保函等发生垫款时,凡开证申请人和保证人由于上述①至⑦项原因,无法偿还垫款,金融企业经追偿后仍无法收回的垫款;⑨银行卡持卡人和担保人由于上述①至⑦项原因,未能还清透支款项,金融企业经追偿后仍无法收回的透支款项;⑩助学贷款逾期后,在金融企业确定的有效追索期限内,依法处置助学贷款抵押物(质押物),并向担保人追索连带责任后,仍无法收回的贷款;⑪经国务院专案批准核销的贷款类债权;⑫国务院财政、税务主管部门规定的其他条件。

(5)企业的股权投资符合下列条件之一的,减除可收回金额后确认的无法收回的股权投资,可以作为股权投资损失在计算应纳税所得额时扣除:①被投资方依法宣告破产、关闭、解散、被撤销,或者被依法注销、吊销营业执照的;②被投资方财务状况严重恶化,累计发生巨额亏损,已连续停止经营3年以上,且无重新恢复经营改组计划的;③对被投资方不具有控制权,投资期限届满或者投资期限已超过10年,且被投资单位因连续3年经营亏损导致资不抵债的;④被投资方财务状况严重恶化,累计发生巨额亏损,已完成清算或清算期超过3年的;⑤国务院财政、税务主管部门规定的其他条件。

(6)对企业盘亏的固定资产或存货,以该固定资产的账面净值或存货的成本减除责任人赔偿后的余额,作为固定资产或存货盘亏损失在计算应纳税所得额时扣除。

（7）对企业毁损、报废的固定资产或存货,以该固定资产的账面净值或存货的成本减除残值、保险赔款和责任人赔偿后的余额,作为固定资产或存货毁损、报废损失在计算应纳税所得额时扣除。

（8）对企业被盗的固定资产或存货,以该固定资产的账面净值或存货的成本减除保险赔款和责任人赔偿后的余额,作为固定资产或存货被盗损失在计算应纳税所得额时扣除。

（9）企业因存货盘亏、毁损、报废、被盗等原因不得从增值税销项税额中抵扣的进项税额,可以与存货损失一起在计算应纳税所得额时扣除。

（10）企业在计算应纳税所得额时已经扣除的资产损失,在以后纳税年度全部或者部分收回时,其收回部分应当作为收入计入收回当期的应纳税所得额。

（11）企业境内、境外营业机构发生的资产损失应分开核算,对境外营业机构由于发生资产损失而产生的亏损,不得在计算境内应纳税所得额时扣除。

（12）企业对其扣除的各项资产损失,应当提供能够证明资产损失确属已实际发生的合法证据,包括具有法律效力的外部证据、具有法定资质的中介机构的经济鉴证证明、具有法定资质的专业机构的技术鉴定证明等。

三、资产损失税前扣除管理

根据国家税务总局于 2011 年 3 月 31 日发布的《企业资产损失所得税税前扣除管理办法》,自 2011 年 1 月 1 日起,企业发生的资产损失,应在按税收规定实际确认或者实际发生的当年申报扣除,不得提前或延后扣除。因各类原因导致资产损失未能在发生当年准确计算并按期扣除的,经税务机关批准后,可追补确认在损失发生的年度税前扣除,并相应调整该资产损失发生年度的应纳税所得额。调整后计算的多缴税额,应按照有关规定予以退税,或者抵顶企业当期应纳税款。

（一）资产损失税前扣除的审批

企业实际发生的资产损失按税务管理方式可分为自行计算扣除的资产损失和需经税务机关审批后才能扣除的资产损失。

下列资产损失,属于由企业自行计算扣除的资产损失:①企业在正常经营管理活动中因销售、转让、变卖固定资产、生产性生物资产、存货发生的资产损失;②企业各项存货发生的正常损耗;③企业固定资产达到或超过使用年限而正常报废清理的损失;④企业生产性生物资产达到或超过使用年限而正常死亡发生的资产损失;⑤企业按照有关规定通过证券交易场所、银行间市场买卖债券、股票、基金以及金融衍生产品等发生的损失;⑥其他经国家税务总局确认不需经税务机关审批的其他资产损失。

上述以外的资产损失,属于需经税务机关审批后才能扣除的资产损失。

(1) 企业发生的资产损失,凡无法准确辨别是否属于自行计算扣除的资产损失,可向税务机关提出审批申请。税务机关对企业资产损失税前扣除的审批是对纳税人按规定提供的申报材料与法定条件进行符合性审查。

(2) 企业资产损失税前扣除不实行层层审批,企业可直接向有权审批税务机关申请。税务机关审批权限如下:①企业因国务院决定事项所形成的资产损失,由国家税务总局规定资产损失的具体审批事项后,报省级税务机关负责审批;②其他资产损失按属地审批的原则,由企业所在地管辖的省级税务机关根据损失金额大小、证据涉及地区等因素,适当划分审批权限;③企业捆绑资产所发生的损失,由企业总机构所在地税务机关审批。

(3) 负责审批的税务机关应对企业资产损失税前扣除审批申请即报即批。做出审批决定的时限为:①由省级税务机关负责审批的,自受理之日起30个工作日内;②由省级以下税务机关负责审批的,其审批时限由省级税务机关确定,但审批时限最长不得超过省级税务机关负责审批的时限。因情况复杂需要核实,在规定期限内不能做出审批决定的,经本级税务机关负责人批准,可以适当延长期限,但延长期限不得超过30天。同时,应将延长期限的理由告知申请人。

(4) 税务机关受理企业当年的资产损失审批申请的截止日为本年度终了后第45日。企业因特殊原因不能按时申请审批的,经负责审批的税务机关同意后可适当延期申请。

(5) 企业资产损失税前扣除,在企业自行计算扣除或者按照审批权限由有关税务机关按照规定进行审批扣除后,应由企业主管税务机关进行实地核查确认追踪管理。各级税务机关应将资产损失审批纳入岗位责任制考核体系,根据《企业资产损失所得税税前扣除管理办法》的要求,规范程序,明确责任,建立健全监督制约机制和责任追究制度。

(二) 现金等货币资产损失的认定

企业货币资产损失包括现金损失、银行存款损失和应收(预付)账款损失等。

(1) 企业清查出的现金短缺扣除责任人赔偿后的余额,确认为现金损失。现金损失应依据以下证据材料确认:①现金保管人确认的现金盘点表(包括倒推至基准日的记录);②现金保管人对于短缺的说明及相关核准文件;③对责任人由于管理责任造成损失的责任认定及赔偿情况的说明;④涉及刑事犯罪的,应有司法机关出具的相关材料;⑤金融机构出具的假币收缴证明。

(2) 企业因金融机构清算而发生的存款类资产损失应依据以下证据材料确认:①企业存款类资产的原始凭据;②金融机构破产、清算的法律文件;③金融机构清算后剩余资产分配情况资料。金融机构应清算而未清算超过三年的,企业可将该款项确认为资产损失,但应有法院或破产清算管理人出具的未完成清算证明。

(3) 企业应收及预付款项坏账损失应依据以下相关证据材料确认:①相关事项合同、协议或说明;②属于债务人破产清算的,应有人民法院的破产、清算公告;③属于诉讼案件的,应出具人民法院的判决书或裁决书或仲裁机构的仲裁书,或者被法院裁定终(中)止执行的法律文书;④属于债务人停止营业的,应有工商部门注销、吊销营业执照证明;⑤属于债务人死亡、失踪的,应有公安机关等有关部门对债务人个人的死亡、失踪证明;⑥属于债务重组的,应有债务重组协议及其债务人重组收益纳税情况说明;⑦属于自然灾害、战争等不可抗力而无法收回的,应有债务人受灾情况说明以及放弃债权申明。企业逾期三年以上的应收款项在会计上已作为损失处理的,可以作为坏账损失,但应说明情况,并出具专项报告。企业逾期一年以上,单笔数额不超过五万或者不超过企业年度收入总额万分之一的应收款项,会计上已经作为损失处理的,可以作为坏账损失,但应说明情况,并出具专项报告。

(三) 非货币资产损失的确认

企业非货币资产损失包括存货损失、固定资产损失、无形资产损失、在建工程损失、生产性生物资产损失等。

(1) 存货盘亏损失,为其盘亏金额扣除责任人赔偿后的余额,应依据以下证据材料确认:①存货计税成本确定依据;②企业内部有关责任认定、责任人赔偿说明和内部核批文件;③存货盘点表;④存货保管人对于盘亏的情况说明。

（2）存货报废、毁损或变质损失,为其计税成本扣除残值及责任人赔偿后的余额,应依据以下证据材料确认:①存货计税成本的确定依据;②企业内部关于存货报废、毁损、变质、残值情况说明及核销资料;③涉及责任人赔偿的,应当有赔偿情况说明;④该项损失数额较大的(指占企业该类资产计税成本10%以上,或减少当年应纳税所得、增加亏损10%以上,下同),应有专业技术鉴定意见或法定资质中介机构出具的专项报告等。

（3）存货被盗损失,为其计税成本扣除保险理赔以及责任人赔偿后的余额,应依据以下证据材料确认:①存货计税成本的确定依据;②向公安机关的报案记录;③涉及责任人和保险公司赔偿的,应有赔偿情况说明等。

（4）固定资产盘亏、丢失损失,为其账面净值扣除责任人赔偿后的余额,应依据以下证据材料确认:①企业内部有关责任认定和核销资料;②固定资产盘点表;③固定资产的计税基础相关资料;④固定资产盘亏、丢失情况说明;⑤损失金额较大的,应有专业技术鉴定报告或法定资质中介机构出具的专项报告等。

（5）固定资产报废、毁损损失,为其账面净值扣除残值和责任人赔偿后的余额,应依据以下证据材料确认:①固定资产的计税基础相关资料;②企业内部有关责任认定和核销资料;③企业内部有关部门出具的鉴定材料;④涉及责任赔偿的,应当有赔偿情况的说明;⑤损失金额较大的或自然灾害等不可抗力原因造成固定资产毁损、报废的,应有专业技术鉴定意见或法定资质中介机构出具的专项报告等。

（6）固定资产被盗损失,为其账面净值扣除责任人赔偿后的余额,应依据以下证据材料确认:①固定资产计税基础相关资料;②公安机关的报案记录,公安机关立案、破案和结案的证明材料;③涉及责任赔偿的,应有赔偿责任的认定及赔偿情况的说明等。

（7）在建工程停建、报废损失,为其工程项目投资账面价值扣除残值后的余额,应依据以下证据材料确认:①工程项目投资账面价值确定依据;②工程项目停建原因说明及相关材料;③因质量原因停建、报废的工程项目和因自然灾害和意外事故停建、报废的工程项目,应出具专业技术鉴定意见和责任认定、赔偿情况的说明等。

（8）工程物资发生损失，可比照本办法存货损失的规定确认。

（9）生产性生物资产盘亏损失，为其账面净值扣除责任人赔偿后的余额，应依据以下证据材料确认：①生产性生物资产盘点表；②生产性生物资产盘亏情况说明；③生产性生物资产损失金额较大的，企业应有专业技术鉴定意见和责任认定、赔偿情况的说明等。

（10）因森林病虫害、疫情、死亡而产生的生产性生物资产损失，为其账面净值扣除残值、保险赔偿和责任人赔偿后的余额，应依据以下证据材料确认：①损失情况说明；②责任认定及其赔偿情况的说明；③损失金额较大的，应有专业技术鉴定意见。

（11）对被盗伐、被盗、丢失而产生的生产性生物资产损失，为其账面净值扣除保险赔偿以及责任人赔偿后的余额，应依据以下证据材料确认：①生产性生物资产被盗后，向公安机关的报案记录或公安机关立案、破案和结案的证明材料；②责任认定及其赔偿情况的说明。

（12）企业由于未能按期赎回抵押资产，使抵押资产被拍卖或变卖，其账面净值大于变卖价值的差额，可认定为资产损失，按以下证据材料确认：①抵押合同或协议书；②拍卖或变卖证明、清单；③会计核算资料等其他相关证据材料。

（13）被其他新技术所代替或已经超过法律保护期限，已经丧失使用价值和转让价值，尚未摊销的无形资产损失，应提交以下证据备案：①会计核算资料；②企业内部核批文件及有关情况说明；③技术鉴定意见和企业法定代表人、主要负责人和财务负责人签章证实无形资产已无使用价值或转让价值的书面申明；④无形资产的法律保护期限文件。

（四）投资损失的确认

企业投资损失包括债权性投资损失和股权（权益）性投资损失。

（1）企业债权投资损失应依据投资的原始凭证、合同或协议、会计核算资料等相关证据材料确认。下列情况债权投资损失的，还应出具相关证据材料：①债务人或担保人依法被宣告破产、关闭、被解散或撤销、被吊销营业执照、失踪或者死亡等，应出具资产清偿证明或者遗产清偿证明。无法出具资产清偿证明或者遗产清偿证明，且上述事项超过三年的，或债权投资（包括信用卡透支和助学贷款）余额在三百万元以下的，应出具对应的债务人和担保人破产、关闭、解散证明、撤销文件、工商行政管理部门注销证明或查询证明以及追索记录等（包括司法追索、电话追索、信件追索和上门追索等原始记录）。②债务人遭受重大自然灾害或意外事故，企业对其资产进行清偿和对担保人进行追偿后，未能收回的债权，应出具债务人遭受重大自然灾害或意外事故证明、保险赔偿证明、资产清偿证明等。③债务人因承担法律责任，其资产不足归还所借债务，又无其他债务承担者的，应出具法院裁定证明和资产清偿证明。④债务人和担保人不能偿还到期债务，企业提出诉讼或仲裁的，经人民法院对债务人和担保人强制执行，债务人和担保人均无资产可执行，人民法院裁定终结或终止（中止）执行的，应出具人民法院裁定文书。⑤债务人和担保人不能偿还到期债务，企业提出诉讼后被驳回起诉的、人民法院不予受理或不予支持的，或经仲裁机构裁决免除（或部分免除）债务人责任，经追偿后无法收回的债权，应提交法院驳回起诉的证明，或法院不予受理或不予支持的证明，或仲裁机构裁决免除债务人责任的文书。⑥经国务院专案批准核销的债权，应提供国务院批准文件或经国务院同意后由国务院有关部门批准的文件。

（2）企业股权投资损失应依据以下相关证据材料确认：①股权投资计税基础证明材料；②被投资企业破产公告、破产清偿文件；③工商行政管理部门注销、吊销被投资单位营业执照文件；④政府有关部门对被投资单位的行政处理决定文件；⑤被投资企业终止经营、停止交易的法律或其他证明文件；⑥被投资企业资产处置方案、成交及入账材料；⑦企业法定代表人、主要负责人和财务负责人签章证实有关投资（权益）性损失的书面申明；⑧会计核算资料等其他相关证据材料。

（3）被投资企业依法宣告破产、关闭、解散或撤销、吊销营业执照、停止生产经营活动、失踪等，应出具资产清偿证明或者遗产清偿证明。

上述事项超过三年且未能完成清算的，应出具被投资企业破产、关闭、解散或撤销、吊销等的证明以及不能清算的原因说明。

（4）企业委托金融机构向其他单位贷款，或委托其他经营机构进行理财，到期不能收回贷款或理财款项，按照本办法第六章有关规定进行处理。

（5）企业对外提供与本企业生产经营活动有关的担保，因被担保人不能按期偿还债务而承担连带责任，经追索，被担保人无偿还能力，对无法追回的金额，比照本办法规定的应收款项损失进行处理。与本企业生产经营活动有关的担保是指企业对外提供的与本企业应税收入、投资、融资、材料采购、产品销售等生产经营活动相关的担保。

（6）企业按独立交易原则向关联企业转让资产而发生的损失，或向关联企业提供借款、担保而形成的债权损失，准予扣除，但企业应作专项说明，同时出具中介机构出具的专项报告及其相关的证明材料。

（7）下列股权和债权不得作为损失在税前扣除：①债务人或者担保人有经济偿还能力，未按期偿还的企业债权；②违反法律、法规的规定，以各种形式、借口逃废或悬空的企业债权；③行政干预逃废或悬空的企业债权；④企业未向债务人和担保人追偿的债权；⑤企业发生非经营活动的债权；⑥其他不应当核销的企业债权和股权。

（五）其他资产损失的确认

（1）企业将不同类别的资产捆绑（打包），以拍卖、询价、竞争性谈判、招标等市场方式出售，其出售价格低于计税成本的差额，可以作为资产损失并准予在税前申报扣除，但应出具资产处置方案、各类资产作价依据、出售过程的情况说明、出售合同或协议、成交及入账证明、资产计税基础等确定依据。

（2）企业正常经营业务因内部控制制度不健全而出现操作不当、不规范或因业务创新但政策不明确、不配套等原因形成的资产损失，应由企业承担的金额，可以作为资产损失并准予在税前申报扣除，但应出具损失原因证明材料或业务监管部门定性证明、损失专项说明。

（3）企业因刑事案件原因形成的损失，应由企业承担的金额，或经公安机关立案侦查两年以上仍未追回的金额，可以作为资产损失并准予在税前申报扣除，但应出具公安机关、人民检察院的立案侦查情况或人民法院的判决书等损失原因证明材料。

（六）责任追究

（1）税务机关应按《企业资产损失所得税税前扣除管理办法》规定的时间和程序，本着公正、透明、廉洁、高效和方便纳税人的原则，及时受理和审批纳税人申报的资产损失审批事项。非因客观原因未能及时受理或审批的，或者未按规定程序进行审批和核实造成审批错误的，应按《税收征收管理法》和税收执法责任制的有关规定追究责任。上一级税务机关应对下一级税务机关每一纳税年度审批的资产损失事项进行抽查监督。

（2）税务机关对企业申请税前扣除的资产损失的审批不改变企业的依法申报责任，企业采用伪造、变造有关资料证明等手段多列多报资产损失，或《企业资产损失所得税税前扣除管理办法》规定需要审批而未审批直接税前扣除资产损失造成少缴税款的，税务机关根据《税收征收管理法》的有关规定进行处理。因税务机关责任审批或核实错误，造成企业未缴或少缴税款的，按《税收征收管理法》第五十二条规定执行。

（3）税务机关对企业自行申报扣除和经审批扣除的资产损失进行纳税检查时，根据实质重于形式原则对有关证据的真实性、合法性和合理性进行审查，对有确凿证据证明由于不真实、不合法或不合理的证据或估计而造成的税前扣除，应依法进行纳税调整，并区分情况分清责任，按规定对纳税人和有关责任人依法进行处罚。有关技术鉴定部门或中介机构为纳税人提供虚假证明而税前扣除资产损失，导致未缴、少缴税款的，按《税收征收管理法》及其实施细则的规定处理。

第六节　企业重组业务的所得税处理

一、企业重组的定义

企业重组，是指企业在日常经营活动以外发生的法律形式或经济结构重大改变的交易，包括法律形式改变、债务重组、股权收购、资产收购、合并、分立等各类重组。

企业法律形式改变，是指企业注册名称、住所以及企业组织形式等的改变。

债务重组，是指在债务人发生财务困难的情况下，债权人按照其与债务人达成的书面协议或法院裁决，就其债务人的债务做出让步的事项。

股权收购，是指一家企业购买另一家企业的股权，以实现对被收购企业控制的交易。受让企业支付对价的形式包括股权支付、非股权支付或两者的组合。

资产收购，是指一家企业购买另一家企业的实质经营性资产的交易。受让企业支付对价的形式包括股权支付、非股权支付或两者的组合。

合并，是指一家或多家企业将其全部资产和负债转让给另一家企业。被合并企业股东换取合并企业的股权或非股权支付，实现两个或两个以上企业的依法合并。

分立，是指一家企业将其部分或全部资产分离转让给另一家企业。被分立企业股东换取分立企业的股权或非股权支付,实现企业的依法分立。

股权支付,是指企业重组中购买、换取资产的一方支付的对价中,以本企业或其控股企业的股权、股份为支付的形式。

非股权支付,是指以本企业的现金、银行存款、应收账款、本企业或其控股企业的股权和股份以外的有价证券、存货、固定资产、其他资产以及承担债务为支付的形式。

二、企业重组的一般性税务处理

（一）企业由法人转变为非法人的处理

企业由法人转变为个人独资企业、合伙企业等非法人组织,或将登记注册地转移至中华人民共和国境外(包括港澳台地区),应视同企业进行清算、分配及股东重新投资成立新企业。企业的全部资产以及股东投资的计税基础均以公允价值为基础确定。

（二）企业债务重组的处理

企业债务重组,应按以下规定处理：

（1）以非货币性资产清偿债务的,应当分解为转让相关非货币性资产、按非货币性资产公允价值清偿债务两项业务,确认相关资产的所得或损失。

（2）债权转股权的,应当分解为债务清偿和股权投资两项业务,确认相关债务清偿所得或损失。

（3）债务人应当按照支付的债务清偿额低于债务计税基础的差额,确认债务重组所得；债权人应当按照收到的债务清偿额低于债权计税基础的差额,确认债务重组损失。

（4）被收购企业的相关所得税事项原则上保持不变。

（三）企业股权收购、资产收购的处理

企业股权收购、资产收购,应按以下规定处理：

（1）被收购企业应确认股权、资产转让所得或损失。

（2）收购企业取得股权或资产的计税基础应以公允价值为基础确定。

（3）被收购企业的相关所得税事项原则上保持不变。

（四）企业合并的处理

企业合并,当事各方应按以下规定处理：

(1) 合并企业应按公允价值确定接受被合并企业各项资产和负债的计税基础。

(2) 被合并企业及其股东都应按清算进行所得税处理。

(3) 被合并企业的亏损不得在合并企业结转弥补。

（五）企业分立的处理

企业分立，当事各方应按以下规定处理：

(1) 被分立企业对分立出去的资产应按公允价值确认资产转让所得或损失。

(2) 分立企业应按公允价值确认接受资产的计税基础。

(3) 被分立企业继续存在时，其股东取得的对价应视同被分立企业分配进行处理。

(4) 被分立企业不再继续存在时，被分立企业及其股东都应按清算进行所得税处理。

(5) 企业分立，相关企业的亏损不得相互结转弥补。

三、企业重组的特殊性税务处理

企业重组业务，符合规定条件并选择特殊性税务处理的，应按照规定进行备案；如果企业重组各方需要税务机关确认，则可以选择由重组主导方向主管税务机关提出申请，报省税务机关给予确认。

采取申请确认的，主导方和其他当事方不在同一省（自治区、市）的，主导方省税务机关应将确认文件抄送其他当事方所在地省税务机关。省税务机关在收到确认申请时，原则上应在当年度企业所得税汇算清缴前完成确认。特殊情况，需要延长的，应将延长理由告知主导方。

（一）适用特殊性税务处理的条件

企业重组的同时符合下列条件，适用特殊性税务处理：

(1) 具有合理的商业目的，且不以减少、免除或者推迟纳税为主要目的。

(2) 被收购、合并或分立部分资产或股权的比例符合规定。

(3) 企业重组后的连续12个月内不改变重组资产原来的实质性经营活动。

(4) 重组交易对价中涉及股权支付金额的比例符合规定。

(5) 企业重组中取得股权支付的原主要股东，在重组后连续12个月内不得转让所取得的股权。

(二)企业重组主导方的确定

企业重组主导方,按以下原则确定:

(1)债务重组为债务人。

(2)股权收购为股权转让方。

(3)资产收购为资产转让方。

(4)吸收合并为合并后拟存续的企业,新设合并为合并前资产较大的企业。

(5)分立为被分立的企业或存续企业。

(三)企业重组的特殊性税务处理

企业重组符合上述特殊性税务处理条件的,交易各方对其交易中的股权支付部分,可以按以下规定进行特殊性税务处理:

(1)企业债务重组确认的应纳税所得额占该企业当年应纳税所得额50%以上的,债务重组所得要求在5个纳税年度的期间内,均匀计入各年度应纳税所得额。

(2)股权收购,收购企业购买的股权不低于被收购企业全部股权的75%,且收购企业在该股权收购发生时的股权支付金额不低于其交易支付总额的85%,可以选择按以下规定处理:①被收购企业的股东取得收购企业股权的计税基础,以被收购股权的原有计税基础确定。②收购企业的股东取得被收购企业股权的计税基础,以被收购股权的原有计税基础确定。③收购企业、被收购企业的原有各项资产和负债的计税基础及其他相关所得税事项保持不变。

(3)资产收购,受让企业收购的资产不低于转让企业全部资产的75%,且受让企业在该资产收购发生时的股权支付金额不低于其交易支付总额的85%,可以选择按以下规定处理:①转让企业取得受让企业股权的计税基础,以被转让资产的原有计税基础确定。②受让企业取得转让企业资产的计税基础,以被转让资产的原有计税基础确定。

(4)企业合并,企业股东在该企业合并发生时取得的股权支付金额不低于其交易支付总额的85%以及同一控制下且不需要支付对价的企业合并,可以选择按以下规定处理:①合并企业接受被合并企业资产和负债的计税基础,以被合并企业的原有计税基础确定。②被合并企业合并前的相关所得税事项由合并企业承继。③可由合并企业弥补的被合并企业亏损的限额=被合并企业净资产公允价值×截至合并业务发生当年年末国家发行的最长期限的国债利率。④被合并企业股东取得合并企业股权的计税基础,以其原持有的被合并企业股权的计税基础确定。

(5)企业分立,被分立企业所有股东按原持股比例取得分立企业的股权,分立企业和被分立企业均不改变原来的实质性经营活动,且被分立企业股东在该企业分立发生时取得的股权支付金额不低于其交易支付总额的85%,可以选择按以下规定处理:①分立企业接受被分立企业资产和负债的计税基础,以被分立企业的原有计税基础确定。②被分立企业已分立出去的资产相关所得税事项由分立企业承继。③被分立企业未超过法定弥补期限的亏损额可按分立资产占全部资产的比例进行分配,由分立企业继续弥补。

第七节 应纳税额的计算

一、核算征收应纳税额的计算

应纳税额是企业依照税法规定应向国家缴纳的税款。具体计算公式为:

$$应纳税额 = 应纳税所得额 \times 税率$$

应纳税所得额是所得税税额计算的关键,是企业所得税的计税依据。税法规定,企业每一纳税年度的收入总额,减除成本、费用、税金以及损失后的余额,为应纳税所得额。由于计算应纳税所得额是以企业每一纳税年度的收入总额为计算依据的,而各项收入又有其跨年度实现的客观情况,因此,为了准确确定在一个纳税年度内实现的收入额,税法规定企业应纳税所得额的计算,以权责发生制为原则。它包括来源于中国境内、境外的全部生产经营所得和其他所得,其计算方法如下:

1. 第一种方法

$$应纳税所得额 = 收入总额 - 不征税收入 - 免税收入 - 各项扣除金额 - 允许弥补的以前年度亏损金额$$

应纳税所得额与企业会计利润不同,它是以会计利润为基础,经过纳税调整确定的,因此应纳税所得额在实务操作中就有第二种方法。

2. 第二种方法

$$应纳税所得额 = 会计利润 + 纳税调整增加额 - 纳税调整减少额$$

(1)公式中"纳税调整增加额"的解释:

① 会计利润计算中已扣除,但超过税法规定扣除标准的金额;

② 会计利润计算中已扣除,但税法规定不得扣除的项目金额;

③ 未记或少记的应税收益。

(2)公式中"纳税调整减少额"的解释:

① 弥补以前年度(5年内)未弥补亏损额;

② 境外企业或境内联营企业分回利润;

③ 减税或免税利润。

【例8-1】 假定某企业为居民企业,2019年度经营业务如下:

(1)取得销售收入2 600万元。

(2)支付销售成本1 100万元。

(3)发生销售费用670万元(其中广告费450万元),管理费用480万元(其中业务招待费15万元),财务费用60万元。

(4)支付销售税金160万元(含增值税120万元)。

(5)取得营业外收入70万元,发生营业外支出50万元(含通过公益性社会团体向贫困地区捐款30万元,支付税收滞纳金6万元)。

(6)计入成本、费用的实发工资总额150万元,拨缴职工工会经费3万元,支出职工福利费和职工教育经费29万元。

要求:计算该企业2019年度应缴纳的企业所得税税额。

解:

(1)年度利润总额 = 2 600+70-1 100-670-480-60-40-50 = 270(万元)

(2)广告费、业务宣传费调增 = 450-2 600×15% = 60(万元)

(3)业务招待费调增 = 15-15×60% = 15-9 = 6(万元)

业务招待费限额 = 2 600×5‰ = 13(万元)(13万元>9万元)

(4)公益性捐赠支出扣除限额 = 270×12% = 32.4(万元)(32.4万元>30万元),不调增。

(5)工资三项经费调增 = 3+29-150×18.5% = 4.25(万元)

(6)年度应纳税所得额 = 270+60+6+6+4.25 = 346.25(万元)

(7)年度应纳所得税额 = 346.25×25% = 86.56(万元)

二、核定征收应纳税额的计算

（一）核定征收企业所得税的适用范围

纳税人具有下列情形之一的，应采取核定征收方式：

（1）依照税法规定可以不设置账簿或应设未设的。

（2）只能准确核算收入，但成本费用不能准确核算的。

（3）只能准确核算成本费用，但收入不能准确核算的。

（4）收入总额及成本费用支出均不能正确核算的。

（5）未按规定保存账簿、凭证及有关纳税资料的。

（6）未按规定期限申报，逾期仍不申报的。

（二）核定征收的办法

1. 定额征收

定额征收，是指税务机关按照一定的标准、程序和方法，直接核定纳税人年度应纳企业所得税税额，由纳税人按规定进行申报缴纳的办法。

税务机关采用下列方法核定征收企业所得税：

（1）参照当地同类行业或者类似行业中经营规模和收入水平相近的纳税人的税负水平核定。

（2）按照应税收入额或成本费用支出额定率核定。

（3）按照耗用的原材料、燃料、动力等推算或测算核定。

（4）按照其他合理方法核定。

采用一种方法不足以正确核定应纳税所得额或应纳税额的，可以同时采用两种以上的方法核定。采用两种以上方法测算的应纳税额不一致时，可按测算的应纳税额从高核定。

2. 定率征收

税务机关应根据纳税人具体情况，对核定征收企业所得税的纳税人，核定应税所得率。具有下列情形之一的，核定其应税所得率：

（1）能准确核算（查实）收入总额，但不能准确核算（查实）成本费用总额的。

（2）能准确核算（查实）成本费用总额，但不能准确核算（查实）收入总额的。

（3）通过合理方法，能计算和推定纳税人收入总额或成本费用总额的。

应纳税所得额的确定方法如下：

（1）收入可定，成本费用不能准确核算时的公式为：

$$应纳税所得额＝收入总额×应税所得率$$

（2）成本费用可定，收入无法准确核算时的公式为：

$$应纳税额＝成本费用支出额÷(1-应税所得率)×应税所得率$$

应纳税额的计算公式如下：

$$应纳税额＝应纳税所得额×适用税率$$

三、境外所得已纳税款的扣除

来源于境外的所得如果在所得来源国已缴纳所得税，为避免重复征税，平衡境外与境内投资所得的税负，维护税收管辖权，则在将其境外所得与境内所得汇总纳税时，需对境外已纳税款按税法规定予以扣除。

境外所得已纳税额的扣除有全额扣除和限额扣除两种方式，我国税法实行限额扣除。

（一）扣除方法

分国不分项限额扣除，即纳税人来源于境外的所得，在并入当年应纳税所得额计征所得税时，允许从汇总纳税的应纳税额中扣除纳税人已在境外缴纳的所得税税款，但扣除数额不得超过其境外所得依我国税法规定计算的所得税税额。

（二）扣除限额的计算

采用分国不分项的计算原则，其计算公式为：

$$境外所得税税款扣除限额＝境内、境外所得按税法计算的应纳税总额×$$
$$(来源于某外国的所得÷境内、境外所得总额)$$

公式中有几个需要注意的关键问题：

（1）"境内、境外所得按税法计算的应纳税总额"是按25%的法定税率计算的应纳税总额。

（2）"来源于某外国的所得"是来源于同一国家的不同应税所得之合计，而且是税前利润；如果是税后利润，则不能直接用上述公式计算，而需还原成税前利润，还原方法为：

$$境外应纳税所得额＝境外分回利润÷(1-某外国企业所得税税率)$$

(三) 扣除限额的应用

如果纳税人来源于境外的所得在境外实际缴纳的税款低于扣除限额，则可以从应纳税额中据实扣除；如果高于扣除限额，则其超过部分不得从本年度应纳税额中扣除，也不得列为本年度费用支出，但可以用以后年度税额扣除的余额补扣，补扣年限最长不能超过5年。

(四) 简易抵扣法（也称定率抵扣法）

以下两种情况下，经企业申请、主管税务机关核准，可以采取简易办法计算境外所得税抵免：

（1）企业从境外取得营业利润所得以及符合境外税额间接抵免条件的股息所得，虽有所得来源国（地区）政府机关核发的具有纳税性质的凭证或证明，但因客观原因无法真实、准确地确认应当缴纳并已经实际缴纳的境外所得税税额的，除就该所得直接缴纳及间接负担的税额在所得来源国（地区）的实际有效税率低于中国所得税法第四条第一款规定税率50%以上的外，可按境外应纳税所得额的12.5%作为抵免限额。

（2）企业从境外取得营业利润所得以及符合境外税额间接抵免条件的股息所得，凡就该所得缴纳及间接负担的税额在所得来源国（地区）的法定税率且其实际有效税率明显高于中国的，可直接以境外应纳税所得额和中国企业所得税法规定的税率计算的抵免限额（境外应纳税所得额×25%）作为可抵免的已在境外实际缴纳的企业所得税税额。目前，法定税率明显高于中国的国家有美国、阿根廷、布隆迪、喀麦隆、古巴、法国、日本、摩洛哥、巴基斯坦、赞比亚、科威特、孟加拉国、叙利亚、约旦和老挝。

(五) 境外所得获得的减免税处理办法

（1）纳税人在已与中国缔结避免双重征税协定的国家（地区），按所在国（地区）税法规定及政府规定获得的所得税减免税，由纳税人提供有关证明，经税务机关审核后，视同已经缴纳所得税进行抵免。

（2）对外经济合作企业承揽中国政府援外项目等，获当地国家政府减免所得税的，经税务机关审核后，视同已经缴纳所得税进行抵免。

【例8-2】某公司本年度境内经营应纳税所得额为100万元，其在A、B两国设有分支机构，我国与A、B两国已经缔结避免双重征税协定。A国分支机构当年应纳税所得额为 50 万元，A 国规定税率为 20%；B 国分支机构当年应纳税所得额为 30 万元，B 国规定税率为 30%，两个分支机构在 A、B 两国分别缴纳了 10 万元和 9 万元的企业所得税。

要求：计算该公司在我国当年度境内外所得汇总缴纳的所得税税额。

解：

（1）公司境内外所得汇总应纳所得税税额 =（100+50+30）×25% = 45（万元）

（2）A 国分支机构税额抵扣限额 = 45×[50÷（100+50+30）] = 12.5（万元）

因为 10 万元<12.5 万元，所以抵扣 10 万元。

（3）B 国分支机构税额抵扣限额 = 45×[30÷（100+50+30）] = 7.5（万元）

因为 9 万元>7.5 万元，所以抵扣 7.5 万元，其超过扣除限额的部分（1.5 万元）用以后年度税额扣除限额的余额补扣。

（4）当年度境内外所得汇总缴纳的所得税税额 = 45-10-7.5 = 27.5（万元）

四、预提费用已纳税款的扣除

税法规定，企业所得税税前扣除费用必须遵循确定性原则，除另有规定外，坏账准备金、商品削价准备金、资产减值准备金或其他预提方式发生的费用均不得在税前扣除；而会计制度规定，根据权责发生制原则，纳税人应在费用发生时而不是实际支付时确认扣除，所以预提费用又应该是可以扣除的，因而二者是矛盾的。因此，对纳税人按照会计制度规定预提的费用余额，在申报纳税时应按照税法规定做纳税调整，依法缴纳企业所得税。

【例 8-3】 某公司每年税前利润总额为 1 000 万元，2019 年预提了 200 万元销售产品的保修费用，这笔费用在 2020 年才实际发生，适用的税率为 25%。

要求：分别计算 2019 年和 2020 年企业应纳所得税税额并做会计处理。

解：

在会计处理上，根据权责发生制原则，2019 年将 200 万元销售产品的保修费用计入了损益，因为这部分保修费用是与 2019 年实现的销售收入相配比的。在税务处理上，根据《企业所得税法》的规定，企业实际发生的与取得收入有关的、合理的支出，包括成本、费用、税金、损失和其他支出，可以在计算应纳税所得额时扣除。这笔保修费用在 2019 年没有实际支出，因此不允许扣除。企业做纳税调整后，应纳税所得额为 1 200 万元,应纳税额为 300 万元。到 2020 年实际支出时,才允许在税前扣除,2020 年企业应纳税所得额为 800 万元,应纳税额为 200 万元。

从企业来说,2019 年将应纳税额 300 万元计入利润表,不符合权责发生制原则,表现在预提保修费用带来的所得税影响,影响金额为 200×25% = 50(万元)。在会计处理上合理的做法是将 50 万元的未来利益从应纳税额中扣除,将 250 万元(=300-50)作为 2019 年的所得税费用,将 50 万元的未来利益作为递延所得税资产。会计分录如下:

2019 年会计处理:

借:所得税费用 250
　　递延所得税资产 50
　贷:应交税费——应交所得税 300

2020 年会计处理:

借:所得税费用 300
　贷:递延所得税资产 50
　　应交税费——应交所得税 250

第八节　企业所得税的税收优惠

税收优惠,是指国家运用税收政策在税收法律、行政法规中规定对某一部分特定企业和课税对象给予减轻或免除税收负担的一种措施。2008 年 1 月 1 日起施行的《企业所得税法》及其实施条例,统一了企业所得税优惠政策。税法规定的企业所得税的税收优惠方式包括免税、减税、加计扣除、加速折旧、减计收入和税额抵免等。

一、免征企业所得税的收入项目

企业的下列收入为免税收入:

(1) 国债利息收入。

(2) 符合条件的居民企业之间的股息、红利等权益性投资收益,即居民企业直接投资于其他居民企业取得的投资收益,不包括连续持有居民企业公开发行并上市流通的股票不足12个月取得的投资收益。

（3）在中国境内设立机构、场所的非居民企业从居民企业取得与该机构、场所有实际联系的股息、红利等权益性投资收益。

（4）符合条件的非营利组织的收入，不包括非营利组织从事营利性活动取得的收入。所称符合条件的非营利组织，是指同时符合下列条件的组织：①依法履行非营利组织登记手续；②从事公益性或者非营利性活动；③取得的收入除用于与该组织有关的、合理的支出外，全部用于登记核定或者章程规定的公益性或者非营利性事业；④财产及其孳息不用于分配；⑤按照登记核定或者章程规定，该组织注销后的剩余财产用于公益性或者非营利性目的，或者由登记管理机关转赠给与该组织性质、宗旨相同的组织，并向社会公告；⑥投入人对投入该组织的财产不保留或者享有任何财产权利；⑦工作人员工资福利开支控制在规定的比例内，不变相分配该组织的财产。非营利组织的认定管理办法由国务院财政、税务主管部门会同国务院有关部门制定。

二、免征、减征企业所得税的所得项目

企业的下列所得，可以免征、减征企业所得税：

1. 从事农、林、牧、渔业项目的所得

（1）企业从事下列项目的所得，免征企业所得税：

① 蔬菜、谷物、薯类、油料、豆类、棉花、麻类、糖料、水果、坚果的种植。

② 农作物新品种的选育。

③ 中药材的种植。

④ 林木的培育和种植。

⑤ 牲畜、家禽的饲养。

⑥ 林产品的采集。

⑦ 灌溉、农产品初加工、兽医、农技推广、农机作业和维修等农、林、牧、渔服务业项目。

⑧ 远洋捕捞。

（2）企业从事下列项目的所得，减半征收企业所得税：

① 花卉、茶以及其他饮料作物和香料作物的种植。

② 海水养殖、内陆养殖。

企业如果从事国家限制和禁止发展的项目,则不得享受企业所得税优惠。

2. 从事国家重点扶持的公共基础设施项目投资经营的所得

国家重点扶持的公共基础设施项目,是指《公共基础设施项目企业所得税优惠目录》规定的港口码头、机场、铁路、公路、城市公共交通、电力、水利等项目。

企业从事国家重点扶持的公共基础设施项目的投资经营的所得,自项目取得第一笔生产经营收入所属纳税年度起,第一年至第三年免征企业所得税,第四年至第六年减半征收企业所得税。

企业承包经营、承包建设和内部自建自用上述规定的项目,不得享受企业所得税优惠。

3. 从事符合条件的环境保护、节能节水项目的所得

所称符合条件的环境保护、节能节水项目,包括公共污水处理、公共垃圾处理、沼气综合开发利用、节能减排技术改造、海水淡化等。项目的具体条件和范围由国务院财政、税务主管部门商国务院有关部门制定,报国务院批准后公布施行。

企业从事前款规定的符合条件的环境保护、节能节水项目的所得,自项目取得第一笔生产经营收入所属纳税年度起,第一年至第三年免征企业所得税,第四年至第六年减半征收企业所得税。

依照规定享受减免税优惠的项目,在减免税期限内转让的,受让方自受让之日起,可以在剩余期限内享受规定的减免税优惠;减免税期限届满后转让的,受让方不得就该项目重复享受减免税优惠。

4. 符合条件的技术转让所得

所称符合条件的技术转让所得,是指一个纳税年度内,居民企业技术转让所得不超过 500 万元的部分,免征企业所得税;超过 500 万元的部分,减半征收企业所得税。

5. 非居民企业预提所得税优惠

预提所得税是指非居民企业在中国境内未设立机构、场所或者虽设有机构、场所,但取得的所得与该机构、场所没有实际联系的,如有取得的来源于中国境内的利润(股息、红利)、利息、租金、财产转让所得、特许权使用费和其他所得,均应就其收入全额(除有关文件和税收协定另有规定外)征收预提所得税。

按预提方式,即由所得支付人(付款人)在向所得受益人(收款人)支付所得

(款项)时为其代扣代缴税款,课税的一种个人所得税或公司所得税。非居民企业按20%的税率缴纳预提所得税,目前减按10%的税率征收。

6. 非居民企业免征企业所得税

非居民企业取得下列所得免征企业所得税:

(1)外国政府向中国政府提供贷款取得的利息所得。

(2)国际金融组织向中国政府和居民企业提供优惠贷款取得的利息所得。

(3)经国务院批准的其他所得。

三、小型微利企业的税收优惠

小型微利企业,是指从事国家非限制和禁止行业,且同时符合年度应纳税所得额不超过300万元、从业人数不超过300人、资产总额不超过5 000万元等三个条件的企业。

从业人数,包括与企业建立劳动关系的职工人数和企业接受的劳务派遣用工人数。所称从业人数和资产总额指标,应按企业全年的季度平均值确定。具体计算公式如下:

$$季度平均值=(季初值+季末值)\div 2$$

$$全年季度平均值=全年各季度平均值之和\div 4$$

年度中间开业或者终止经营活动的,以其实际经营期为一个纳税年度确定。

根据《企业所得税法》的规定,小型微利企业减按20%的税率征收企业所得税。

自2019年1月1日至2021年12月31日,对小型微利企业年应纳税所得额不超过100万元的部分,减按25%计入应纳税所得额,按20%的税率缴纳企业所得税;对年应纳税所得额超过100万元但不超过300万元的部分,减按50%计入应纳税所得额,按20%的税率缴纳企业所得税。

小型微利企业无论是按查账征收方式还是按核定征收方式缴纳企业所得税,均可享受上述优惠政策。

四、重点群体个体经营的税收优惠

为贯彻落实《财政部 税务总局 人力资源社会保障部 国务院扶贫办 关于进一

步支持和促进重点群体创业就业有关税收政策的通知》（财税〔2019〕22号）精神，自2019年1月1日起实施以下政策：

（一）申请

（1）建档立卡贫困人口从事个体经营的，向主管税务机关申报纳税时享受优惠。

（2）登记失业半年以上的人员，零就业家庭、享受城市居民最低生活保障家庭劳动年龄内的登记失业人员，以及毕业年度内高校毕业生，可持《就业创业证》（或《就业失业登记证》，下同）、个体工商户登记执照向创业地县以上（含县级，下同）人力资源社会保障部门提出重点群体创业就业税收优惠申请。县以上人力资源社会保障部门应当按照财税〔2019〕22号文件的规定，核实其是否享受过重点群体创业就业税收优惠政策，对符合条件的人员在《就业创业证》上注明"自主创业税收政策"或"毕业年度内自主创业税收政策"。

（二）税款减免顺序及额度

（1）重点群体从事个体经营的，在年度减免税限额内，依次扣减增值税、城市维护建设税、教育费附加、地方教育附加和个人所得税。城市维护建设税、教育费附加、地方教育附加的计税依据是享受本项税收优惠政策前的增值税应纳税额。

（2）纳税人的实际经营期不足1年的，应当以实际月数换算其减免税限额。换算公式为：

减免税限额=年度减免税限额÷12×实际经营月数

（3）纳税人实际应缴纳的增值税、城市维护建设税、教育费附加、地方教育附加和个人所得税小于减免税限额的，以实际应缴纳的增值税、城市维护建设税、教育费附加、地方教育附加和个人所得税税额为限；实际应缴纳的增值税、城市维护建设税、教育费附加、地方教育附加和个人所得税大于减免税限额的，以减免税限额为限。

（三）税收减免管理

登记失业半年以上的人员，零就业家庭、享受城市居民最低生活保障家庭劳动年龄内的登记失业人员，以及毕业年度内高校毕业生享受本项税收优惠的，由其留存《就业创业证》备查，建档立卡贫困人口无须留存资料备查。

（四）企业招用重点群体税收政策

企业是指属于增值税纳税人或企业所得税纳税人的企业等单位。

（1）税款减免顺序及额度。纳税人按本单位招用重点群体的人数及其实际工作月数核算本单位减免税总额，在减免税总额内每月依次扣减增值税、城市维护建设税、教育费附加和地方教育附加。城市维护建设税、教育费附加、地方教育附加的计税依据是享受本项税收优惠政策前的增值税应纳税额。

纳税人实际应缴纳的增值税、城市维护建设税、教育费附加和地方教育附加小于核算的减免税总额的，以实际应缴纳的增值税、城市维护建设税、教育费附加、地方教育附加为限；实际应缴纳的增值税、城市维护建设税、教育费附加和地方教育附加大于核算的减免税总额的，以核算的减免税总额为限。纳税年度终了，如果纳税人实际减免的增值税、城市维护建设税、教育费附加和地方教育附加小于核算的减免税总额，则纳税人在企业所得税汇算清缴时，以差额部分扣减企业所得税。当年扣减不完的，不再结转以后年度扣减。

享受优惠政策当年，重点群体人员工作不满 1 年的，应当以实际月数换算其减免税总额。换算公式为：

$$减免税总额 = \sum 每名重点群体人员本年度在本企业工作月数 \div 12 \times 具体定额标准$$

（2）第 2 年及以后年度当年新招用人员、原招用人员及其工作时间按上述程序和办法执行。计算每名重点群体人员享受税收优惠政策的期限最长不超过 36 个月。

五、高新技术企业的税收优惠

（一）国家需要重点扶持的高新技术企业减按15%的税率征收企业所得税

国家需要重点扶持的高新技术企业，是指拥有核心自主知识产权，并同时符合下列条件的企业：

（1）产品（服务）属于《国家重点支持的高新技术领域》规定的范围。

（2）研究开发费用占销售收入的比例不低于规定比例。

（3）高新技术产品（服务）收入占企业总收入的比例不低于规定比例。

（4）科技人员占企业职工总数的比例不低于规定比例。

(5)《高新技术企业认定管理办法》规定的其他条件。《国家重点支持的高新技术领域》和《高新技术企业认定管理办法》由国务院科技、财政、税务主管部门商国务院有关部门制定,报国务院批准后公布施行。例如,电子信息技术、生物与新医药技术、航空航天技术、新材料技术、高技术服务业、新能源及节能技术、资源与环境技术、高新技术改造传统产业。

(6)高新技术企业境外所得,适用15%的税率计算境内外应纳税总额。

(二)经济特区和上海浦东新区新设立高新技术企业所得税优惠

对经济特区和上海浦东新区新设立高新技术企业取得的所得,自取得第一笔生产经营收入所属纳税年度起,第一年至第二年免征企业所得税,第三年至第五年按照25%的法定税率减半征收企业所得税。

六、民族自治地方企业的税收优惠

民族自治地方,是指依照《中华人民共和国民族区域自治法》的规定,实行民族区域自治的自治区、自治州、自治县。

民族自治地方对本地方的企业应缴纳的企业所得税中属于地方分享的部分,可以决定减征或者免征。自治州、自治县决定减征或者免征的,须报省、自治区、直辖市人民政府批准。对民族自治地方内国家限制和禁止行业的企业,不得减征或者免征企业所得税。

七、加计扣除

企业的下列支出,在计算应纳税所得额时允许加计扣除。

(1)开发新技术、新产品、新工艺发生的研究开发费用。研究开发费用的加计扣除,是指企业为开发新技术、新产品、新工艺发生的研究开发费用,未形成无形资产计入当期损益的,在按照规定据实扣除的基础上,按照研究开发费用的75%加计扣除;形成无形资产的,按照无形资产成本的175%摊销。

(2)安置残疾人员及国家鼓励安置的其他就业人员所支付的工资。企业安置残疾人员所支付的工资的加计扣除,是指企业安置残疾人员的,在按照支付给残疾职工工资据实扣除的基础上,按照支付给残疾职工工资的100%加计扣除。残疾人员的范围适用《中华人民共和国残疾人保障法》的有关规定。

八、创业投资企业的税收优惠

从事国家需要重点扶持和鼓励的行业的创业投资,可以按投资额的一定比例抵扣应纳税所得额。具体是指创业投资企业采取股权投资方式投资于未上市的中小高新技术企业两年以上的,可以按照其投资额的70%在股权持有满两年的当年抵扣该创业投资企业的应纳税所得额;当年不足抵扣的,可以在以后纳税年度结转抵扣。

九、加速折旧

企业的固定资产由于技术进步,产品更新换代较快;或者常年处于强震动、高腐蚀状态,确需加速折旧的,可以缩短折旧年限或者采取加速折旧的方法。

(一)允许实行加速折旧的六大行业

(1)生物药品制造业。

(2)专用设备制造业。

(3)铁路、船舶、航空航天和其他运输设备制造业。

(4)计算机、通信和其他电子设备制造业。

(5)仪器仪表制造业。

(6)信息传输、软件和信息技术服务业。

(二)固定资产加速折旧方法

(1)以上六大行业自2014年1月1日后购进的固定资产(包括自行建造),允许按不低于《企业所得税法》规定折旧年限的60%缩短折旧年限,或者选择采取双倍余额递减法或年数总和法进行加速折旧。

(2)企业在2014年1月1日后购进并专门用于研发活动的仪器、设备,单位价值不超过100万元的,可以一次性在计算应纳税所得额时扣除;单位价值超过100万元的,允许按不低于《企业所得税法》规定折旧年限的60%缩短折旧年限,或者选择采取双倍余额递减法或年数总和法进行加速折旧。

(3)对轻工、纺织、机械、汽车等四个领域重点行业的企业2015年1月1日后购进的固定资产,可由企业选择缩短折旧年限或采取加速折旧的方法。

十、减计收入

减计收入,是指企业以《资源综合利用企业所得税优惠目录》规定的资源为主要原材料,生产国家非限制、禁止并符合国家和行业相关标准的产品取得的收入,减按 90% 计入收入总额。

十一、税额抵免

企业购置用于环境保护、节能节水、安全生产等专用设备的投资额,可以按一定比例实行税额抵免,即企业购置并实际使用《环境保护专用设备企业所得税优惠目录》《节能节水专用设备企业所得税优惠目录》和《安全生产专用设备企业所得税优惠目录》规定的环境保护、节能节水、安全生产等专用设备的,该专用设备的投资额的 10% 可以从企业当年的应纳税额中抵免;当年不足抵免的,可以在以后 5 个纳税年度结转抵免。

享受企业所得税优惠的企业,应当实际购置并自身实际投入使用规定的专用设备;企业购置上述专用设备在 5 年内转让、出租的,应当停止享受企业所得税优惠,并补缴已经抵免的企业所得税税款。

企业同时从事适用不同企业所得税待遇的项目的,其优惠项目应当单独计算所得,并合理分摊企业的期间费用;没有单独计算的,不得享受企业所得税优惠。

十二、特殊行业的税收优惠

(一)鼓励软件产业和集成电路产业发展的优惠政策

1. 税额及税率式减免的优惠

(1)集成电路线宽小于 0.8 微米(含)的集成电路生产企业,自获利年度起"两免三减半",减半是按照 25% 的法定税率减半(即 12.5%)征收企业所得税。

(2)集成电路线宽小于 0.25 微米或投资额超过 80 亿元的集成电路生产企业,减按 15% 的税率征收企业所得税;其中,经营期在 15 年以上的,自获利年度起"五免五减半",减半是按照 25% 的法定税率减半(即 12.5%)征收企业所得税。

(3)国家规划布局内的重点软件企业和集成电路设计企业,如当年未享受免税优惠,可减按 10% 的税率征收企业所得税。

2. 税基式减免的优惠

（1）符合条件的软件企业按照规定取得的即征即退增值税税款，由企业专项用于软件产品研发和扩大再生产并单独进行核算的，可以作为不征税收入，在计算应纳税所得额时从收入总额中减除。

（2）集成电路设计企业和符合条件的软件企业的职工培训费用，应单独进行核算，并按实际发生额在计算应纳税所得额时扣除。

（3）企业外购的软件，凡符合固定资产或无形资产确认条件的，可以按照固定资产或无形资产进行核算，其折旧或摊销年限可以适当缩短，最短可为2年（含）。

（4）集成电路生产企业的生产设备，其折旧年限可以适当缩短，最短可为3年（含）。

（二）鼓励证券投资基金发展的优惠政策

1. 基金公司的投资基金

对证券投资基金从证券市场中取得的收入，包括买卖股票、债券的差价收入，股权的股息、红利收入，债券的利息收入及其他收入，暂不征收企业所得税。

2. 投资者的投资基金

对投资者从证券投资基金分配中取得的收入，暂不征收企业所得税。

3. 基金公司自身的基金业务

对证券投资基金管理人运用基金买卖股票、债券取得的差价收入，暂不征收企业所得税。

十三、西部大开发地区的优惠政策

2014年8月20日，经国务院批准，国家发展改革委发布《西部地区鼓励类产业目录》，自2014年10月1日起施行。该目录规定，自2011年1月1日至2020年12月31日，对设在西部地区以《西部地区鼓励类产业目录》中规定的产业项目为主营业务，且其当年度主营业务收入占企业收入总额70%以上的企业，经企业申请，主管税务机关审核确认后，可减按15%的税率缴纳企业所得税；适用范围包括重庆市、四川省、贵州省、云南省、西藏自治区、陕西省、甘肃省、宁夏回族自治区、青海省、新疆维吾尔自治区、新疆生产建设兵团、内蒙古自治区、广西壮族自治区（上述地区统称为"西部地区"）。

对在西部地区新办的交通、电力、水利、邮政、广播电视企业,上述项目业务收入占企业收入总额70%以上的内资企业,自开始生产经营之日起,第一年至第二年免征企业所得税,第三年至第五年按照25%的法定税率减半征收企业所得税。

第九节 企业所得税特别纳税调整

特别纳税调整,是指企业与其关联方之间的业务往来,不符合独立交易原则而减少企业或者其关联方应纳税收入或者所得额的,税务机关有权按照合理方法调整。

一、调整范围

特别纳税调整主要调整关联方交易。关联方,是指与企业有下列关联关系之一的企业、其他组织或者个人:

(1)在资金、经营、购销等方面存在直接或者间接的控制关系。

(2)直接或者间接地同为第三者控制。

(3)在利益上具有相关联的其他关系。

二、调整方法

特别纳税调整按独立交易原则调整。所称独立交易原则,是指没有关联关系的交易各方,按照公平成交价格和营业常规进行业务往来遵循的原则。

调整方法如下:

(1)可比非受控价格法,是指按照没有关联关系的交易各方进行相同或者类似业务往来的价格进行定价的方法。

(2)再销售价格法,是指按照从关联方购进商品再销售给没有关联关系的交易方的价格,减除相同或者类似业务的销售毛利进行定价的方法。

(3)成本加成法,是指按照成本加合理的费用和利润进行定价的方法。

(4)交易净利润法,是指按照没有关联关系的交易各方进行相同或者类似业务往来取得的净利润水平确定利润的方法。

(5)利润分割法,是指将企业与其关联方的合并利润或者亏损在各方之间采用合理标准进行分配的方法。

（6）其他符合独立交易原则的方法。

三、核定征收

企业应当在税务机关规定的期限内提供与关联业务往来有关的价格、费用的制定标准、计算方法和说明等资料。关联方以及与关联业务调查有关的其他企业应当在税务机关与其约定的期限内提供相关资料。

如果企业不提供与关联业务往来有关的价格、费用的制定标准、计算方法和说明等资料，则税务机关有权依法核定其应纳税所得额。税务机关可以采用下列方法核定：

（1）参照同类或者类似企业的利润率水平核定。

（2）按照企业成本加合理的费用和利润的方法核定。

（3）按照关联企业集团整体利润的合理比例核定。

（4）按照其他合理方法核定。

企业对税务机关核定的应纳税所得额有异议的，应当提供相关证据，经税务机关认定后，调整核定的应纳税所得额。

四、其他规定

（1）按照独立交易原则与关联方分摊共同发生的成本，达成成本分摊协议。企业与其关联方分摊成本时，应当按照成本与预期收益相配比的原则进行分摊，并在税务机关规定的期限内，按照税务机关的要求报送有关资料。企业自行分摊的成本不得在计算应纳税所得额时扣除。

（2）预约定价安排。是指企业就其未来年度关联交易的定价原则和计算方法，向税务机关提出申请，与税务机关按照独立交易原则协商、确定后达成的协议。

（3）《企业所得税法》所称相关资料，包括：①与关联业务往来有关的价格、费用的制定标准、计算方法和说明等同期资料；②关联业务往来所涉及的财产、财产使用权、劳务等的再销售（转让）价格或者最终销售（转让）价格的相关资料；③与关联业务调查有关的其他企业应当提供的与被调查企业可比的产品价格、定价方式以及利润水平等资料；④其他与关联业务往来有关的资料。所称与关联业务调查有关的其他企业,是指与被调查企业在生产经营内容和方式上相类似的企业。

(4) 由居民企业或中国居民控制的设立在实际税负明显低于规定税率(低于企业所得税法规定税率的50%)水平的国家(地区)的企业,并非由于合理的经营需要而对利润不做分配或者减少分配的,上述利润中应归属于该居民企业或中国公民的部分,应当计入该居民企业或中国公民的当期收入。企业从其关联方接受的债权性投资与权益性投资的比例超过规定标准而发生的利息支出,不得在计算应纳税所得额时扣除。所称中国居民,是指根据《中华人民共和国个人所得税法》的规定,就其从中国境内、境外取得的所得在中国缴纳个人所得税的个人。

(5)《企业所得税法》所称控制,包括:①居民企业或中国居民直接或者间接单一持有外国企业10%以上有表决权股份,且由其共同持有该外国企业50%以上股份;②居民企业或中国居民持股比例没有达到规定的标准,但在股份、资金、经营、购销等方面对该外国企业构成实质控制。

(6)《企业所得税法》所称债权性投资,是指企业直接或者间接从关联方获得的,需要偿还本金和支付利息或者需要以其他具有支付利息性质的方式予以补偿的融资。企业间接从关联方获得的债权性投资,包括:①关联方通过无关联第三方提供的债权性投资;②无关联第三方提供的、由关联方担保且负有连带责任的债权性投资;③其他间接从关联方获得的具有负债实质的债权性投资。《企业所得税法》所称权益性投资,是指企业接受的不需要偿还本金和支付利息,投资人对企业净资产拥有所有权的投资。

(7)《企业所得税法》所称不具有合理商业目的,是指以减少、免除或者推迟缴纳税款为主要目的。

(8) 税务机关根据税收法律、行政法规的规定,对企业做出特别纳税调整的,应当对补征的税款,自税款所属纳税年度的次年6月1日起至补缴税款之日止的期间,按日加收利息,且不得在计算应纳税所得额时扣除。所称利息,应当按照税款所属纳税年度中国人民银行公布的与补税期间同期的人民币贷款基准利率加5个百分点计算。企业依照规定提供有关资料的,可以只按前款规定的人民币贷款基准利率计算利息。

(9) 企业与其关联方之间的业务往来,不符合独立交易原则,或者企业实施其他不具有合理商业目的安排的,税务机关有权在该业务发生的纳税年度起10年内,进行纳税调整。

第十节 企业所得税的纳税申报及缴纳

一、纳税地点和缴纳方法

(1) 居民企业以企业登记注册地为纳税地点；但登记注册地在境外的,以实际管理机构所在地为纳税地点。居民企业在中国境内设立不具有法人资格的营业机构的,应当汇总计算并缴纳企业所得税。

(2) 非居民企业在中国境内设立机构、场所的,其所设机构、场所取得的来源于中国境内的所得,以及发生在中国境外但与其所设机构、场所有实际联系的所得,以机构、场所所在地为纳税地点。非居民企业在中国境内设立两个或者两个以上机构、场所的,经税务机关审核批准,可以选择由其主要机构、场所汇总缴纳企业所得税。非居民企业经批准汇总缴纳企业所得税后,需要增设、合并、迁移、关闭机构、场所或者停止机构、场所业务的,应当事先由负责汇总申报缴纳企业所得税的主要机构、场所向其所在地税务机关报告；需要变更汇总缴纳企业所得税的主要机构、场所的,依照前款规定办理。非居民企业在中国境内未设立机构、场所,或者虽设立机构、场所但取得的所得与其所设机构、场所没有实际联系,其来源于中国境内的所得以扣缴义务人所在地为纳税地点。

(3) 企业所得税分月或者分季预缴,由税务机关具体核定。企业根据规定分月或者分季预缴企业所得税时,应当按照月度或者季度的实际利润额预缴；按照月度或者季度的实际利润额预缴有困难的,可以按照上一纳税年度应纳税所得额的月度或者季度平均额预缴,或者按照经税务机关认可的其他方法预缴。预缴方法一经确定,该纳税年度内不得随意变更。

(4) 企业在纳税年度内无论盈利还是亏损,都应当依照规定的期限,向税务机关报送预缴企业所得税纳税申报表、年度企业所得税纳税申报表、财务会计报告和税务机关规定应当报送的其他有关资料。

(5) 企业所得以人民币以外的货币计算的,预缴企业所得税时,应当按照月度或者季度最后一日的人民币汇率中间价,折合成人民币计算应纳税所得额。年度终了汇算清缴时,对已经按照月度或者季度预缴税款的,不再重新折合计算,只就该纳税年度内未缴纳企业所得税的部分,按照纳税年度最后一日的人民币汇率中间价,折合成人民币计算应纳税所得额。

经税务机关检查确认,企业少计或者多计前款规定的所得的,应当按照检查确认补税或者退税时的上一个月最后一日的人民币汇率中间价,将少计或者多计的所得折合成人民币计算应纳税所得额,再计算应补缴或者应退的税款。

二、汇总缴纳企业所得税的管理

为加强跨地区经营汇总纳税企业所得税的征收管理,根据《企业所得税法》及其实施条例、《税收征收管理法》及其实施细则和《财政部 国家税务总局 中国人民银行关于印发〈跨省市总分机构企业所得税分配及预算管理办法〉的通知》(财预〔2012〕40号)等文件的精神,国家税务总局于2012年12月27日制定了《跨地区经营汇总纳税企业所得税征收管理办法》,自2013年1月1日起施行。

居民企业在中国境内跨地区(指跨省、自治区、直辖市和计划单列市,下同)设立不具有法人资格分支机构的,该居民企业为跨地区经营汇总纳税企业(以下简称"汇总纳税企业")。

(一)汇总纳税企业实行"统一计算、分级管理、就地预缴、汇总清算、财政调库"的征收管理办法

统一计算,是指总机构统一计算包括汇总纳税企业所属各个不具有法人资格分支机构在内的全部应纳税所得额、应纳税额。

分级管理,是指总机构、分支机构所在地的主管税务机关都有对当地机构进行企业所得税管理的责任,总机构和分支机构应分别接受机构所在地主管税务机关的管理。

就地预缴,是指总机构、分支机构应按本办法(指《跨地区经营汇总纳税企业所得税征收管理办法》,下同)的规定,分月或分季分别向所在地主管税务机关申报预缴企业所得税。

汇总清算,是指在年度终了后,总机构统一计算汇总纳税企业的年度应纳税所得额、应纳所得税税额,抵减总机构、分支机构当年已就地分期预缴的企业所得税税款后,多退少补。

财政调库,是指财政部定期将缴入中央国库的汇总纳税企业所得税待分配收

入,按照核定的系数调整至地方国库。

总机构和具有主体生产经营职能的二级分支机构,就地分摊缴纳企业所得税。

二级分支机构,是指汇总纳税企业依法设立并领取非法人营业执照(登记证书),且总机构对其财务、业务、人员等直接进行统一核算和管理的分支机构。

以下二级分支机构不就地分摊缴纳企业所得税:

(1)不具有主体生产经营职能,且在当地不缴纳增值税的产品售后服务、内部研发、仓储等汇总纳税企业内部辅助性的二级分支机构,不就地分摊缴纳企业所得税。

(2)上年度认定为小型微利企业的,其二级分支机构不就地分摊缴纳企业所得税。

(3)新设立的二级分支机构,设立当年不就地分摊缴纳企业所得税。

(4)当年撤销的二级分支机构,自办理注销税务登记之日所属企业所得税预缴期间起,不就地分摊缴纳企业所得税。

(5)汇总纳税企业在中国境外设立的不具有法人资格的二级分支机构,不就地分摊缴纳企业所得税。

铁路运输企业(包括广铁集团和大秦铁路股份有限公司)、国有邮政企业、中国工商银行股份有限公司、中国农业银行股份有限公司、中国银行股份有限公司、国家开发银行股份有限公司、中国农业发展银行、中国进出口银行、中国投资有限责任公司、中国建设银行股份有限公司、中国建银投资有限责任公司、中国信达资产管理股份有限公司、中国石油天然气股份有限公司、中国石油化工股份有限公司、海洋石油天然气企业[包括中国海洋石油总公司、中海石油(中国)有限公司、中海油田服务股份有限公司、海洋石油工程股份有限公司]、中国长江电力股份有限公司等缴纳的所得税未纳入中央和地方分享范围的企业,其企业所得税征收管理不适用本办法。

(二)税款预缴和汇算清缴

汇总纳税企业按照《企业所得税法》规定汇总计算的企业所得税,包括预缴税款和汇算清缴应缴应退税款,50%在各分支机构之间分摊,各分支机构根据分摊税款就地办理缴库或退库;50%由总机构分摊缴纳,其中25%就地办理缴库或退库,25%就地全额缴入中央国库或退库。企业所得税分月或者分季预缴,由总机构所在地主管税务机关具体核定。汇总纳税企业应根据当期实际利润额,按照本办法规定的预缴分摊方法计算总机构和分支机构的企业所得税预缴额,分别由总机构和分支机构就地预缴;在规定期限内按实际利润额预缴有困难的,也可以按照上一年度应纳税所得额的 1/12 或 1/4,按照本办法规定的预缴分摊方法计算总机构和分支机构的企业所得税预缴额,分别由总机构和分支机构就地预缴。预缴方法一经确定,当年度不得变更。

总机构应将本期企业应纳所得税税额的 50%部分,在每月或季度终了后 15 日内就地申报预缴。总机构应将本期企业应纳所得税税额的另外 50%部分,按照各分支机构应分摊的比例,在各分支机构之间进行分摊,并及时通知到各分支机构;各分支机构应在每月或季度终了之日起 15 日内,就其分摊的所得税税额就地申报预缴。

分支机构未按税款分配数额预缴所得税造成少缴税款的,主管税务机关应按照《税收征收管理法》的有关规定对其处罚,并将处罚结果通知总机构所在地主管税务机关。

汇总纳税企业应当自年度终了之日起 5 个月内,由总机构汇总计算企业年度应纳所得税税额,扣除总机构和各分支机构已预缴的税款,计算出应缴应退税款,按照本办法规定的税款分摊方法计算总机构和分支机构的企业所得税应缴应退税款,分别由总机构和分支机构就地办理税款缴库或退库。汇总纳税企业在纳税年度内预缴企业所得税税款少于全年应缴企业所得税税款的,应在汇算清缴期内由总、分机构分别结清应缴的企业所得税税款;预缴税款超过应缴税款的,主管税务机关应及时按有关规定分别办理退税,或者经总、分机构同意后分别抵缴其下一年度应缴企业所得税税款。

(三)总分机构分摊税款的计算

总机构按以下公式计算分摊税款:

总机构分摊税款=汇总纳税企业当期应纳所得税税额×50%

分支机构按以下公式计算分摊税款:

所有分支机构分摊税款总额=汇总纳税企业当期应纳所得税税额×50%

某分支机构分摊税款=所有分支机构分摊税款总额×该分支机构分摊比例

总机构应按照上年度分支机构的营业收入、职工薪酬和资产总额三个因素计算各分支机构分摊所得税税款的比例;三级及以下分支机构,其营业收入、职工薪酬和资产总额统一计入二级分支机构;三个因素的权重依次为 0.35、0.35、0.30。

计算公式如下:

某分支机构分摊比例=(该分支机构营业收入/各分支机构营业收入之和)×0.35+(该分支机构职工薪酬/各分支机构职工薪酬之和)×0.35+(该分支机构资产总额/各分支机构资产总额之和)×0.30

分支机构分摊比例按上述方法一经确定后,当年不做调整。汇总纳税企业未按照规定准确计算分摊税款,造成总机构与分支机构之间同时存在一方(或几方)多缴另一方(或几方)少缴税款的,其总机构或分支机构分摊缴纳的企业所得税低于按本办法规定计算分摊的数额的,应在下一税款缴纳期内,由总机构将按本办法规定计算分摊的税款差额分摊到总机构或分支机构补缴;其总机构或分支机构就地缴纳的企业所得税高于按本办法规定计算分摊的数额的,应在下一税款缴纳期内,由总机构将按本办法规定计算分摊的税款差额从总机构或分支机构的分摊税款中扣减。

(四)日常管理

汇总纳税企业总机构和分支机构应依法办理税务登记,接受所在地主管税务机关的监督和管理。总机构应将其所有二级及以下分支机构信息报其所在地主管税务机关备案,内容包括分支机构名称、层级、地址、邮编、纳税人识别号及企业所得税主管税务机关名称、地址和邮编。

分支机构应将其总机构、上级分支机构和下属分支机构信息报其所在地主管税务机关备案,内容包括总机构、上级机构和下属分支机构名称、层级、地址、邮编、纳税人识别号及企业所得税主管税务机关名称、地址和邮编。

上述备案信息发生变化的,除另有规定外,应在内容变化后 30 日内报总机构和分支机构所在地主管税务机关备案,并办理变更税务登记。分支机构注销税务登记后 15 日内,总机构应将分支机构注销情况报所在地主管税务机关备案,并办理变更税务登记。

第十一节 企业所得税的纳税筹划

由于企业所得税是按应税所得征税,而应税所得是在会计利润的基础上,经税务调整计算,涉及由价格决定的收入、成本的列支范围、费用分摊、固定资产、无形资产、长期待摊费用、存货列支方式以及集团缴税等问题。在纳税筹划方面,可以利用时间跨度与时间价值,合理选择会计政策,利用税收优惠政策。

一、纳税人身份的纳税筹划

2008年颁布的《企业所得税法》第一次引入了居民纳税人的概念,将企业所得税的纳税人分为居民企业和非居民企业。

居民企业是指依法在中国境内成立,或者依照外国(地区)法律成立但实际管理机构在中国境内的企业。实际管理机构,是指对企业的生产经营、人员、账务、财产等实施实质性全面管理和控制的机构。要尽量避免成为居民企业,充分利用国际避税地,目前国际避税地主要包括三种类型:

(1)纯国际避税地,即不征收所得税和一般财产税的国家和地区。它包括:巴哈马、百慕大、开曼群岛、瑙鲁等。

(2)不征收某些所得税和一般财产税,或税率远低于国际一般水平的国家和地区。它包括:巴林、塞浦路斯、直布罗陀、以色列、牙买加、黎巴嫩、列支敦士登、新加坡、阿根廷、巴拿马、马来西亚、中国香港等。

(3)征收正常税收,但有某些税收特例或提供某些特殊优惠的国家和地区。它包括:英国、爱尔兰、荷兰、比利时、卢森堡、希腊、加拿大、菲律宾等。

二、税前扣除项目的纳税筹划

税前扣除的确认一般应遵循以下原则:权责发生制原则、相关性原则、确定性原则、合理性原则。

(一)存货计价的纳税筹划

企业应当根据各类存货的实际情况,确定发出存货的实际成本,可以采用的方法有个别计价法、先进先出法、加权平均法、移动平均法等。在价格稳定的情况下,四种方法没有差异,但在价格不稳定的情况下,不同存货的计价方式对企业的成本和利润会产生不同的影响。存货成本的计算公式如下:

$$销货成本 = 期初存货 + 本期购进存货 - 期末存货$$

【例8-4】 假定某企业期初存货及本期进货情况如表8-1所示。

表 8-1 进货情况表

项目	数量(件)	单位成本(元)	总成本(元)
期初存货	1 000	3.00	3 000
期初存货合计	3 000	3.30	9 900
本期进货	4 000		12 900
第一次进货	10 000	3.30	33 000
第二次进货	5 000	3.60	18 000
进货合计	15 000		51 000
可供销售商品	19 000		63 900

现假定本期销货 12 000 件,每件单价 10 元,销售及其他费用总额 22 000 元,所得税税率 25%。不同的存货计价方式对企业所得税的影响如表 8-2 所示。

表 8-2 不同的存货计价方式对企业所得税的影响

项目	先进先出法			加权平均法		
	数量(件)	单位成本(元)	金额(元)	数量(件)	单位成本(元)	金额(元)
销售收入			120 000			120 000
存货成本	1 000	3.00	3 000	12 000	3.363	40 356
	3 000	3.30	9 900			
	8 000	3.30	26 400			
合计	12 000		39 300	12 000		40 356
销售费用			22 000			22 000
销售利润			58 700			57 644
所得税			14 675			14 411

注:加权平均法的单位成本 = 63 900÷19 000 = 3.363(元)

可见,采用加权平均法比先进先出法节省所得税 264 元(= 14 675 - 14 411)。

(二) 固定资产加速折旧的纳税筹划

加速折旧对所得税的影响可以用下面的公式计算:

折旧抵税金额 = 折旧额 × 税率

折旧抵税金额的现值 = 折旧额 × 税率 × 复利现值系数

1. 缩短折旧年限

【例 8-5】 假定某企业固定资产原值 10 000 元,无残值,贴现率 10%,所得税税率25%。在直线折旧法下,如果把固定资产折旧年限由10年缩短为5年,则按现值计算可多提折旧1 437元,占折旧额的23.38%,减少应税所得1 437元,节省所得税359元,如表8-3所示。

表8-3 缩短折旧年限对企业所得税的影响　　　　　　　　　　　　单位:元

年份	贴现率	10年折旧现值	5年折旧现值	减少所得	节省所得税
1	0.9091	909	1 818	909	227
2	0.8264	826	1 652	826	207
3	0.7531	753	1 506	753	188
4	0.6830	683	1 366	683	171
5	0.6209	621	1 242	621	155
6	0.5645	565		-565	-141
7	0.5132	513		-513	-128
8	0.4665	467		-467	-117
9	0.4241	424		-424	-106
10	0.3855	386		-386	-97
合计		6 147	7 584	1 437	359

2. 采取双倍余额递减法、年数总和法计提折旧

【例8-6】 某企业固定资产原值1万元,预计净残值500元,会计和税法认可的使用年限都是5年。采用直线法、双倍余额递减法、年数总和法计提折旧的计算公式如下:

(1) 直线法的折旧计算公式

　　年折旧率=(1-预计净残值率/预计使用年限)×100%

　　年折旧额=固定资产总额×年折旧率

(2) 双倍余额递减法的折旧计算公式

　　年折旧率=(2/预计使用年限)×100%

　　年折旧额=固定资产账面净值×年折旧率

(3) 年数总和法的折旧计算公式

　　年折旧率=(尚可使用年限/预计使用年限的年数总和)×100%

　　年折旧额=(固定资产原值-预计净残值)×年折旧率

企业适用的所得税税率为25%,比较该企业分别采用直线法、双倍余额递减法、年数总和法计提的折旧额对所得税的影响。比较结果如表8-4所示。

如果企业适用的所得税税率为25%,但前两年免税,后三年减半征收,比较该企业采用直线法、双倍余额递减法、年数总和法计提的折旧额对所得税的影响。比较结果如表8-5所示。

(三) 固定资产大修理的纳税筹划

固定资产一般修理支出可在发生当期直接扣除。固定资产大修理支出,如该固定资产尚未提足折旧,则可增加资产价值;如该固定资产已提足折旧,则可作为递延费用,按照固定资产尚可使用年限分期摊销。同时符合下列条件的,应视为大修理支出:

(1) 发生的修理支出达到取得固定资产时的计税基础的50%以上。

(2) 经过修理后,有关资产的经济使用寿命延长2年以上。

【例8-7】 某工业企业本年度欲对一台已提足折旧的生产设备进行大修理,该设备原值1 000万元,发生修理费用506万元,使用寿命延长2年以上。由于该设备的修理支出超过了原值的50%(506÷1 000×100%=50.6%),因此应按照固定资产大修理支出对待,同时该固定资产已提足折旧,所发生的修理费用应按照尚可使用年限分期摊销。

分析:

由于该设备上有一配件,并不是此次非换不可,且下次更换从操作上看比较方便,其价值为6万元。假设将该配件放在下一个纳税期间更换,该设备的修理支出降至500万元,占该设备原值的比例为50%(=500÷1 000×100%),不满足大修理的条件,应当作为一般修理支出。

企业可以获得的好处是该修理费用在当期直接扣除,使所得税推迟缴纳。

(四) 捐赠和资助的纳税筹划

企业发生的公益性捐赠支出,不超过年度利润总额12%的部分,准予扣除。

【例8-8】 汶川地震后,根据国家税务总局发布的《关于认真落实抗震救灾及灾后重建税收政策问题的通知》,企业捐赠没有允许据实扣除,但个人捐赠允许据实扣除,无相关流转税优惠政策。

国内企业主流捐赠模式可以分为以下五类:

表 8-4 税率不变条件下折旧抵税金额折现比较

单位：元

年限	计提折旧金额			税率(%)	折旧抵税金额			复利折现系数	折旧抵税金额折现		
	直线法	双倍余额递减法	年数总和法		直线法	双倍余额递减法	年数总和法		直线法	双倍余额递减法	年数总和法
1	1 900.00	4 000.00	3 166.67	25	475.00	1 000.00	791.67	0.9091	431.82	909.10	719.70
2	1 900.00	2 400.00	2 533.33	25	475.00	600.00	633.33	0.8264	392.54	495.84	523.39
3	1 900.00	1 440.00	1 900.00	25	475.00	360.00	475.00	0.7513	356.87	270.47	356.87
4	1 900.00	830.00	1 266.67	25	475.00	207.50	316.67	0.6830	324.43	141.72	216.28
5	1 900.00	830.00	633.33	25	475.00	207.50	158.33	0.6209	294.93	128.84	98.31
合计	9 500.00	9 500.00	9 500.00		2 375.00	2 375.00	2 375.00		1 800.58	1 945.97	1 914.55
残值	500.00	500.00	500.00								

表 8-5 税率变化条件下折旧抵税金额折现比较

单位：元

年限	计提折旧金额			税率(%)	折旧抵税金额			复利折现系数	折旧抵税金额折现		
	直线法	双倍余额递减法	年数总和法		直线法	双倍余额递减法	年数总和法		直线法	双倍余额递减法	年数总和法
1	1 900.00	4 000.00	3 166.67	0	0.00	0.00	0.00	0.9091	0.00	0.00	0.00
2	1 900.00	2 400.00	2 533.33	0	0.00	0.00	0.00	0.8264	0.00	0.00	0.00
3	1 900.00	1 440.00	1 900.00	12.5	237.50	180.00	237.50	0.7513	178.43	135.23	178.43
4	1 900.00	830.00	1 266.67	12.5	237.50	103.75	158.33	0.6830	162.21	70.86	108.14
5	1 900.00	830.00	633.33	12.5	237.50	103.75	79.17	0.6209	147.46	64.42	49.15
合计	9 500.00	9 500.00	9 500.00		712.50	387.50	475.00		488.11	270.51	335.73
残值	500.00	500.00	500.00								

一是苏宁模式。苏宁电器捐赠现金500万元,其董事长张近东捐赠5 000万元。

二是麦当劳模式。麦当劳捐赠现金1 200万元,其所属灾区成员点,每天给灾民1万份食物。

三是腾讯模式。腾讯公司通过腾讯公益基金会捐赠1 000万元。

四是扬子江药业模式,扬子江药业捐赠价值1 000万元的药材。

五是徐工模式。徐工集团捐赠现金1 000万元,提供价值2 500万元的汽车起重机给灾区无偿使用。

要求:试从纳税筹划的角度分析以上捐赠模式的利弊。

分析:

(1)苏宁电器捐赠500万元,按会计利润的12%扣除;张近东个人捐赠5 000万元,按现行规定允许在个人所得税前全额扣除。

(2)麦当劳提供的免费食物,需要视同销售,既要缴纳增值税又要缴纳企业所得税。

(3)腾讯公益基金会属于非营利公益组织,其收入属于免税收入,其相关支出允许据实扣除。

(4)扬子江药业捐赠的价值1 000万元的药材需要视同销售,缴纳增值税和企业所得税。

(5)徐工集团提供价值2 500万元的汽车起重机给灾区无偿使用,因为其主体没有提供劳务,因此不涉及所得税,视同销售,无须纳税。

可见,若只是考量纳税成本,则从捐赠形式上看是现金捐赠最优,其他捐赠形式的顺序依次为:个人名义捐赠、基金会捐赠、企业直接捐赠、提供劳务、实物捐赠。

三、关联企业的纳税策划

(一)转让定价销售的纳税筹划

转让定价,是指关联企业之间在销售货物、提供劳务、转让无形资产等时制定的价格。由于存在税率差异,进行交易时通过调整价格来转移利润,达到避税目的。

转让定价方法主要包括:商品交易转让定价、贷款业务转让定价、提供劳务转让定价、专利和专有技术转让定价、租赁设备转让定价、关联企业之间相互支付费用等。

1. 转让定价对纳税的影响

【例 8-9】 某集团下属 A、B 两家企业，B 企业为 A 企业提供原材料，A 企业在上海浦东开发区，企业所得税税率为 15%，B 企业在普通地区，企业所得税税率为 25%。如果 B 企业将 1 000 元的材料价格调降 10% 按 900 元出售给 A 企业，则 B 企业减少纳税 25 元（=100×25%），A 企业增加纳税 15 元（=100×15%），企业集团减少纳税 10 元（=25-15），减少纳税达调整价格额的 10%。

提供劳务、贷款、设备等情况同理。如果集团下属企业不存在税收差异，则转让定价对纳税不产生影响。

2. 转让定价对权益的影响

在上述例子中，如果 A 为甲投资的企业，B 为甲、乙共同投资的企业，各占股份的 50%，则转让定价虽然使集团减少纳税 10 元，但 A 企业增加税后利润 85 元 [=100×(1-15%)]，B 企业减少税后利润 75 元 [=100×(1-25%)]，同没有转让定价比较，甲投资者增加收益 47.5 元（=85-75×50%），乙投资者减少收益 37.5 元（=75×50%）。

因此，转让定价增加甲投资者权益，减少乙投资者权益。如果 A、B 企业均由甲投资或乙投资，或甲、乙共同投资（股份相同），则转让定价对股东之间的权益没有影响。

3. 转让定价对利息的调整

纳税人从关联企业取得借款金额超过其注册资本 50% 的，超过部分的利息，不得税前扣除。

4. 转让定价对坏账准备金的限制

关联企业之间的任何往来账款，不得提取坏账准备金。往来账也不得确认为坏账损失。

5. 转让定价调整中的合同条款分析

转让定价中，受控交易和非受控交易之间的可比性对于判断某一受控交易是否属正常交易至关重要。衡量两者之间的可比性，须对可能影响正常交易价格的因素加以分析，而合同是其中较为重要的因素。合同条款包括报酬形式、销售量、保证范围和时间等。当存在书面协议时,按合同条款加以分析;无书面协议时,可根据交易的经济实质推断受控纳税人之间的合同关系。

(二)房地产开发企业转让定价销售的纳税筹划

在代理商和开发商适用税率或征税方式不一致的情况下,也可能多缴增值税,但少缴企业所得税。如开发商按增值税征税,但代理商的代理费收入按3%的征收率或6%的税率征收增值税,通过较高的代理手续费将开发商利润转移给代理商,减少的所得税有可能超过多缴的增值税。

【例8-10】 某房地产开发企业,别墅出售市场价为10 000元/平方米,开发成本为6 000元/平方米,所得税税率为25%。

要求:试分析自行销售和代理销售对纳税的影响。

分析

(1)自行销售

应纳增值税 = 10 000×9% - 6 000×9% = 360(元)

应纳企业所得税 = (10 000 - 6 000)×25% = 1 000(元)

税后现金净流量 = 10 000 - 6 000 - 360 - 1 000 = 2 640(元)

(2)代理销售

如果该房地产开发企业注册成立一家关联房地产代理销售公司,开发商向代理商每平方米支付2 000元代理费,代理商所得税按营业额的7.5%核定征收,则:

开发商应纳增值税 = 10 000×9% - 6 000×9% = 360(元)

开发商应纳所得税 = (10 000 - 6 000 - 2 000)×25% = 500(元)

代理商应纳增值税 = 2 000÷(1+6%)×6% = 113.21(元)

代理商应纳所得税 = 2 000÷(1+6%)×7.5% = 141.51(元)

税后现金净流量 = 10 000 - 6 000 - 360 - 500 - 113.21 - 141.51 = 2 885.28(元)

因此,代理销售税后现金净流量多得325.28元(= 2 885.28 - 2 560)

(三)建筑施工企业的纳税筹划

建筑施工企业一般按营业收入的3.3%征收增值税和附加税,按营业收入的2%征收企业所得税,从而简化了建筑施工企业的征收程序,同时也为房地产开发企业通过提高建筑施工费减少企业所得税和土地增值税创造了条件。

(四)通过技术咨询、文化经营、绿化服务的纳税筹划

一些大型房地产公司,通过设立业务延伸的关联公司,如设立全资文化公司、技术咨询公司、设计公司,实行多元化经营,利用这些公司进行关联交易完成利润转移;或通过宣传策划费、咨询费、购买艺术品来转移利润,如成立绿化公司就是避税的一个很好的办法。

(五)利用境外关联机构劳务可免征增值税的纳税筹划

税法规定,在中国"境外"提供劳务、转让无形资产,不发生增值税的纳税义务。以设计劳务为例,境外机构除设计开始前派员来中国进行现场勘察、搜集资料、了解情况外,设计方案、绘图等业务全部在中国境外进行,设计完成后,将图纸交给中国境内企业。在这种情况下,对境外机构从中国取得的全部所得只征收预提所得税。

(六)通过设立销售公司销售的纳税筹划

关联企业通过设立独立的销售公司,将消费品以适当的价格销售给独立的销售公司,再由销售公司向市场销售,可以降低消费税税负,增加企业所得税的费用扣除。

【例8-11】 B公司是小汽车生产企业,每年汽车销售额为100亿元,进项税额为10亿元,消费税税率为5%。

要求:通过设立销售公司进行纳税筹划。

分析:

B公司销售小汽车应纳税额为:

应纳消费税 = 100×5% = 5(亿元)

应纳增值税 = 100×13% - 10 = 3(亿元)

在计算企业所得税时可按销售额100亿元计提业务招待费和广告费。

如果将由B公司直接销售改为设立独立的A销售公司销售,A公司按销售额的10%计算差价,则应纳税额为:

B公司应纳消费税 = 90×5% = 4.5(亿元)

B公司应纳增值税 = 90×13% - 10 = 1.7(亿元)

A销售公司应纳增值税 = 100×13% - 90×13% = 1.3(亿元)

可见,设立A销售公司销售,增值税没有减少,消费税减少了0.5亿元(= 5 -

4.5）。在计算企业所得税时可按销售额 190 亿元计提业务招待费和广告费。

（七）企业集团的纳税筹划

集团控股公司是集团进行股权参与和控制而形成的一种组织结构。由于集团内部各个企业之间税收课征的范围和税种存有差异，税率高低不一，还可能存在享受减免税优惠的企业等。这样核心控股企业可以通过财务决策和战略调整，平衡集团税负，降低集团整体的税负水平。

1. 汇总申报和分别申报的纳税筹划

非居民企业在我国设有两处或两处以上分支机构、场所的，经税务机关批准，可分别申报或汇总申报，汇总申报的企业在分支机构有盈有亏的情况下，可以盈亏相抵，这样有利于延期纳税。

【例 8-12】 某集团公司在 A 地和 B 地各设有一个分支机构，2019 年 A 地机构亏损 50 万元，B 地机构获利 100 万元；2020 年 A 地机构获利 120 万元，B 地机构获利 150 万元；A 地税率为 30%，B 地税率为 15%。两年合计纳税总额相等，但汇总申报可以达到延期纳税的效果。

分析：

（1）汇总申报纳税

2019 年所得税 =（100-50）×15% = 7.5（万元）

2020 年所得税 =（120-50）×30% +（150+50）×15% = 51（万元）

（2）分别申报纳税

2019 年所得税 = 100×15% = 15（万元）

2020 年所得税 =（120-50）×30% + 150×15% = 43.5（万元）

2. 集团关联交易的整体纳税筹划

关联交易的纳税筹划常常是通过转让定价实现的。转让定价普遍用于企业集团关联方之间的交易，从而使利润从高税地区转移到低税地区，以降低企业集团的整体税负。

【例 8-13】 A、B、C 三家企业，A 企业设在西部地区，税率为 15%；B 企业和 C 企业都设在普通地区，税率为 25%，但 B 企业享受一年免税、一年减半征税优惠。假定三家企业每年的正常利润均为 100 万元，A、B、C 三家企业三年合计纳税 157.5 万元，如表 8-6 所示。

表 8-6 纳税筹划前

项目	2018 年			2019 年			2020 年		
	A	B	C	A	B	C	A	B	C
利润(万元)	100	100	100	100	100	100	100	100	100
税率(%)	15	0	25	15	12.5	25	15	25	25
所得税(万元)	15	0	25	15	12.5	25	15	25	25
所得税合计(万元)	40			52.5			65		

如果通过转让定价方式,将利润转移给低税率企业,则可使税负降低,筹划后的纳税情况,如表 8-7 所示。

表 8-7 纳税筹划后

项目	2018 年			2019 年			2020 年		
	A	B	C	A	B	C	A	B	C
利润(万元)	0	300	0	300	0	0	300	0	0
税率(%)	15	0	25	15	12.5	25	15	25	25
所得税(万元)	0	0	0	45	0	0	45	0	0
所得税合计(万元)	0			45			45		

可见,通过纳税筹划,A、B、C 三家企业三年合计纳税 90 万元,节税 67.5 万元(=157.5-90)。

第九章 个人所得税法

【本章重点】

纳税人身份的确定;纳税人所得来源的确定;应税所得的项目、税率、不同税目的费用扣除标准;应纳税所得额的计算和应纳税额的计算,以及减免税优惠和境外所得税额扣除、纳税筹划等内容。

【本章难点】

费用扣除的有关规定、应纳税所得额的确定、应纳税额计算中的一些特殊问题等。

个人所得税制度首创于英国,这使得英国被称为"所得税的母国"。同传统的商品税和财产税相比,个人所得税制度的确立比较晚,但其发展很迅速。从确立的直接动因来看,几个主要国家开征个人所得税均与军费或战争有关。

1980年9月10日第五届全国人民代表大会第三次会议通过《中华人民共和国个人所得税法》,后分别于1993年10月31日、1999年8月30日、2005年10月27日、2007年6月29日、2007年12月29日、2011年6月30日、2018年8月31日进行了七次修正。目前适用的是2018年8月31日第十三届全国人民代表大会常务委员会第五次会议通过的《中华人民共和国个人所得税法》(以下简称《个人所得税法》),于2019年1月1日起施行。

个人所得税与企业所得税最大的区别是:个人所得税是对个人(自然人)取得的各项应税所得征收的一种税。其应税范围比企业所得税范围要广,但它们的计税原理是一致的,即以纳税人应税收入扣除费用后的余额为征税对象。

第一节　个人所得税的纳税义务人和征收模式

一、个人所得税的概念

个人所得税是对个人(自然人)取得的各项应税所得征收的一种税,是政府对个人收入进行调节的一种手段。其征税对象不仅包括个人,还包括具有自然人性质的企业,具体可划分为居民纳税义务人和非居民纳税义务人。

二、个人所得税的纳税义务人

(一)居民纳税义务人

在中国境内有住所,或者无住所而一个纳税年度内在中国境内居住累计满183天的个人,为居民个人。居民承担无限纳税义务,即就其从中国境内和境外取得的所得纳税。

(二)非居民纳税义务人

在中国境内无住所又不居住,或者无住所而一个纳税年度内在中国境内居住累计不满183天的个人,为非居民个人。非居民承担有限纳税义务,即就其从中国境内取得的所得纳税。

住所:公民以户籍所在地的居住地为住所,经常居住地与住所不一致的,经常居住地视为住所。如户籍在国内(中国国籍),通常可视为在国内有住所;如在拥有中国国籍的同时,还持有国外的永久居留权,则也因具有国内户籍而被认可为在国内有住所。

三、居民与公民

居民是指在一个主权国家境内长期或永久居住,并受居住国法律保护和管辖的自然人(本国人、外国人、双重国籍人、多重国籍人及无国籍人)。

公民在民法中是指具有本国国籍的自然人。

四、个人所得税的征收模式

个人所得税的征收模式有三种:

（1）分类所得税制。是指把所得按来源不同划分为若干类别,对各类不同性质的所得规定不同的税率,分别计税。

（2）综合所得税制。是指把归属于同一纳税人的各类所得,不管其所得来源均作为一个所得总体,综合计税。

（3）混合所得税制。是指对所得实行分类与综合相结合的课税制度。

第二节　所得来源地的确定

所得来源地是确定该项所得是否应该征收个人所得税的重要依据。对于居民纳税义务人,因为要承担无限纳税义务,因此有关判断其所得来源地的问题,相对来说不那么重要。但是,对于非居民纳税义务人,由于只就其来源于中国境内的所得征税,因此判断其所得来源地,就显得十分重要。

一、所得来源地的具体判断方法

中国的个人所得税,所得来源地的判断应反映经济活动的实质,要遵循方便税务机关实行有效征管的原则。具体规定如下:

（1）工资、薪金所得,以纳税人任职、受雇的公司、企业、事业单位、机关、社会团体、部队、学校等单位的所在地为所得来源地。

（2）生产、经营所得,以生产、经营活动实现地为所得来源地。

（3）劳务报酬所得,以纳税人实际提供劳务的地点为所得来源地。

（4）不动产转让所得,以不动产坐落地为所得来源地;动产转让所得,以实现转让的地点为所得来源地。

（5）财产租赁所得,以被租赁财产的使用地为所得来源地。

（6）利息、股息、红利所得,以支付利息、股息、红利的企业、机构、组织的所在地为所得来源地。

（7）特许权使用费所得,以特许权的使用地为所得来源地。

二、来源于中国境内的所得

所得的来源地与所得的支付地并不是同一个概念,有时两者是一致的,有时却是不相同的。根据上述原则和方法判定来源于中国境内的所得有：

（1）在中国境内的公司、企业、事业单位、机关、社会团体、部队、学校等单位或经济组织中任职、受雇而取得的工资、薪金所得。

（2）在中国境内提供各种劳务而取得的劳务报酬所得。

（3）在中国境内从事生产、经营活动而取得的所得。

（4）个人出租的财产，被承租人在中国境内使用而取得的财产租赁所得。

（5）转让中国境内的房屋、建筑物、土地使用权以及在中国境内转让其他财产而取得的财产转让所得。

（6）提供在中国境内使用的专利权、专有技术、商标权、著作权以及其他各种特许权利而取得的特许权使用费所得。

（7）因持有中国的各种债券、股票、股权而从中国境内的公司、企业或其他经济组织以及个人取得的利息、股息、红利所得。

（8）在中国境内参加各种竞赛活动取得名次的奖金所得；参加中国境内有关部门和单位组织的有奖活动而取得的中奖所得；购买中国境内有关部门和单位发行的彩票取得的中奖所得。

（9）在中国境内以图书、报刊方式出版、发表作品而取得的稿酬所得。

第三节 应税所得项目

中国实行分类与综合所得税制，把所得按来源不同划分为工资、薪金所得，劳务报酬所得，稿酬所得，特许权使用费所得，经营所得，利息、股息、红利所得，财产租赁所得，财产转让所得，偶然所得等九项。居民个人取得第一项至第四项所得（以下称"综合所得"），按纳税年度合并计算个人所得税；非居民个人取得第一项至第四项所得，按月或者按次分项计算个人所得税。纳税人取得第五项至第九项所得，分别计算个人所得税。以下为九项个人应纳税所得：

一、工资、薪金所得

工资、薪金所得，是指个人因任职或受雇而取得的工资、薪金、奖金、年终加薪、劳动分红、津贴、补贴以及与受雇有关的其他所得。工资、薪金属于非独立个人劳动所得。非独立个人劳动,是指个人所从事的由他人指定、安排并接受管理的劳动。

（1）独生子女补贴、差旅费津贴、误餐补助等不属于工资、薪金性质的补贴、津贴,不征个人所得税。

（2）内部退养人员在内退后至法定退休年龄之间从原单位取得的工资、薪金,按"工资、薪金所得"项目征个人所得税,不能按离退休工资对待;取得一次性内退收入的,应按内退后至法定退休年龄之间所属月份均摊,将每月分摊额与当月全部"工资、薪金所得"合并计税,自行向税务机关申报缴纳。

（3）出租汽车经营单位对驾驶员采取单车承包、承租的,驾驶员从事客运取得的收入按工资、薪金所得征税;个体出租车收入,按个体工商户的生产经营所得征税;个人出租车挂靠单位,并向挂靠单位缴纳管理费的,按个体工商户的生产经营所得征税。

（4）劳动分红、免费旅游、企业为职工购买的商业保险、股票期权计划中购买价低于市场价的差额、住房补贴、民航地勤人员的伙食费、飞行小时费均应全额计入工资、薪金所得计征个人所得税。

二、劳务报酬所得

劳务报酬所得,是指个人独立从事各种非雇佣的劳务而取得的所得。例如,从事设计、装潢、安装、制图、化验、测试、医疗、法律、会计、咨询、讲学、新闻、广播、翻译、审稿、书画、雕刻、影视、录音、录像、演出、表演、广告、展览、技术服务、介绍服务、经纪服务、代办服务以及其他劳务取得的所得。

劳务报酬所得与工资、薪金所得的区别:非独立个人劳动所得计入工资、薪金所得;独立个人劳动所得计入劳务报酬所得。例如,专职会计所得计入工资、薪金所得;兼职会计所得计入劳务报酬所得。又如,本出版社专职审稿所得计入工资、薪金所得;外社兼职审稿所得计入劳务报酬所得。

三、稿酬所得

稿酬所得,是指个人因其作品以图书、报刊形式出版、发表而取得的所得。作者去世后,对取得其遗作稿酬的个人,也应按稿酬所得项目征收个人所得税。

不以图书、报刊形式出版、发表的翻译、审稿、书画所得,计入劳务报酬所得。

四、特许权使用费所得

特许权使用费所得,是指个人提供专利权、商标权、著作权、非专利技术以及其他特许权的使用权取得的所得。其中,提供著作权的使用权取得的所得,不包括稿酬所得。但是,对于作者将自己的作品手稿公开拍卖(竞价)取得的所得,应按特许权使用费所得项目征收个人所得税。著作权使用权区别于稿酬所得。

五、经营所得

经营所得,是指:

(1) 个体工商户从事生产、经营活动取得的所得,个人独资企业投资人、合伙企业的个人合伙人来源于境内注册的个人独资企业、合伙企业生产、经营的所得。

(2) 个人依法从事办学、医疗、咨询以及其他有偿服务活动取得的所得。

(3) 个人对企业、事业单位承包经营、承租经营以及转包、转租取得的所得。

(4) 个人从事其他生产、经营活动取得的所得。

六、利息、股息、红利所得

利息、股息、红利所得,是指个人拥有债权、股权而取得的利息、股息、红利所得。具体规定如下:

(1) 利息、股息、红利所得不扣除费用。

(2) 国债和国家发行的金融债券利息免缴个人所得税(与企业所得税有区别)。

(3) 除个人独资企业、合伙企业以外的企业的个人投资者,以企业资金为本人和家庭成员支付的与生产经营无关的支出,或者向企业借款不归还又未用于生产经营的,视为对投资者的分配,依照利息、股息、红利所得缴纳个人所得税。

七、财产租赁所得

财产租赁所得,是指个人出租建筑物、土地使用权、机器设备、车船以及其他财产取得的所得。

八、财产转让所得

财产转让所得,是指个人转让有价证券、股权、建筑物、土地使用权、机器设备、车船以及其他财产取得的所得(仅指有形财产的所有权转让)。具体规定如下:

(1) 股票转让所得暂不缴纳个人所得税。

(2) 量化资产股份转让:①集体所有制改制为股份制的,职工个人取得的股份,暂缓征收个人所得税;②待个人股份转让时,就其转让收入额扣减个人取得该股份时实际支付的费用和合理转让费用后的余额,按财产转让所得项目计征个人所得税。

(3) 个人出售自有住房,总的原则是按财产转让所得征税;其应税所得按已购公有住房和非已购公有住房分别确定;个人换购住房价值相等的部分可免征个人所得税,但需交纳税保证金;个人转让自用5年以上并且是家庭唯一生活用房取得的所得免征个人所得税。

(4) 自2010年1月1日起,对个人转让上市公司限售股取得的所得按20%的税率征收个人所得税。对个人转让从上市公司公开发行和转让市场取得的上市公司股票所得,继续实行免征个人所得税政策。

九、偶然所得

偶然所得,是指个人得奖、中奖、中彩以及其他偶然性质的所得,不得扣除任何费用。

第四节 应纳税所得额的确定

应纳税所得额,是指以某项应税项目的收入额减去税法规定的该项费用扣除标准后的余额。

一、居民个人的综合所得

(一) 费用扣除范围

居民个人的综合所得,以每一纳税年度的收入额减除费用6万元以及专项扣除、专项附加扣除和依法确定的其他扣除后的余额,为应纳税所得额。劳务报酬所得、稿酬所得、特许权使用费所得以收入减除20%的费用后的余额为收入额,稿酬所得的收入额减按70%计算。

(1) 专项扣除包括居民个人按照国家规定的范围和标准缴纳的基本养老保险、基本医疗保险、失业保险等社会保险费和住房公积金等。

(2) 专项附加扣除包括子女教育、继续教育、大病医疗、住房贷款利息、住房租金、赡养老人等支出。

(3) 其他扣除包括企业年金、职业年金、商业健康保险、税延养老保险等。

(二) 费用扣除标准

(1) 子女教育。纳税人子女在全日制学历教育阶段(包括义务教育、高中阶段教育、高等教育)的支出,以及子女年满3岁至小学入学前处于学前教育阶段的支出,纳税人可选择由夫妻一方按每孩每月1 000元扣除,也可选择夫妻双方分别按每孩每月500元扣除。从小学、初中,到普通高中、中等职业、技工教育,再到大专、本科、硕士研究生、博士研究生,学历教育的各个阶段和类型几乎全部覆盖。

(2) 继续教育。纳税人在中国境内接受继续教育发生的支出,其中属于学历(学位)继续教育的支出,按每月400元扣除,扣除期限不能超过48个月(4年);属于技能人员职业资格继续教育和专业技术人员职业资格继续教育的支出,在取得相关证书的当年扣除3 600元。

(3) 大病医疗。在一个纳税年度内,由纳税人负担的医药费用支出超过1.5万元的部分,在每年8万元的限额内据实扣除。可扣除的医药费用支出包括纳税人本人或其配偶、未成年子女发生的医药费用支出。

(4) 住房贷款利息。纳税人本人或其配偶购买中国境内住房发生的首套住房贷款利息支出,可以选择由夫妻一方按每月1 000元扣除,扣除期限最长不超过240个月(20年)。

(5) 住房租金。纳税人在主要工作城市没有自有住房而发生的住房租金支出,在直辖市、省会(首府)城市、计划单列市及国务院确定的其他城市,按每月1 500元扣除;除上述城市外,在市辖区户籍人口超过100万的城市,按每月1 100元扣除;在市辖区户籍人口不超过100万的城市,按每月800元扣除。夫妻双方主要工作城市相同的,只能由一方扣除。

(6) 赡养老人。纳税人赡养年满60岁父母的支出,或者祖父母、外祖父母的子女已经去世,纳税人赡养年满60岁的祖父母或外祖父母的支出可以扣除。纳税人属于独生子女的,按每月2 000元扣除;属于非独生子女的,与其兄弟姐妹分摊每月2 000元的扣除额度,其中每人分摊的扣除额度不得超过1 000元。

二、非居民个人的综合所得

非居民个人的工资、薪金所得,以每月收入额减除费用5 000元后的余额为应纳税所得额;劳务报酬所得、稿酬所得、特许权使用费所得,以每次收入额为应纳税所得额。

三、经营所得

经营所得,以每一纳税年度的收入总额减除成本、费用以及损失后的余额,为应纳税所得额。

四、财产租赁所得

财产租赁所得,每次收入不超过4 000元的,减除费用800元;4 000元以上的,减除20%的费用,其余额为应纳税所得额。

五、财产转让所得

财产转让所得,以转让财产的收入额减除财产原值和合理费用后的余额,为应纳税所得额。

六、利息、股息、红利所得和偶然所得

利息、股息、红利所得和偶然所得,以每次收入额为应纳税所得额。

七、每次收入的确定

扣缴义务人支付劳务报酬所得,稿酬所得,特许权使用费所得,利息、股息、红利所得,财产租赁所得,财产转让所得或者偶然所得时,应当依法按次或者按月代扣代缴税款。

（1）劳务报酬所得、稿酬所得、特许权使用费所得，属于一次性收入的，以取得该项收入为一次；属于同一项目连续性收入的，以一个月内取得的收入为一次。

（2）财产租赁所得，以一个月内取得的收入为一次。

（3）利息、股息、红利所得，以支付利息、股息、红利时取得的收入为一次。

（4）偶然所得，以每次取得该项收入为一次。

（5）其他所得，以每次收入为一次。

第五节 个人所得税的税率

一、综合所得

居民的综合所得适用3%至45%的七级超额累进税率（见表9-1）。

表9-1 七级超额累进税率表（居民综合所得适用）

级数	全年应纳税所得额	税率(%)	速算扣除数
1	不超过36 000元的	3	0
2	超过36 000元至144 000元的部分	10	2 520
3	超过144 000元至300 000元的部分	20	16 920
4	超过300 000元至420 000元的部分	25	31 920
5	超过420 000元至660 000元的部分	30	52 920
6	超过660 000元至960 000元的部分	35	85 920
7	超过960 000元的部分	45	181 920

注：本表所称全年应纳税所得额是指依照《个人所得税法》第六条的规定，居民个人取得综合所得以每一纳税年度收入额减除费用6万元以及专项扣除、专项附加扣除和依法确定的其他扣除后的余额。

非居民工资、薪金所得，劳务报酬所得，稿酬所得和特许权使用费所得适用3%至45%的七级超额累进税率（见表9-2）。

表9-2 七级超额累进税率表

级数	月应纳税所得额	税率(%)	速算扣除数
1	不超过3 000元的	3	0
2	超过3 000元至12 000元的部分	10	210

(续表)

级数	月应纳税所得额	税率(%)	速算扣除数
3	超过 12 000 元至 25 000 元的部分	20	1 410
4	超过 25 000 元至 35 000 元的部分	25	2 660
5	超过 35 000 元至 55 000 元的部分	30	4 410
6	超过 55 000 元至 80 000 元的部分	35	7 160
7	超过 80 000 元的部分	45	15 160

注:非居民个人取得工资、薪金所得,劳务报酬所得,稿酬所得和特许权使用费所得,依照本表按月计算应纳税额。

二、经营所得

经营所得适用5%至35%的五级超额累进税率(见表9-3)。

表9-3 五级超额累进税率表(经营所得适用)

级数	全年应纳税所得额	税率(%)	速算扣除数
1	不超过 30 000 元的	5	0
2	超过 30 000 元至 90 000 元的部分	10	1 500
3	超过 90 000 元至 300 000 元的部分	20	10 500
4	超过 300 000 元至 500 000 元的部分	30	40 500
5	超过 500 000 元的部分	35	65 500

注:本表所称全年应纳税所得额是指依照《个人所得税法》第六条的规定,以每一纳税年度的收入总额减除成本、费用以及损失后的余额。

三、利息、股息、红利所得,财产租赁所得,财产转让所得和偶然所得

利息、股息、红利所得,财产租赁所得,财产转让所得和偶然所得适用20%的比例税率。自2013年1月1日起,实施上市公司股息红利差别化个人所得税政策。

(1)个人从公开发行和转让市场取得的上市公司股票,持股期限在1个月以内(含1个月)的,其股息红利所得全额计入应纳税所得额。

(2)持股期限在1个月以上至1年(含1年)的,减按50%计入应纳税所得额。

(3)持股期限超过1年的,减按25%计入应纳税所得额。

第六节 个人所得税应纳税额的计算

在掌握一般规定的基础上,还要掌握计算中的几个特殊问题,这也是个人所得税中的重点和难点部分。

一、居民个人综合所得应纳税额的计算

居民个人综合所得实行预扣预缴方法。扣缴义务人向居民个人支付工资、薪金所得,劳务报酬所得,稿酬所得,特许权使用费所得时,按规定预扣预缴个人所得税,并向主管税务机关报送《个人所得税扣缴申报表》。年度预扣预缴税额与年度应纳税额不一致的,由居民个人于次年3月1日至6月30日向主管税务机关办理综合所得年度汇算清缴,税款多退少补。

(1)扣缴义务人向居民个人支付工资、薪金所得时,应当按照累计预扣法计算预扣税款,并按月办理全员全额扣缴申报。具体计算公式如下:

本期应预扣预缴税额=(累计预扣预缴应纳税所得额×预扣率-速算扣除数)-累计减免税额-累计已预扣预缴税额

累计预扣预缴应纳税所得额=累计收入-累计免税收入-累计减除费用-累计专项扣除-累计专项附加扣除-累计依法确定的其他扣除

(2)扣缴义务人向居民个人支付劳务报酬所得、稿酬所得、特许权使用费所得时,应当按次或者按月预扣预缴个人所得税。具体预扣预缴方法如下:

劳务报酬所得、稿酬所得、特许权使用费所得,以每次收入额为预扣预缴应纳税所得额。劳务报酬所得适用20%~40%的超额累进预扣率(见表9-4),稿酬所得、特许权使用费所得适用20%的比例预扣率。

表9-4 居民个人劳务报酬所得预扣预缴适用税率

级数	预扣预缴应纳税所得额	税率(%)	速算扣除数
1	不超过20 000元的部分	20	0
2	超过20 000元至50 000元的部分	30	2 000
3	超过50 000元的部分	40	7 000

具体计算公式如下:

劳务报酬所得本期应预扣预缴税额＝预扣预缴应纳税所得额×

预扣率－速算扣除数

稿酬所得、特许权使用费所得本期应预扣预缴税额＝预扣预缴

应纳税所得额×20%

居民个人综合所得应纳税额的基本计算公式为：

应纳税额＝应纳税所得额×适用税率－速算扣除数

【例9-1】 中国居民王某为一家企业的职员，2019年各月取得的收入（不考虑三险一金）如下：

(1) 每月取得企业支付的工资9 800元；

(2) 2月份，为另外一家企业提供技术咨询，取得劳务报酬20 000元；

(3) 3月份，转让一项专利技术取得特许权使用费15 000元；

(4) 12月份，出版一本专著取得稿酬80 000元。

要求：计算王某2019年应预扣及汇算清缴的个人所得税税额。

解：

(1) 支付单位应预扣预缴税款的计算

① 工资、薪金应预扣预缴税款的计算：

本期应预扣预缴税额＝(累计预扣预缴应纳税所得额×预扣率－速算扣除数)－

累计减免税额－累计已预扣预缴税额

累计预扣预缴应纳税所得额＝累计收入－累计免税收入－累计减除费用－

累计专项扣除－累计专项附加扣除－累计其他扣除

1月份应预扣预缴税额＝(9 800－5 000)×3%＝144(元)

2月份应预扣预缴税额＝(9 800×2－5 000×2)×3%－144＝144(元)

3月份应预扣预缴税额＝(9 800×3－5 000×3)×3%－288＝144(元)

4月份应预扣预缴税额＝(9 800×4－5 000×4)×3%－432＝144(元)

5月份应预扣预缴税额＝(9 800×5－5 000×5)×3%－576＝144(元)

6月份应预扣预缴税额＝(9 800×6－5 000×6)×3%－720＝144(元)

7月份应预扣预缴税额＝(9 800×7－5 000×7)×3%－864＝144(元)

8月份应预扣预缴税额＝[(9 800×8－5 000×8)×10%－2 520]－1 008＝312(元)

9月份应预扣预缴税额＝[(9 800×9－5 000×9)×10%－2 520]－1 320＝480(元)

10月份应预扣预缴税额=[(9 800×10-5 000×10)×10%-2 520]-1 800=480(元)
11月份应预扣预缴税额=[(9 800×11-5 000×11)×10%-2 520]-2 280=480(元)
12月份应预扣预缴税额=[(9 800×12-5 000×12)×10%-2 520]-2 760=480(元)
工资、薪金所得本年共计预扣预缴税额=144×7+312+480×4=3 240(元)

② 2月份劳务报酬20 000元应预扣预缴税额的计算：

2月份劳务报酬所得应预扣预缴税额=20 000×(1-20%)×20%=3 200(元)

③ 3月份特许权使用费15 000元应预扣预缴税额的计算：

3月份特许权使用费所得应预扣预缴税额=15 000×(1-20%)×20%=2 400(元)

④ 12月份取得稿酬80 000元应预扣预缴税额的计算：

12月份稿酬所得应预扣预缴税额=80 000×(1-20%)×70%×20%=8 960(元)

支付单位本年共计预扣预缴税额=3 240+3 200+2 400+8 960=17 800(元)

居民个人取得劳务报酬所得、稿酬所得、特许权使用费所得，按上述方法预扣预缴税款后，应当在年度终了后与工资、薪金所得合并计税，进行汇算清缴，多退少补。

(2) 2019年汇算清缴应补退个人所得税的计算

① 综合所得的收入额：

工资、薪金收入额=9 800×12=117 600(元)

劳务报酬收入额=20 000×(1-20%)=16 000(元)

特许权使用费收入额=15 000×(1-20%)=12 000(元)

稿酬收入额=80 000×(1-20%)×70%=44 800(元)

2019年综合所得额=117 600+16 000+12 000+44 800-60 000=130 400(元)

② 应纳个人所得税税额=130 400×10%-2 520=10 520(元)

③ 汇算清缴应退还个人所得税=17 800-10 520=7 280(元)

二、非居民个人综合所得应纳税额的计算

非居民个人取得工资、薪金，劳务报酬，稿酬，特许权使用费等四项所得，由扣缴义务人按月或者按次扣缴税款，不办理汇算清缴。非居民在中国境内从两处以上取得工资、薪金所得的，应当在取得所得的次月15日内向税务机关申报纳税。

非居民个人在中国境内有住所，或者无住所而一个纳税年度内在中国境内居

住累计满 183 天后,将转变为居民纳税人,其已扣缴的税款可以在次年办理汇算清缴,多退少补。

【例 9-2】 中国非居民王某 2019 年从 A 企业取得特许权使用费 15 000 元,出版一部专著取得稿酬 80 000 元。

要求:计算王某 2019 年应缴纳的个人所得税税额。

解:

王某应缴纳的个人所得税税额计算如下:

特许权使用费收入应纳个人所得税 = 15 000×(1−20%)×10%−210 = 990(元)

稿酬收入应纳个人所得税 = 80 000×(1−20%)×70%×30%−4 410 = 9 030(元)

共计缴纳个人所得税 = 990+9 030 = 10 020(元)

【例 9-3】 假设王某是中国居民,王某 2019 年从 A 企业取得特许权使用费 15 000 元,出版一部专著取得稿酬 80 000 元,无工资、薪金所得。

要求:计算王某 2019 年应缴纳的个人所得税税额。

解:

王某应缴纳的个人所得税税额计算如下:

特许权使用费收入额 = 15 000×(1−20%) = 12 000(元)

稿酬收入额 = 80 000×(1−20%)×70% = 44 800(元)

2019 年综合所得 = 12 000+44 800−60 000 = −3 200(元)

因此,王某无须缴纳个人所得税。

三、经营所得应纳税额的计算

(一)查账征收的计税方法

(1)投资者的扣除标准按"工资、薪金所得"标准确定。自 2019 年 1 月 1 日起,个体工商业主的费用扣除标准统一确定为 60 000 元/年,即 5 000 元/月。

(2)从业人员支付的合理的工资、薪金支出允许在税前扣除。

(3)投资者及其家庭发生的生活费用不允许在税前扣除。生活费用与企业生产经营费用混合在一起难以划分的,全部视为生活费用,不允许税前扣除。

(4)投资者及其家庭共用的固定资产,难以划分的,由税务机关核定。

(5)企业发生的工会经费、福利费、职工教育经费可在计税工资的 2%、14%、

8%的标准之内据实扣除,但不得计提。

（6）广告费和业务宣传费在年营业额的15%以内,可据实扣除;超过部分,可无限向以后年度结转。

（7）业务招待费的支出,按照实际发生额的60%扣除,但最高不得超过当年营业收入的5‰。

（8）利息支出不得高于同类、同期贷款利率计算的数额。

（9）个体工商户或个人专营农牧四业（种植业、养殖业、饲养业、捕捞业）所得,暂不计征个人所得税。

（10）不准计提各种准备金。

（11）投资者兴办两个或两个以上的独资企业时,年终汇算清缴,汇总所有企业的所得为应税所得;并以此确定适用税率,计算出应纳税额,再分摊到每个企业分别缴纳。

【例9-4】 中国居民王某注册一家从事餐饮服务的个人独资企业,2019年全年实现收入100万元,成本支出60万元,期间费用及税金支出30万元,其中包括投资者本人领取的工资10万元,没有其他纳税调整事项。王某同时还在另外一家公司就职,每月取得工资收入12 000元,按规定每月缴纳三险一金2 000元。

要求:计算王某2019年应缴纳的个人所得税税额。

解：

（1）综合所得应纳个人所得税的计算：

应纳税所得额 = 12 000×12-60 000-2 000×12 = 60 000（元）

应纳个人所得税 = 60 000×10%-2 520 = 3 480（元）

（2）经营所得应纳个人所得税的计算：

应纳税所得额 = 1 000 000-600 000-300 000+100 000 = 200 000（元）

应纳个人所得税 = 200 000×20%-10 500 = 29 500（元）

王某2019年共计应缴纳的个人所得税 = 2 480+29 500 = 31 980（元）

（二）核定征收的计税方法

核定征收的计税方法包括定额征收、定率征收和其他合理方法。采用核定征收的计税方法,不得享受个人所得税的优惠政策;个人独资企业和合伙企业改核定征收后,不得继续弥补年度经营亏损。

四、利息、股息、红利所得应纳税额的计算

利息、股息、红利所得应纳税额的计算公式为：

$$应纳税额 = 每次收入额 \times 20\%$$

五、财产租赁所得应纳税额的计算

（1）财产租赁所得应纳税所得额凭有效证明可扣除下列费用：

① 房产税、城市维护建设税、教育费附加等税费。

② 实际开支的修缮费用（每次以 800 元为限，一次扣不完的，可无限期在以后扣除）。

（2）财产租赁所得应纳税所得额的计算公式：

① 每次收入不超过 4 000 元的：

应纳税所得额 = 收入 - 税费支出 - 修缮费用（以 800 元为限）- 800（费用额）

② 每次收入超过 4 000 元的：

$$应纳税所得额 = (收入 - 税费支出 - 修缮费用) \times (1 - 20\%)$$

（3）适用税率：

① 财产租赁所得适用 20% 的比例税率。

② 个人按市场价出租居民住房的租金收入，减按 10% 的税率征收个人所得税。

六、财产转让所得应纳税额的计算

财产转让所得应纳税额的计算公式为：

$$应纳税额 = (收入总额 - 财产原值 - 合理费用) \times 20\%$$

七、偶然所得应纳税额的计算

偶然所得应纳税额的计算公式为：

$$应纳税额 = (偶然所得 - 准予扣除的捐赠额) \times 适用税率(20\%)$$

八、应纳税额计算中的几个特殊问题

1. 关于个人取得全年一次性奖金、中央企业负责人年度绩效薪金的征税问题

居民个人取得全年一次性奖金,在 2021 年 12 月 31 日前,不并入当年综合所得,以全年一次性奖金收入除以 12 个月得到的数额,按照月度综合所得税率表,确定适用税率和速算扣除数,单独计算纳税。由于对每月的工资、薪金所得计税时已按月扣除了费用,因此该奖金原则上不再减除费用,全额作为应纳税所得额直接按适用税率计算应纳税额。计算公式为:

$$应纳税额 = 全年一次性奖金收入 \times 适用税率 - 速算扣除数$$

居民个人取得全年一次性奖金,也可以选择并入当年综合所得计算纳税。自 2022 年 1 月 1 日起,居民个人取得全年一次性奖金,应并入当年综合所得计算缴纳个人所得税。

个人当月工资、薪金所得与全年一次性奖金应分别计算缴纳个人所得税。

由于上述计算纳税方法是一种优惠办法,在一个纳税年度内,对每一个纳税人,该计算纳税办法只允许采用一次。对于全年考核,分次发放奖金的,该办法也只能采用一次。

【例 9-5】 李某 2019 年年末取得全年一次性奖金 40 000 元,于 2020 年 1 月发放,当月工资为 9 000 元。

要求:计算李某 2020 年 1 月应缴纳个人所得税数额。

解:

40 000 除以 12 等于 3 333.33 元,适用税率为 10%,速算扣除数为 210 元。

全年一次性奖金应纳个人所得税 = 40 000×10% - 210 = 3 790(元)

当月工资应纳个人所得税 = (9 000 - 5 000)×3% = 120(元)

李某合计应纳个人所得税 = 3 790 + 120 = 3 910(元)

2. 关于在中国境内无住所的个人一次取得数月奖金或年终加薪、劳动分红的征税问题

个人取得上述奖金,可单独作为一个月的工资、薪金所得计算征税。由于对每月的工资、薪金所得计税时已按月扣除了费用,因此对奖金不再减除费用,全额作为应纳税所得额直接按适用税率计算应纳税额,并且不再按居住天数进行

划分计算。

3. 关于特定行业职工取得的工资、薪金所得的征税问题

根据税法规定,对采掘业、远洋运输业、远洋捕捞业的职工取得的工资、薪金所得,可按月预缴,年度终了后 30 日内,合计其全年工资、薪金所得,再按 12 个月平均并计算实际应纳的税款,多退少补。计算公式为:

应纳税额=[(全年工资、薪金收入÷12-费用扣除标准)×税率-速算扣除数]×12

4. 关于个人取得公务交通、通讯补贴收入的征税问题

个人因公务用车和通讯制度改革而取得的公务用车、通讯补贴收入,扣除一定标准的公务费用后,按照工资、薪金所得项目计征个人所得税。按月发放的,并入当月工资、薪金所得计征个人所得税。

公务费用的扣除标准,由省级地方税务局根据纳税人公务交通、通信费用的实际发生情况调查测算,报经省级人民政府批准后确定,并报国家税务总局备案。

5. 关于失业保险费(金)的征税问题

城镇企业事业单位及其职工个人按照《失业保险条例》规定的比例,实际缴付的失业保险费,均不计入职工个人当期的工资、薪金收入,免予征收个人所得税;超过《失业保险条例》规定的比例缴付失业保险费的,应将其超过规定比例缴付的部分计入职工个人当期的工资、薪金收入,依法计征个人所得税。

具备《失业保险条例》规定条件的失业人员,领取的失业保险金,免予征收个人所得税。

6. 关于企业改组改制过程中个人取得的量化资产的征税问题

(1)职工个人以股份形式取得,仅作为分红依据,不拥有企业量化资产的,不征税。

(2)职工个人以股份形式取得,拥有企业量化资产的,取得时暂缓征收个人所得税;在实际转让时,按财产转让所得征收个人所得税。

(3)职工个人以股份形式取得的企业量化资产参与企业分配而获得的股息、红利,按利息、股息、红利项目征收个人所得税。

7. 关于在外商投资企业、外国企业和外国驻华机构工作的中方人员取得的工资、薪金所得的征税问题

凡是由雇佣单位和派遣单位分别支付的,支付单位应按规定代扣代缴个人所

得税。税法规定,纳税人应以每月全部工资、薪金收入减除规定的费用后的余额为应纳税所得额。为了有利于征管,对雇佣单位和派遣单位分别支付工资、薪金的,采取由支付者中的一方减除费用的方法,即只由雇佣单位在支付工资、薪金时按税法规定减除费用,计算扣缴个人所得税;派遣单位支付的工资、薪金不再减除费用,以支付金额直接确定适用税率,计算扣缴个人所得税。

8. 关于两个以上的纳税人共同取得同一项所得的征税问题

两个或两个以上的纳税人共同取得同一项所得的,可对每个人分得的收入分别减除费用,并计算各自应纳的税款。

9. 关于保险营销员、证券经纪人佣金收入的征税问题

保险营销员、证券经纪人取得的佣金收入,属于劳务报酬所得,以不含增值税的收入减除20%的费用后的余额为收入额,收入额减去展业成本以及附加税费后,并入当年综合所得,计算缴纳个人所得税。保险营销员、证券经纪人展业成本按照收入额的25%计算。扣缴义务人向保险营销员、证券经纪人支付佣金收入时,应按规定的累计预扣法计算预扣税款。

10. 关于个人领取企业年金、职业年金的征税问题

个人达到国家规定的退休年龄,领取的企业年金、职业年金,不并入综合所得,全额单独计算应纳税款。其中,按月领取的,适用月度税率表计算纳税;按季领取的,平均分摊计入各月,按每月领取额适用月度税率表计算纳税;按年领取的,适用综合所得税率表计算纳税。个人因出境定居而一次性领取的年金个人账户资金,或个人死亡后,其指定的受益人或法定继承人一次性领取的年金个人账户余额,适用综合所得税率表计算纳税。对个人除上述特殊原因外一次性领取年金个人账户资金或余额的,适用月度税率表计算纳税。

11. 关于个人解除劳动关系、提前退休、内部退养的一次性补贴收入的征税问题

(1) 个人与用人单位解除劳动关系取得一次性补偿收入(包括用人单位发放的经济补偿金、生活补助费和其他补助费),在当地上年职工平均工资3倍数额以内的部分,免征个人所得税;超过3倍数额的部分,不并入当年综合所得,单独适用综合所得税率表,计算纳税。

(2) 个人办理提前退休手续而取得的一次性补贴收入,应按照办理提前退休手续至法定退休年龄之间的实际年度数平均分摊,确定适用税率和速算扣除数,

单独适用综合所得税率表,计算纳税。计算公式为:

应纳税额={[(一次性补贴收入÷办理提前退休手续至法定退休年龄之间的实际年度数)-费用扣除标准]×适用税率-速算扣除数}×办理提前退休手续至法定退休年龄之间的实际年度数

（3）个人办理内部退养手续而取得的一次性补贴收入,按照《国家税务总局关于个人所得税有关政策问题的通知》(国税发〔1999〕58号)的有关规定计算纳税。

12. 关于个人兼职和退休人员再任职取得收入的征税问题

个人兼职取得的收入按照劳动报酬所得项目缴纳个人所得税,退休人员再任职取得的收入按照工资、薪金所得项目缴纳个人所得税。

13. 关于上市公司股权激励的征税问题

居民个人取得股票期权、股票增值权、限制性股票、股权奖励等股权激励的,在2021年12月31日前,不并入当年综合所得,全额单独适用综合所得税率表,计算纳税。计算公式为:

应纳税额=股权激励收入×适用税率-速算扣除数

14. 关于单位低价向职工售房的征税问题

单位按低于购置或建造成本价格出售住房给职工,职工因此而少支出的差价部分,符合《财政部 国家税务总局关于单位低价向职工售房有关个人所得税问题的通知》(财税〔2007〕13号)第二条规定的,不并入当年综合所得,以差价收入除以12个月得到的数额,按照月度税率表确定适用税率和速算扣除数,单独计算纳税。计算公式为:

应纳税额=职工实际支付的购房价款低于该房屋的购置或建造成本价格的差额×适用税率-速算扣除数

15. 关于外籍个人有关津补贴的征税问题

2019年1月1日至2021年12月31日期间,外籍个人符合居民个人条件的,可以选择享受个人所得税专项附加扣除,也可以选择按照之前的规定,享受住房补贴、语言训练费、子女教育费等津补贴免税优惠政策,但不得同时享受。外籍个人一经选择,在一个纳税年度内不得变更。自2022年1月1日起,外籍个人不再享受住房补贴、语言训练费、子女教育费津补贴免税优惠政策,应按规定享受专项附加扣除。

第七节　个人所得税的税收优惠

一、免税项目

根据《个人所得税法》及其实施条例的有关规定,下列所得免征个人所得税:

(1) 省级人民政府、国务院部委和中国人民解放军军以上单位,以及外国组织、国际组织颁发的科学、教育、技术、文化、卫生、体育、环境保护等方面的奖金。

(2) 国债和国家发行的金融债券利息。

(3) 按照国家统一规定发给的补贴、津贴。

(4) 福利费、抚恤金、救济金。

(5) 保险赔款。

(6) 军人的转业费、复员费、退役金。

(7) 按照国家统一规定发给干部、职工的安家费、退职费、基本养老金或者退休费、离休费、离休生活补助费。

(8) 依照有关法律规定应予免税的各国驻华使馆、领事馆的外交代表、领事官员和其他人员的所得。

(9) 中国政府参加的国际公约、签订的协议中规定免税的所得。

(10) 国务院规定的其他免税所得。

二、减税项目

根据《个人所得税法》及其实施条例的有关规定,有下列情形之一的,经批准可以减征个人所得税,具体幅度和期限,由省、自治区、直辖市人民政府规定,并报同级人民代表大会常务委员会备案:

(1) 残疾、孤老人员和烈属的所得。

(2) 因自然灾害遭受重大损失的。

国务院可以规定其他减税情形,报全国人民代表大会常务委员会备案。

三、暂免征税项目

以下项目,暂免征收个人所得税:

（1）外籍个人以非现金形式或实报实销形式取得的住房补贴、伙食补贴、搬迁费、洗衣费。

（2）外籍个人按合理标准取得的境内、境外出差补贴。

（3）外籍个人取得的探亲费、语言训练费、子女教育费等，经当地税务机关审核批准为合理的部分。

（4）个人举报、协查违法犯罪行为而获得的奖金。

（5）个人办理代扣代缴税款的手续费。

（6）个人转让自用达5年以上，并且是唯一的家庭居住用房取得的所得。

（7）延长离、退休期间的工资、薪金所得，视同离、退休工资免征个人所得税。

（8）外籍个人从外商投资企业取得的股息、红利所得。

（9）符合下列条件之一的外籍专家取得的工资、薪金所得：

① 根据世界银行专项贷款协议，由世界银行直接派往中国工作的外国专家；

② 联合国组织直接派往中国工作的专家；

③ 为联合国援助项目来华工作的专家；

④ 援助国派往中国专为该国无偿援助项目工作的专家；

⑤ 根据两国政府签订的文化交流项目来华工作两年以内的文教专家，其工资、薪金所得由该国负担的；

⑥ 根据中国大专院校国际交流项目来华工作两年以内的专家，其工资、薪金所得由该国负担的；

⑦ 通过民间科研协定来华工作的专家，其工资、薪金所得由该国机构负担的。

（10）福利和体育彩票奖金所得。个人购买社会福利有奖募捐彩票和体育彩票，一次中奖收入不超过1万元的，免征个人所得税；超过1万元的，全额征收个人所得税。

四、在中国境内无住所，构成居民纳税人连续不满六年的境外所得免税的优惠

（1）在中国境内无住所，构成居民纳税人连续不满六年，其来源于中国境外的所得，可以只就由中国境内公司、企业以及其他经济组织或者个人支付的部分缴纳个人所得税。也就是说，由外国公司或者个人负担的部分就不用在中国承担纳税义务，即构成居民纳税人的部分纳税人也不必承担无限纳税义务，这实际上是对部分居民纳税人的优惠政策。

（2）在任一年度中，只要有一次离境超过30天的，就重新计算连续居住年限。在中国境内停留的当天满24小时的，计入境内居住天数；不足24小时的，不计入境内居住天数。比如，李先生为香港居民，在深圳工作，每周一早上来深圳上班，周五晚上回香港。周一和周五当天停留都不足24小时，因此不计入境内居住天数，再加上周六、周日两天也不计入，这样，每周可计入的天数仅为3天，按全年52周计算，全年在境内居住天数为156天，未超过183天，不构成居民个人，李先生取得的全部境外所得，就可免缴个人所得税。

（3）在境内居住累计满183天的年度连续"满六年"的起点，是自2019年（含）以后年度开始计算，2018年（含）之前已经居住的年度一律"清零"，不计算在内。按此规定，2024年（含）之前，所有无住所个人在境内居住年限都不满六年，其取得境外支付的境外所得都能享受免税优惠。此外，自2019年起任一年度如果有单次离境超过30天的情形，则此前连续年限"清零"，重新计算。比如，张先生为香港居民，2013年1月1日来深圳工作，2026年8月30日回到香港工作，在此期间，除2025年2月1日至3月15日临时回香港处理公务外，其余时间一直停留在深圳。张先生在境内居住累计满183天的年度，如果从2013年开始计算，实际上已经满六年，但是由于2018年之前已经居住的年度一律"清零"，自2019年以后年度开始计算，因此2019—2024年间，张先生在境内居住累计满183天的年度连续不满六年，其取得的境外支付的境外所得，就可免缴个人所得税。2025年，张先生在境内居住满183天，且从2019年开始计算，他在境内居住累计满183天的年度已经连续满六年（2019—2024年），且没有单次离境超过30天的情形，2025年，张先生应就在境内和境外取得的所得缴纳个人所得税。2026年，由于张先生2025年有单次离境超过30天的情形（2025年2月1日至3月15日），因此其在内地居住累计满183天的连续年限清零，重新起算，2026年当年张先生取得的境外支付的境外所得，可以免缴个人所得税。

五、在中国境内无住所，在一个纳税年度内在中国境内居住累计不超过90天的非居民纳税人的优惠

在中国境内无住所的个人，在一个纳税年度内在中国境内居住累计不超过90天的，其来源于中国境内的所得，由境外雇主支付并且不由该雇主在中国境内的机构、场所负担的部分,免予缴纳个人所得税。

第八节　境外所得已纳税额的扣除

居民个人从中国境外取得的所得,可以从其应纳税额中抵免已在境外缴纳的个人所得税税款,但抵免额不得超过该纳税人境外所得依照中国税法规定计算的应纳税额,即纳税人在境外缴纳的个人所得税税款允许在纳税人应纳税额中扣除,但扣除额不得超过中国税法准予扣除的最高额度。具体就是个人从中国境外一国(地区)取得的所得在该国(地区)实际缴纳的个人所得税税额低于依照规定计算出的同一国家(地区)扣除限额的,应当在中国补缴差额部分的税款;超过扣除限额的,其超过部分不得在当年的应纳税额中扣除,但可于以后年度在同一国家(地区)的扣除限额的余额中补扣,补扣期限最长不超过 5 年。纳税人依法抵免个人所得税时,应当提供境外税务机关填发的完税凭证原件。

掌握这些政策时注意把握好以下几个要点:

(1) 居民个人从中国境内和境外取得的综合所得、经营所得,应当分别合并计算应纳税额;从中国境内和境外取得的其他所得,应当分别单独计算应纳税额。

(2) 境外已纳税额抵免限额的计算。来源于中国境外一国(地区)的综合所得抵免限额、经营所得抵免限额以及其他所得抵免限额之和,既要分国,又要分项。同一国家(地区)内不同项目应纳税额之和为来源于该国家(地区)所得的抵免限额。

① 综合所得抵免限额。其计算公式为:

来源于某国(地区)的综合所得抵免限额=

中国境内、境外综合所得依照规定计算的综合所得应纳税总额×

来源于某国(地区)的综合所得额/中国境内、境外综合所得总额

② 经营所得抵免限额。其计算公式为:

来源于某国(地区)的经营所得抵免限额=

中国境内、境外经营所得依照规定计算的经营所得应纳税总额×

来源于某国(地区)的经营所得的应纳税所得额/

中国境内、境外经营所得的应纳税所得总额

③ 其他所得抵免限额。其计算公式为：

来源于某国(地区)的其他所得抵免限额=

某国(地区)的其他所得项目依照中国税法计算的应纳税额

④ 来源于某国(地区)的抵免限额。其计算公式为：

来源于某国(地区)的抵免限额=综合所得抵免限额+

经营所得抵免限额+其他所得抵免限额

(3) 使用扣除限额在境内补税：

① 境外实际已缴数<抵免限额时，在中国补缴差额部分税款；

② 境外实际已缴数>抵免限额时，在中国本年无须补缴税款；超出部分可在以后5年中，在该国(地区)抵免限额的余额中补扣。

【例9-6】 中国籍居民王某在同一纳税年度从A、B两国取得收入。在A国一公司任职全年工薪收入为115 200元，从中国境内甲公司每月取得工薪收入8 000元，8月从A国取得特许权使用费收入7 000元，10月从B国取得利息收入1 000元。王某已分别在A、B两国缴纳个人所得税2 280元和280元，并已提供完税凭证原件。

要求：计算王某应缴纳的个人所得税税额(不考虑各项扣除)。

解：

(1) 境内外综合所得应纳个人所得税税额的计算：

综合所得收入额=115 200+8 000×12+7 000×(1-20%)=216 800(元)

全年综合所得的应纳税所得额=216 800-60 000=156 800(元)

适用税率为20%，速算扣除数为16 920：

应纳个人所得税=156 800×20%-16 920=14 440(元)

(2) 来源于A国所得的抵免限额=14 440×[115 200+7 000×(1-20%)]/216 800=8 045.90(元)

由于王某在A国缴纳的税款低于抵免限额，因此可全额抵扣，并需在中国补缴差额部分的税款，计5 765.90元(=8 045.90-2 280)。

(3) 来源于B国所得的抵免限额=1 000×20%=200(元)

由于王某在B国缴纳的税款超出了抵免限额，因此只能抵扣200元，不用补缴税款；其超出抵免限额80元的部分可以在以后5个纳税年度的该国扣除限额的余额中补扣。

(4) 王某境内外综合所得在境内应纳个人所得税税额 = 14 440 - 2 280 = 12 160 (元)

第九节 个人所得税的征收管理

根据《个人所得税法》和《税收征收管理法》的规定,个人所得税以所得人为纳税人,以支付所得的单位或者个人为扣缴义务人。纳税人有中国公民身份号码的,以中国公民身份号码为纳税人识别号;纳税人没有中国公民身份号码的,由税务机关赋予其纳税人识别号。扣缴义务人扣缴税款时,纳税人应当向扣缴义务人提供纳税人识别号,扣缴义务人应当按照国家规定办理全员全额扣缴申报,并向纳税人提供其个人所得和已扣缴税款等信息。

个人所得税采取代扣代缴义务人(简称"扣缴人")代扣代缴税款和纳税人自行申报纳税相结合的方式,以及委托代征和核定征收方式。

一、个人所得税的征收管理方式

(一) 扣缴人代扣代缴税款

个人所得税以支付个人应税所得的单位和个人为代扣代缴义务人。所谓支付,包括现金支付、汇拨支付、转账支付和以有价证券、实物以及其他形式的支付。凡是支付个人应税所得的企业(公司)、事业单位、机关、社团组织、军队、驻华机构(不包括外国驻华使领馆和联合国及其他依法享有外交特权和豁免的国际组织驻华机构)、个体工商户等单位或者个人,都必须按照税法规定履行代扣代缴个人所得税的义务。扣缴人应在规定期限内将所代扣的税款缴入国库,并专项记载有关凭证资料备查。这里需要明确,军队干部工资、薪金所得的个人所得税由各部队代扣并逐级上交总后勤部(现改名为后勤保障部),由总后勤部统一向国家税务总局直属征收局缴纳,除此之外,军队干部取得其他的所得和其他所有单位(包括武警部队系统干部的所得)或个人支付的所得,都必须就地依法履行代扣代缴义务。

(二) 纳税人自行申报纳税

纳税人有下列情形之一的,应当按照规定到税务机关办理纳税申报:

(1) 取得综合所得,需要办理汇算清缴;

(2) 取得应税所得,没有扣缴义务人;

(3) 取得应税所得,扣缴义务人未扣缴税款;

(4) 取得境外所得;

(5) 因移居境外注销中国户籍;

(6) 非居民个人在中国境内从两处以上取得工资、薪金所得;

(7) 国务院规定的其他情形。

(三) 委托代征

根据《税收征收管理法》及其实施细则的规定,税务机关可委托有关单位代征税款,并发给委托证书。

委托代征是指受托单位按照税务机关核发的代征证书的要求,以税务机关的名义向纳税人征收一些零散税款的一种税款征收方式。

(四) 核定征收

核定征收是指税务机关依据纳税人的情况,在正常生产经营条件下,对其生产的应税产品查实核定产量和销售额,然后依照税法规定的税率征收税款的征收方式。

根据《税收征收管理法》及其实施细则的规定,对不设置账簿或账证不全,或者逾期不申报纳税的,税务机关有权采取核定征收、定期定额征收和其他方式征收税款。目前,由于个体工商户、私营业主、承包承租经营者等普遍不建账或账证不全,因此采取核定征收方式是税源控管的有效办法。税务机关在实行核定征收时,必须先开展调查、测算,同时,应辅导纳税人逐步建立账证,健全财务管理制度。

二、个人所得税的纳税期限、纳税地点

(一) 纳税期限

(1) 居民个人取得综合所得,按年计算个人所得税;有扣缴义务人的,由扣缴义务人按月或者按次预扣预缴税款;需要办理汇算清缴的,应当在取得所得的次年3月1日至6月30日内办理汇算清缴。居民个人向扣缴义务人提供专项附加扣除信息的,扣缴义务人按月预扣预缴税款时应当按照规定予以扣除,不得拒绝。

(2) 非居民个人取得工资、薪金所得,劳务报酬所得,稿酬所得和特许权使用

费所得,有扣缴义务人的,由扣缴义务人按月或者按次代扣代缴税款,不办理汇算清缴。

(3)纳税人取得经营所得,按年计算个人所得税,由纳税人在月度或者季度终了后15日内向税务机关报送纳税申报表,并预缴税款;在取得所得的次年3月31日前办理汇算清缴。

(4)纳税人取得利息、股息、红利所得,财产租赁所得,财产转让所得和偶然所得,按月或者按次计算个人所得税,有扣缴义务人的,由扣缴义务人按月或者按次代扣代缴税款。

(5)纳税人取得应税所得没有扣缴义务人的,应当在取得所得的次月15日内向税务机关报送纳税申报表,并缴纳税款。纳税人取得应税所得,扣缴义务人未扣缴税款的,纳税人应当在取得所得的次年6月30日前,缴纳税款;税务机关通知限期缴纳的,纳税人应当按照期限缴纳税款。

(6)居民个人从中国境外取得所得的,应当在取得所得的次年3月1日至6月30日内申报纳税。

(7)非居民个人在中国境内从两处以上取得工资、薪金所得的,应当在取得所得的次月15日内申报纳税。纳税人因移居境外注销中国户籍的,应当在注销中国户籍前办理税款清算。

(8)扣缴义务人每月或者每次预扣、代扣的税款,应当在次月15日内缴入国库,并向税务机关报送扣缴个人所得税申报表。

(9)纳税人办理汇算清缴退税或者扣缴义务人为纳税人办理汇算清缴退税的,税务机关审核后,按照国库管理的有关规定办理退税。

(10)公安、人民银行、金融监督管理等相关部门应当协助税务机关确认纳税人的身份、金融账户信息。教育、卫生、医疗保障、民政、人力资源社会保障、住房城乡建设、公安、人民银行、金融监督管理等相关部门应当向税务机关提供纳税人子女教育、继续教育、大病医疗、住房贷款利息、住房租金、赡养老人等专项附加扣除信息。

(11)个人转让不动产的,税务机关应当根据不动产登记等相关信息核验应缴的个人所得税,登记机构办理转移登记时,应当查验与该不动产转让相关的个人所得税的完税凭证。个人转让股权办理变更登记的,市场主体登记机关应当查验与该股权交易相关的个人所得税的完税凭证。

（12）各项所得的计算，以人民币为单位。所得为人民币以外的货币的，按照人民币汇率中间价折合成人民币缴纳税款。

（二）纳税地点

（1）纳税人自行申报的，其申报地点一般应为收入来源地的主管税务机关。

（2）纳税人从两处或两处以上取得工资、薪金所得的，可选择并固定在其中一地税务机关申报纳税。

（3）从境外取得所得的，应向其境内户籍所在地或经常居住地税务机关申报纳税。

（4）扣缴义务人应向其主管税务机关进行纳税申报。

三、其他规定

（一）货币计算单位

各项应税所得的计算，以人民币为单位。应税所得为外国货币的，应当按照填开完税凭证时的上一个月最后一日中国人民银行公布的外汇牌价（买入价），折合成人民币金额计算应纳税所得额。对年度终了汇算清缴税款的，对其已经按月或按次预缴税款的外国货币的所得，则不再重新折算；对应补缴税款的所得部分，按照上一纳税年度最后一日中国人民银行公布的外汇牌价（买入价），折合成人民币金额计算应纳税所得额。

（二）代扣代缴手续费

扣缴人代扣代缴税款，税务机关应按照所代扣代缴税额的2%支付手续费。税务机关在向扣缴人支付手续费时，应当按月填具"收入退还书"。扣缴人持税务机关填具的"收入退还书"向指定的银行办理退库手续。

（三）纳税人不能如期申报

扣缴人和自行申报纳税人按税法规定期限报送个人所得税代扣代缴报告表或纳税申报表时，如遇特殊情况不能按期将税款缴入国库和报送个人所得税代扣代缴报告表、个人所得税纳税申报表的，应当在规定纳税期限内提出书面申请，经主管税务机关批准后，方可延期。在申报期限内不能到主管税务机关申报纳税的，应委托他人申报纳税或邮寄申报纳税。邮寄申报纳税的，以寄出地的邮戳日期为实际申报日期。缴纳税款和报送有关报表期限的最后一日,如遇公休假日,可以顺延。

（四）纳税担保

纳税人需要出境的,应于离境前向当地税务机关缴清税款或者提供纳税担保,这样方可办理出境手续。对未结清税款又不提供纳税担保的,税务机关可以通知出入境管理机关阻止其出境。

（五）纳税调整

有下列情形之一的,税务机关有权按照合理方法进行纳税调整：

（1）个人与其关联方之间的业务往来不符合独立交易原则而减少本人或者其关联方应纳税额,且无正当理由。

（2）居民个人控制的,或者居民个人和居民企业共同控制的设立在实际税负明显偏低的国家（地区）的企业,无合理经营需要,对应当归属于居民个人的利润不做分配或者减少分配。

（3）个人实施其他不具有合理商业目的的安排而获取不当税收利益。

税务机关依照前款规定做出纳税调整,需要补征税款的,应当补征税款,并依法加收利息。

（六）举报奖励

税务违法举报案件经查实并依法处理后,根据举报人的贡献大小,按照实际追缴税款数额的5%以内掌握计发奖金；没有应纳税款的,按照实际追缴罚款数额的10%以内掌握计发奖金,每案奖金最高数额不超过人民币10万元。对有重大贡献的举报人,经省级税务机关批准,奖励金额可适当提高。

第十节　个人所得税的纳税筹划

个人所得税纳税筹划的基本思路是：首先,根据企业和纳税个人的具体情况制订合理计划,即对个人在一段时间内收入情况的预计做出合理安排,通过收入的时间和数量、支付方式的变化,达到降低名义收入额的目的,进而降低税率档次,以降低或免除税负。其次,可以从以下方面考虑：一是提高职工福利水平；二是充分利用可以扣除的费用；三是利用税收优惠条款；四是选择纳税人身份；五是进行收益分配和股权转让；等等。

一、提高职工福利水平

企业可以通过提高职工福利水平,如报销职工一定数额的费用等,在工资总额不变的情况下降低职工的名义收入。具体如下:

(1) 允许职工将自己工资总额的一定比例,以办公费、业务招待费等形式凭发票报销,或者为职工免费提供宿舍(公寓)、交通便利、餐食等,这同时也增加了企业的可抵减项目,减少了企业的所得税,但是要注意相关发票的合理性和合法性。

(2) 为职工提供培训。这既可以提升职工的自身价值,又可以提高职工的工作效率,能为企业创造更多的价值。

【例9-7】 2019年年初,王某任职于一家创业投资企业。企业人事部提供了两种工资方案:一是企业为王某租房,每月房租1 000元由企业负担,企业每月向其发放工资8 000元;二是王某自己租房,每月房租也是1 000元,企业每月向其发放工资9 000元。请分析王某应如何选择?

分析:

方案一,企业为王某租房:

王某应纳个人所得税=(8 000-5 000)×3%=90(元)

方案二,王某自己租房:

王某应纳个人所得税=(9 000-5 000)×10%-210=190(元)

方案一比方案二少缴个人所得税100元(=190-90),王某应选择方案一。

二、充分利用可以扣除的费用

税法规定,企业和个人按照规定比例提取并缴付的住房公积金、医疗保险金、基本养老保险金、失业保险金,不计入个人当期的工资、薪金收入,免予征收个人所得税。企业可以通过提高缴纳住房公积金和社保、医保等基数以及企业年金、职业年金、商业健康保险、税延养老保险等,减少个人所得税的缴纳。

三、利用税收优惠条款

税收优惠是政府为了扶持某些特定地区、行业、企业和业务的发展,或者对某些具有实际困难的纳税人给予照顾,通过一些制度上的安排,给予某些特定纳税人特殊的税收政策。

一般而言,税收优惠的形式有税收豁免、免征额、起征点、税收扣除、优惠退税、加速折旧、优惠税率、盈亏相抵、税收饶让、延期纳税等。

【例9-8】 李某和王某2019年年末分别取得全年一次性奖金36 000元和36 001元。请计算李某和王某各自应纳个人所得税多少元?

解:

(1) 李某应纳个人所得税的计算:

将36 000除以12,余额为3 000元,适用税率为3%,速算扣除数为0元。

应纳个人所得税 = 36 000×3% = 1 080(元)

(2) 王某应纳个人所得税的计算:

将36 001除以12,余额为3 000.08元,适用税率为10%,速算扣除数为210元。

应纳个人所得税 = 36 001×10% − 210 = 3 390.1(元)

王某比李某年终奖只多了1元钱,却要多缴2 310.1元个人所得税,导致王某实际上拿到手的钱就比李某少了2 309.1元。请分析为什么会出现这种所得与税负不匹配的情况?应如何进行纳税筹划?

解:

假设在全年一次性奖金36 000元的基础上增加X元收入后,增加的收入刚好等于增加的个人所得税,则可得到等式:

$(36\ 000+X)\times 10\% - 210 = 36\ 000 \times 3\% + X$

解方程得:

$X = 2\ 567$

此时税收盲区为[36 001,38 567(=36 000+2 567)]。

类似的盲区共有5个,分别是[144 001,160 500],[300 001,318 333],[420 001,447 500],[660 001,706 538],[960 001,1 120 000]。

四、选择纳税人身份

个人所得税的纳税义务人,包括居民纳税义务人和非居民纳税义务人两种,居民纳税义务人必须就其来源于中国境内或境外的全部所得缴纳个人所得税;而非居民纳税义务人仅就其来源于中国境内的所得缴纳个人所得税。显然,非居民纳税人的税负较轻。

在中国境内无住所的个人,在一个纳税年度内在中国境内居住累计不超过90天的,其来源于中国境内的所得,由境外雇主支付并且不由该雇主在中国境内的机构、场所负担的部分,免予缴纳个人所得税。

五、进行收益分配和股权转让

先进行收益分配还是先进行股权转让,在所得税缴纳上有所差异。由于收益分配不再征税,而股权转让差价要征资本利得税,因此先进行收益分配再进行股权转让一般可以减少纳税。

【例9-9】 某设备制造有限公司是中美合资企业,注册资本为4 000万元,美国投资者A占注册资本的80%,投资双方注册资金已经全部到位。经过几年经营,企业形成的资本公积金有1 000万元,未分配利润有9 000万元。因此,企业所有者权益合计为1.4亿元。由于企业效益好,美国另一投资者B也想参股投资该企业,A、B双方经过协商,签订了股权转让合同,A将其拥有的公司30%的股权转让给B,转让价格按所有者权益乘以股权比例计算。股权转让合同已经过有关部门批准。该公司可以采取两种方案:

方案一:股利分配前转让股权。股权转让价格为所有者权益1.4亿元乘以转让股权比例30%,等于4 200万元;转让收益为4 200万元减去30%股权的成本,结果为3 000万元(=4 200-4 000×30%)。A取得3 000万元转让收益,其应缴10%的预提所得税300万元,实际转让收益为2 700万元。因为股利未分配,A从剩下的50%的股权中还能分得4 500万元,因此A的实际收益包括两部分,即从合资企业得到的股息收入与转让净收入,数额为7 200万元(=4 500+2 700)。

方案二:股利分配后再转让股权。因为A占有80%的股权,其从9 000万元利润中可分得股利7 200万元。税法规定,该股利A不用缴纳所得税。分配股利后,合资企业所有者权益变为5 000万元。此时A转让30%的股权给B,转让价格按5 000万元计算,数额为1 500万元。转让收益为1 500万元减去30%股权的成本1 200万元,数额为300万元,应缴预提所得税30万元。因此,股权转让后A的实际收益为7 470万元(=7 200+270)。

通过对以上两个方案的比较,采取方案二,A的实际收益增加270万元,B应支付的转让价格节省2 700万元。显而易见,方案二对双方均有利。

第十章 税收征收管理法

【本章重点】
掌握程序性的有关规定及逃税、强制、保全、违法责任等。

【本章难点】
征税方、纳税方的权利、义务及法律责任等。

税收征收管理法是有关税收征收管理法律规范的总称。根据税收程序法法律效力的高低,可以将我国现行的税收程序法分为税收征收管理法和行政性税收程序法两类。

《中华人民共和国税收征收管理法》由第七届全国人民代表大会常务委员会第二十七次会议于1992年9月4日通过,1995年2月28日第八届全国人民代表大会常务委员会第十二次会议第一次修订,2001年4月28日第九届全国人民代表大会常务委员会第二十一次会议第二次修订,2013年6月29日第十二届全国人民代表大会常务委员会第三次会议第三次修订,2015年4月24日第十二届全国人民代表大会常务委员会第十四次会议第四次修订。

第一节 税收征收管理法概述

为了加强税收征收管理,规范税收征收和缴纳行为,保障国家税收收入,保护纳税人的合法权益,促进经济和社会发展,制定《中华人民共和国税收征收管理法》(以下简称《税收征收管理法》)。

一、《税收征收管理法》概述

(一)《税收征收管理法》的立法目的

(1)加强税收征收管理。

(2)规范税收征收和缴纳行为。

(3)保障国家税收收入。

(4)保护纳税人的合法权益。

(5)促进经济和社会发展。

(二)《税收征收管理法》的遵守主体

(1)税务行政主体:税务机关。

(2)税务行政管理相对人:纳税人、扣缴义务人和其他有关单位。

(3)其他单位和部门(如各级政府)。

二、税收征管权利与义务的设定

(一)税务机关和税务人员的权利与义务

1. 权利

(1)负责税收征管工作。

(2)依法执行职务。

2. 义务

(1)税务机关应当广泛宣传税收法律、行政法规,无偿提供纳税咨询服务。

(2)尊重和保护纳税人、扣缴义务人的权利,依法接受监督。

(3)各级税务机关应当建立、健全内部制约和监督管理制度。

(4)税务机关负责征收、管理、稽查,行政复议人员的职责应当明确,并相互制约。

(5)税务机关应为检举人保密。

(6)建立回避制度。

(二)纳税人、扣缴义务人的权利和义务

1. 权利

(1)有权向税务机关了解税收法律、行政法规、与纳税有关的情况。

（2）有权要求税务机关为自己保密。

（3）依法享有减、免、退税的权利。

（4）对税务机关的决定，有陈述权、申辩权，依法享有申请行政复议、提起行政诉讼、请求国家赔偿等权利。

（5）有权控告、检举税务机关、税务人员的违法违纪行为。

2. 义务

（1）依法纳税，依法代扣代缴、代收代缴税款。

（2）按规定如实向税务机关提供与纳税和代扣代缴、代收代缴有关的信息。

（3）接受税务机关依法进行的税务检查。

（三）地方各级政府、有关部门和单位的权利与义务

1. 权利

（1）依法加强对本行政区内税收征管工作的领导（对地方税务局）或协调（对国家税务局），支持税务机关执法。

（2）各有关部门和单位应当支持、协助税务机关依法执行职务。

（3）任何单位和个人都有权检举违反税收法律、行政法规的行为。

2. 义务

（1）不得违法做出税收开征、停征、减、免、退、补和其他与税法相抵触的决定。

（2）收到违反税法检举的机关和负责查处的机关应当为检举人保密。

第二节 税务管理

一、税务登记管理

（一）税务登记的种类

1. 开业税务登记

（1）开业税务登记的对象。具体如下：

① 领取营业执照从事生产、经营的纳税人。

② 其他纳税人，除临时取得应税收入或发生应税行为以及只缴纳个人所得税、车船税的外，都应按规定向税务机关办理税务登记。

(2) 办理开业税务登记的时间和地点。具体如下:

① 从事生产、经营的纳税人应自领取营业执照之日起 30 日内,向生产、经营地或纳税义务发生地主管税务机关申报办理税务登记。

② 其他纳税人,除国家机关和个人外,应自纳税义务发生之日起 30 日内,向所在地主管税务机关申报办理税务登记。

(3) 比照开业登记办理的几种情况。具体如下:

① 扣缴义务人应自扣缴义务发生之日起 30 日内,向所在地主管税务机关申报办理扣缴税款登记,已办理税务登记的只注明,不再发扣缴税款登记证件。

② 跨地区的非独立核算的分支机构,除由其总机构申报办理税务登记外,也应自设立之日起 30 日内,向所在地税务机关办理注册税务登记。

③ 从事生产、经营的纳税人到外县(市)临时经营,应持证向营业地税务机关报验登记,接受税务管理;若外出经营在同一地累计超过 180 天的应当在营业地办理税务登记。

2. 变更税务登记

(1) 适用范围和时间要求。遇下列情况之一,应变更税务登记:

① 改变单位名称或法定代表人,改变经济性质、类型,改变住所和经营地址。

② 改变生产经营或经营方式,增减注册资本,改变隶属关系、生产经营期限,改变或增减银行账号,改变生产经营权属以及其他。

区别:经营地由镇江京口区移至丹徒区(县级),不是变更税务登记,而是注销税务登记。

(2) 税务登记内容发生变化。对不需办理工商变更登记的,也应自发生变化之日起 30 日内,申报办理税务变更登记。

3. 注销税务登记

(1) 适用范围:经营期满而自动解散;企业由于改组、合并等原因而被撤销;资不抵债而破产;纳税人住所、经营地迁移而脱离原主管税务机关;被吊销营业执照;其他情况。

(2) 时间:15 日内完成(区别:开业、变更都是 30 日内)。

(3) 程序:先注销税务登记,后注销工商登记(被吊销执照的除外)。

(4) 纳税人在办理注销税务登记前,应当向税务机关结清应纳税款、滞纳金、罚款,缴销发票和其他税务证件。

4. 停业、复业登记

"停业"登记适用"定期定额"征收的纳税人;恢复生产、经营之前应提出复业登记申请;不能及时复业,应在停业期满前提出延长停业登记;不申请延长停业的,视为已恢复营业,实行正常征收管理。

(二)税务登记证的作用和管理

1. 作用

开立银行账户;申请减税、免税、退税;申请办理延期申报、延期纳税;领购发票;申请开具外出经营活动税收管理证明;办理停业、歇业;其他。

2. 管理

定期验证、换证;正本公开悬挂,接受检查;若税务登记证遗失,应在15日内书面报告主管税务机关,并登报声明作废。

二、银行账户管理

从事生产、经营的纳税人应当自开立银行账户之日起15日内,向主管税务机关书面报告其全部账号;发生变化的,应当自变化之日起15日内,向主管税务机关书面报告。

三、账簿、发票管理

(一)账簿管理

1. 账簿设置的范围和核算要求

从事生产、经营的纳税人应当自领取营业执照或者发生纳税义务之日起15日内,按照国家有关规定设置账簿。账簿,是指总账、明细账、日记账以及其他辅助性账簿。总账、日记账应当采用订本式。

生产、经营规模小又确无建账能力的纳税人,可以聘请经批准从事会计代理记账业务的专业机构或者经税务机关认可的财会人员代为建账和办理账务;聘请上述机构或者人员有实际困难的,经县以上税务机关批准,可以按照税务机关的规定,建立收支凭证粘贴簿、进货销货登记簿或者使用税控装置。

2. 备案制度

从事生产、经营的纳税人应当自领取税务登记证之日起15日内,将财务、会计制度或者财务、会计处理办法报送税务机关备案。纳税人使用计算机记账的,应当在使用前将会计电算化系统的会计核算软件、使用说明书及有关资料报送主管税务机关备案。

纳税人建立的会计电算化系统应当符合国家有关规定,并能正确、完整核算其收入或者所得。

3. 账簿、凭证的保管

账簿、会计凭证、报表、完税凭证及其他有关资料,自 2016 年 1 月 1 日起保管期限如表 10-1 所示。

表 10-1 企业和其他组织会计档案保管期限

序号	档案名称	保管期限	备注
一	会计凭证		
1	原始凭证	30 年	
2	记账凭证	30 年	
二	会计账簿		
3	总账	30 年	
4	明细账	30 年	
5	日记账	30 年	
6	固定资产卡片		固定资产报废清理后保管 5 年
7	其他辅助性账簿	30 年	
三	财务会计报告		
8	月度、季度、半年度财务会计报告	10 年	
9	年度财务会计报告	永久	
四	其他会计资料		
10	银行存款余额调节表	10 年	
11	银行对账单	10 年	
12	纳税申报表	10 年	
13	会计档案移交清册	30 年	
14	会计档案保管清册	永久	
15	会计档案销毁清册	永久	
16	会计档案鉴定意见书	永久	

(二) 发票管理

1. 发票的印制

增值税专用发票只能由国家税务总局(不含省级国税局)指定的企业统一印制,其他发票按照国务院税务主管部门的规定,分别由省、自治区、直辖市国税局、地税局指定的企业印制。

2. 发票的领购

办理税务登记的单位和个人,可申请领购发票;无固定经营场地或财务制度不健全的纳税人,税务机关有权要求其提供担保人,不提供者,可要求提供保证金,并限期缴销发票。增值税专用发票只限一般纳税人领购使用(其他纳税人可到税务所代开)。

3. 发票的开具、使用、取得

发票限于领购单位和个人在本省、自治区、直辖市内开具。发票不得跨省使用。任何单位和个人未经批准,不得跨规定的使用区域携带、邮寄、运输空白发票。

4. 发票的保管

发票的保管分税务机关保管和纳税人保管两个层次。发票的保管应建立专人、专库、专账、交接、盘点制度。

5. 发票的缴销

发票的缴销包括发票收缴和发票销毁。发票只能由税务机关按规定销毁。收缴的发票不一定都要销毁。

(三) 税控管理

纳税人未按照规定安装、使用税控装置,损毁或者擅自改动税控装置的,由税务机关责令限期改正,可以处以2 000元以下的罚款;情节严重的,处2 000元以上1万元以下的罚款。

四、纳税申报管理

(一) 办理纳税申报的对象

纳税人和扣缴义务人均为纳税申报的对象。纳税人在纳税期内没有应纳税款、享受减免税的,也应当按照规定申报纳税。

(二) 纳税申报的内容和期限

纳税人必须依照法律、行政法规规定或者税务机关依照法律、行政法规的规定确定的申报期限、申报内容如实办理纳税申报,报送纳税申报表、财务会计报表以及税务机关根据实际需要要求纳税人报送的其他纳税资料。

扣缴义务人必须依照法律、行政法规规定或者税务机关依照法律、行政法规的规定确定的申报期限、申报内容如实报送代扣代缴、代收代缴税款报告表以及税务机关根据实际需要要求扣缴义务人报送的其他有关资料。

(三) 纳税申报方式

纳税申报方式包括直接申报、邮寄申报(以邮戳为准)、数据电文申报、简易申报等。

(四) 延期申报管理

县级税务机关负责审批缓申报,省级税务机关负责审批缓交税。

第三节 税款征收

一、税款征收原则

(1) 税务机关是征税的唯一行政主体。

(2) 税务机关只能依照法律、行政法规的规定征收税款。

(3) 税务机关不得违反法律、行政法规的规定开征、停征、多征、少征、提前征收或延缓征收税款或者摊派税款。

(4) 税务机关必须依法定权限、法定程序征税。

(5) 税务机关征收税款或者扣押、查封商品、货物或其他财产时,必须向纳税人开具完税凭证或者开付扣押、查封的收据或清单。

(6) 税款、滞纳金、罚款统一由税务机关上缴国库。

(7) 税款优先原则:

① 税收优先于无担保债权。这里所说的税收优先于无担保债权是有条件的,也就是说并不是优先于所有的无担保债权,对于法律上另有规定的无担保债权,不能行使税收优先权。

② 纳税人发生欠税在前的,税收优先于抵押权、质权和留置权的执行。这里有两个前提条件:其一,纳税人有欠税;其二,欠税发生在前,即纳税人的欠税发生在以其财产设定抵押、质押或被留置之前。纳税人在有欠税的情况下设置抵押权、质权和留置权时,纳税人应当向抵押权人、质权人说明其欠税情况。欠缴的税款是指纳税人发生纳税义务,但未按照法律、行政法规规定的期限或者未按照税务机关依照法律、行政法规的规定确定的期限向税务机关申报缴纳的税款或者少缴的税款。纳税人应缴纳税款的期限届满之次日即是纳税人欠缴税款的发生时间。

③ 税收优先于罚款、没收非法所得。一是纳税人欠缴税款,同时又被税务机关决定处以罚款、没收非法所得的,税款应优先于罚款、没收非法所得。二是纳税人欠缴税款,同时又被税务机关以外的其他行政部门处以罚款、没收非法所得的,税款应优先于罚款、没收非法所得。

二、税款征收方式

税款征收方式主要包括查账征收、查定征收、查验征收、定期定额征收、委托代征、邮寄纳税和其他方式。

三、税款征收制度

(一) 代扣代缴、代收代缴制度

税务机关按照规定付给扣缴义务人代扣、代收手续费。代扣、代收税款手续费,只能由县(市)以上税务机关统一办理退库手续,不得在征收税款过程中坐支。

(二) 延期缴税制度

纳税人因有特殊困难,不能按期缴纳税款的,经省、自治区、直辖市国家税务局、地方税务局批准,可以延期缴纳税款,但是最长不得超过3个月。特殊困难是指:①因不可抗力,导致纳税人发生较大损失,正常生产经营活动受到较大影响的;②当期货币资金在扣除应付职工工资、社会保险费后,不足以缴纳税款的。

申请延期缴纳税款时应注意以下几个问题:

(1) 纳税人提出书面申请。

(2) 税款的延期缴纳,必须经省、自治区、直辖市国家税务局、地方税务局批准,方为有效。

（3）延长期限最长不得超过3个月，同一笔税款不得滚动审批。

（三）税收滞纳金征收制度

纳税人未按照规定期限缴纳税款的，扣缴义务人未按照规定期限解缴税款的，税务机关除责令限期缴纳外，从滞纳税款之日起，按日加收滞纳税款0.5‰的滞纳金。

加收滞纳金的起止时间为法律、行政法规规定或者税务机关依照法律、行政法规的规定确定的税款缴纳期限届满次日起至纳税人、扣缴义务人实际缴纳或者解缴税款之日止。

（四）减免税收制度

（1）减免税必须有法律、行政法规的明确规定。

（2）纳税人申请减免税，应向税务机关提出书面申请，并按规定附送有关资料。

（3）纳税人在享受免税待遇期间，仍应按规定办理纳税申报。

（4）纳税人享受减税、免税的条件发生变化时，应自发生变化之日起15日内向税务机关报告，经税务机关审核后，停止其减税、免税；对不报告又不符合减税、免税条件的，税务机关有权追回已减免的税款。

（5）减免期满，纳税人应自期满次日起恢复纳税。

（五）税额核定和税收调整制度

纳税人的应纳税款无法准确掌握时，应由税务机关核定其应纳税额。

1. 税额核定方法

（1）参照同类水平核定。

（2）成本加合理费用和利润。

（3）按耗用原材料、燃料、动力进行测算。

（4）其他方法。

（5）可同时采用两种以上的方法。

2. 税收调整制度

对于关联企业，不按照独立企业收付价款和费用的，税务机关才有权调整（带有惩罚性质的调整）。对企业不利的，不调整；对税收不利的，要调整。

（六）未办税务登记以及临时经营的纳税人的税款征收制度

1. 适用对象

未办理税务登记的从事生产、经营的纳税人以及临时从事经营的纳税人。

2. 执行程序

核定应纳税额，责令缴纳，扣押货物，解除扣押或拍卖货物，抵缴税款。

（七）税收保全措施

1. 采取税收保全措施的前提

（1）纳税人有逃避纳税义务的行为。

（2）必须在规定的纳税期之前和责令限期缴纳应纳税款的期限之内。

2. 采取税收保全措施的法定程序

（1）责令纳税人提前缴纳税款。可采取税收保全措施的纳税人仅限于从事生产、经营的纳税人，不包括其他纳税人、扣缴义务人、纳税担保人。

（2）责令纳税人提供纳税担保。担保书须经纳税人、担保人、税务机关三方签字盖章后生效。

（3）冻结纳税人的存款。①经县以上税务局（分局）局长批准，书面通知纳税人开户银行或者其他金融机构；②冻结数额以应纳税款为限，不是全部存款；③税款到账后24小时内解除税收保全措施。

（4）扣押、查封价值相当于应纳税款的商品、货物或其他财产（存款不足时）。①必须由两名以上税务人员执行，并通知被执行人；被执行人拒不到场的，不影响执行。②扣押的，开收据；查封的，开清单。③税收保全不当，税务机关应承担赔偿责任。④个人及其所扶养家属维持生活必需的住房和用品，不在税收保全措施之列。生活必需的住房和用品不包括机动车辆、金银首饰、古玩字画、豪华住宅或者一处以外的住房。税务机关对5 000元以下的其他生活用品，不采取税收保全措施和强制执行措施。

3. 税收保全的终止

（1）纳税人在规定期限内缴纳了应纳税款的，税务机关必须立即解除税收保全措施。

（2）纳税人超过规定期限仍未缴纳税款的，经税务局（分局）局长批准，终止保全措施，转入强制执行措施。

（八）税收强制执行措施

1. 适用范围

强制执行措施不仅适用于从事生产、经营的纳税人，而且适用于扣缴义务人和纳税担保人。

2. 原则

采取强制执行措施必须坚持告诫在先执行在后的原则，责令限期缴纳。

3. 形式

强制执行主要有两种形式：

（1）经县以上税务局（分局）局长批准，税务机关可以书面通知开户银行或者其他金融机构从其存款中扣缴税款。

（2）扣押、查封、依法拍卖或者变卖其价值相当于应纳税款的商品、货物或者其他财产，以拍卖或者变卖所得抵缴税款。

4. 滞纳金的强行划拨

对纳税人、扣缴义务人、纳税担保人未缴纳的滞纳金必须同时强制执行，但不包括罚款。因为滞纳金是税款的延伸，罚款是违法行为的行政处罚，两者性质不同。

5. 其他注意事项

（1）执行扣押时，必须有见证人。

（2）扣押财产以应纳税额为限，但生活必需品予以保留。

（3）在无其他可供强制执行的财产的情况下，对不可分割财产可整体扣押、查封、拍卖，在抵缴税款、滞纳金、罚款和费用后，剩余部分在3日内退还被执行人。

（九）欠税清缴制度

1. 严格控制欠税清缴的审批权限

缓缴税款的审批权限集中在省、自治区、直辖市国家税务局、地方税务局。

2. 限期缴税时限

从事生产、经营的纳税人、扣缴义务人未按照规定的期限缴纳或者解缴税款的，纳税担保人未按照规定的期限缴纳所担保的税款的，由税务机关发出限期缴纳税款通知书，责令缴纳或者解缴税款的最长期限不得超过15日。

3. 欠税清缴制度

① 建立欠税清缴制度,扩大了阻止出境对象的范围。

② 建立改制纳税人欠税的清缴制度。

③ 建立大额欠税处分财产报告制度(欠缴税款数额在5万元以上)。

④ 税务机关可以对欠缴税款的纳税人行使代位权、撤销权。

⑤ 建立欠税公告制度。

(十) 税款的退还和追征制度

1. 税款的退还

纳税人超过应纳税额缴纳的税款,税务机关发现后应当立即退还;纳税人自结算缴纳税款之日起3年内发现的,可以向税务机关要求退还多缴的税款并加算银行同期存款利息,税务机关及时查实后应当立即退还;涉及从国库中退库的,依照法律、行政法规有关国库管理的规定退还。

2. 税款的追征

因税务机关的责任,致使纳税人、扣缴义务人未缴或者少缴税款的,税务机关在3年内可以要求纳税人、扣缴义务人补缴税款,但是不得加收滞纳金。因纳税人、扣缴义务人计算错误等失误,未缴或者少缴税款的,税务机关在3年内可以追征税款、滞纳金;上述税款在追缴期限内累计数额在10万元以上的,追征期可以延长到5年。对逃税、抗税、骗税的,税务机关追征其未缴或者少缴的税款、滞纳金或者所骗取的税款,不受前款规定期限的限制。

(十一) 税款入库制度

审计机关、财政机关依法进行审计、检查时,对税务机关的税收违法行为做出的决定,税务机关应当执行;税务机关应当根据有关机关的决定意见书,依照税收法律、行政法规的规定,将应收的税款、滞纳金按照国家规定的税收征收管理范围和税款入库预算级次缴入国库。

税务机关应当自收到审计机关、财政机关的决定、意见书之日起30日内将执行情况书面回复审计机关、财政机关。

有关机关不得将其履行职责过程中发现的税款、滞纳金自行征收入库或者以其他款项的名义自行处理、占压。

第四节 税务检查

一、税务检查的形式和方法

（一）税务检查的形式

税务检查有以下五种形式：重点检查、分类计划检查、集中性检查、临时性检查和专项检查。

（二）税务检查的方法

税务检查的方法有以下几种：全查法、抽查法、顺查法、逆查法、现场检查法、调账检查法、比较分析法、控制计算法、审阅法、核对法、观察法、外调法、盘存法和交叉稽核法。

二、税务检查的职责

（一）税务检查权限

税务机关进行税务检查时有以下权限：

（1）查账权。经县以上税务局（分局）局长批准，可以将纳税人、扣缴义务人以前会计年度的账簿、记账凭证、报表和其他有关资料调回税务机关检查，但是税务机关必须向纳税人、扣缴义务人开付清单，并在3个月内完整退还；有特殊情况的，经设区的市、自治州以上税务局局长批准，税务机关可以将纳税人、扣缴义务人当年的账簿、记账凭证、报表和其他有关资料调回检查，但是税务机关必须在30日内退还。

（2）场地检查权。

（3）责成提供资料权（必须是与纳税相关的）。

（4）询问权（与纳税相关的）。

（5）查证权。税务机关有权到车站、码头、机场、邮政企业及其分支机构检查纳税人托运、邮寄应纳税商品、货物或者其他财产的有关单据、凭证和有关资料。

（6）查核存款账户权。经县以上税务局（分局）局长批准，可以查询案件涉嫌人员的储蓄存款，但不得用于税收以外的用途。

(二) 税收保全措施和强制执行措施权

税务机关发现纳税人有逃避纳税行为,并有明显的转移、隐匿其应纳税的商品、货物以及其他财产或者应纳税的收入的迹象的,可以按照批准权限采取税收保全措施或者强制执行措施。

三、法律责任

(一) 违反税收管理基本规定行为的法律责任

纳税人有下列行为之一的,由税务机关责令限期改正,可以处2 000元以下的罚款;情节严重的,处以2 000元以上10 000元以下的罚款:

(1) 未按照规定的期限申报办理税务登记、变更或者注销税务登记的。

(2) 未按照规定设置、保管账簿或者保管记账凭证和有关资料的。

(3) 未按照规定将财务、会计制度或者财务、会计处理办法和会计核算软件报送税务机关备查的。

(4) 未按照规定将全部银行账号向税务机关报告的。

(5) 未按照规定安装、使用税控装置,或者损毁、擅自改动税控装置的。

纳税人不办理税务登记的,由税务机关责令限期改正;逾期不改正的,经税务机关提请,由工商行政管理机关吊销其营业执照。纳税人未按照规定使用税务登记证件,或者转借、涂改、损毁、买卖、伪造税务登记证件的,处2 000元以上10 000元以下的罚款;情节严重的,处1万元以上5万元以下的罚款。

(二) 扣缴义务人违反账簿、凭证管理的法律责任

扣缴义务人未按照规定设置、保管代扣代缴、代收代缴税款账簿或者保管代扣代缴、代收代缴记账凭证及有关资料的,由税务机关责令限期改正,可以处2 000元以下的罚款;情节严重的,处2 000元以上5 000元以下的罚款。

(三) 纳税人未按照规定期限进行纳税申报的法律责任

纳税人未按照规定的期限办理纳税申报和报送纳税资料的,或者扣缴义务人未按照规定的期限向税务机关报送代扣代缴、代收代缴税款报告表和有关资料的,由税务机关责令限期改正,可以处2 000元以下的罚款;情节严重的,可以处2 000元以上10 000元以下的罚款。

(四)逃税的法律责任

纳税人采取伪造、变造、隐匿、擅自销毁账簿、记账凭证,或者在账簿上多列支出或不列、少列收入,或者经税务机关通知申报而拒不申报或进行虚假的纳税申报,不缴或者少缴应纳税款的,是逃税。

对逃税的处罚有三个档次:

(1)逃税数额不满1万元或者逃税数额占应纳税额不到10%的,由税务机关追缴其税款,并处逃税数额50%以上5倍以下的罚款。

(2)逃税数额在1万元以上不满10万元的且逃税数额占应纳税额10%~30%的,或者因逃税被税务机关给予二次行政处罚又逃税的,处3年以下有期徒刑或者拘役,并处逃税数额1倍以上5倍以下的罚款。

(3)逃税数额在10万元以上的且逃税数额占应纳税额30%以上的,处3年以上7年以下有期徒刑,并处逃税数额1倍以上5倍以下的罚款。

注意:逃税构成犯罪的,判处逃税罪罚金;不构成犯罪的,处以相应罚款。

(五)虚假申报、不申报的法律责任

(1)虚假申报的,限期改正,并处5万元以下的罚款。

(2)不申报,不缴或少缴的,追缴税款、滞纳金,并处少缴部分50%以上5倍以下的罚款。

(六)对逃避追缴欠税行为的法律责任

纳税人欠缴应纳税款,采取转移或者隐匿财产的手段,妨碍税务机关追缴欠缴的税款的,由税务机关追缴欠缴的税款、滞纳金,并处欠缴税款50%以上5倍以下的罚款;构成犯罪的,依法追究刑事责任。

(七)骗取出口退税的法律责任

1. 行政处罚

以假报出口或者其他欺骗手段,骗取国家出口退税款,由税务机关追缴其骗取的退税款,并处骗取税款1倍以上5倍以下的罚款;构成犯罪的,依法追究刑事责任。对骗取国家出口退税款的,税务机关可以在规定期限内停止为其办理出口退税。

2. 刑事处罚

(1)以假报出口或者其他欺骗手段,骗取国家出口退税款数额在1万元以上的,除由税务机关追缴其骗取的退税款以外,处5年以下有期徒刑,并处骗取税款1倍以上5倍以下罚金。

(2)数额巨大或者有其他严重情节的,处5年以上10年以下有期徒刑,并处骗取税款1倍以上5倍以下罚金。

(3)数额特别巨大或者有其他特别严重情节的,处10年以上有期徒刑或者无期徒刑,并处骗取税款1倍以上5倍以下罚金或者没收财产。

(八)抗税的法律责任

抗税,是指纳税人以暴力、威胁等手段拒不缴纳税款的行为。拒绝接受税务机关检查,威胁、围攻、殴打税务人员等行为,也属于抗税。

以暴力、威胁方法拒不缴纳税款的,处3年以下有期徒刑或者拘役,并处拒缴税款1倍以上5倍以下罚金;情节严重的,处3年以上7年以下有期徒刑,并处拒缴税款1倍以上5倍以下罚金。

(九)在规定期限内不缴或者少缴的法律责任

纳税人、扣缴义务人在规定期限内不缴或者少缴应纳或者应解缴的税款,经税务机关责令限期缴纳,逾期仍未缴纳的,税务机关除依照规定采取强制执行措施追缴其不缴或者少缴的税款外,可以处不缴或者少缴的税款50%以上5倍以下的罚款。

(十)不履行扣缴义务的法律责任

扣缴义务人应扣未扣、应收未收税款的,由税务机关向纳税人追缴税款,对扣缴义务人处应扣未扣、应收未收税款50%以上3倍以下的罚款。

(十一)不配合税务机关依法检查的法律责任

纳税人、扣缴义务人逃避、拒绝或者以其他方式阻挠税务机关检查的,由税务机关责令改正,可以处1万元以下的罚款;情节严重的,处1万元以上5万元以下的罚款。

(十二)非法印制发票的法律责任

非法印制发票的,由税务机关销毁非法印制的发票,没收违法所得和作案工具,并处1万元以上5万元以下的罚款;构成犯罪的,依法追究刑事责任。

（十三）有税收违法行为拒不接受税务机关处理的法律责任

从事生产、经营的纳税人、扣缴义务人有本法（指《税收征收管理法》，下同）规定的税收违法行为，拒不接受税务机关处理的，税务机关可以收缴其发票或者停止向其发售发票。

（十四）银行及其他金融机构拒绝配合税务机关依法执行职务的法律责任

纳税人、扣缴义务人的开户银行或者其他金融机构拒绝接受税务机关依法检查纳税人、扣缴义务人存款账户，或者拒绝执行税务机关做出的冻结存款或者扣缴税款的决定，或者在接到税务机关的书面通知后帮助纳税人、扣缴义务人转移存款，造成税款流失的，由税务机关处 10 万元以上 50 万元以下的罚款，对直接负责的主管人员和其他直接责任人员处 1 000 元以上 1 万元以下的罚款。

（十五）擅自改变税收征收管理范围的法律责任

税务机关违反规定擅自改变税收征收管理范围和税款入库预算级次的，责令限期改正，对直接负责的主管人员和其他直接责任人员依法给予降级或者撤职的行政处分。

（十六）不移送的法律责任

纳税人、扣缴义务人有本法第六十三条、第六十五条、第六十六条、第六十七条、第七十一条规定的行为涉嫌犯罪的，税务机关应当依法移交司法机关追究刑事责任。税务人员徇私舞弊，对依法应当移交司法机关追究刑事责任的不移交，情节严重的，依法追究刑事责任。

（十七）税务人员不依法行政的法律责任

税务人员与纳税人、扣缴义务人勾结，唆使或者协助纳税人、扣缴义务人有本法第六十三条、第六十五条、第六十六条规定的行为，构成犯罪的，依法追究刑事责任；尚不构成犯罪的，依法给予行政处分。

（十八）渎职行为的法律责任

税务人员利用职务上的便利，收受或者索取纳税人、扣缴义务人财物或者谋取其他不正当利益，构成犯罪的，依法追究刑事责任；尚不构成犯罪的，依法给予行政处分。税务人员徇私舞弊或者玩忽职守，不征或者少征应征税款，致使国家税收遭受重大损失，构成犯罪的，依法追究刑事责任；尚不构成犯罪的，依法给予行政处分。税务人员滥用职权,故意刁难纳税人、扣缴义务人的,调离税收工作岗位,并依法给予行政处分。税务人员对控告、检举税收违法违纪行为的纳税人、扣缴义务人以及其他检举人进行打击报复的,依法给予行政处分;构成犯罪的,依法追究刑事责任。税务人员违反法律、行政法规的规定,故意高估或者低估农业税计税产量,致使多征或者少征税款,侵犯农民合法权益或者损害国家利益,构成犯罪的,依法追究刑事责任;尚不构成犯罪的,依法给予行政处分。

(十九)不按规定征收税款的法律责任

违反法律、行政法规的规定提前征收、延缓征收或者摊派税款的,由其上级机关或者行政监察机关责令改正,对直接负责的主管人员和其他直接责任人员依法给予行政处分。违反法律、行政法规的规定,擅自做出税收的开征、停征或者减税、免税、退税、补税以及其他同税收法律、行政法规相抵触的决定的,除依照本法规定撤销其擅自做出的决定外,补征应征未征税款,退还不应征收而征收的税款,并由上级机关追究直接负责的主管人员和其他直接责任人员的行政责任;构成犯罪的,依法追究刑事责任。

(二十)违反税务代理的法律责任

未经税务机关依法委托征收税款的,责令退还收取的财物,依法给予行政处分或者行政处罚;致使他人合法权益受到损失的,依法承担赔偿责任;构成犯罪的,依法追究刑事责任。

第十一章 税务行政法规

【本章重点】

税务行政处罚、税务行政复议、税务行政诉讼和税务行政赔偿。

【本章难点】

税务行政处罚的适用,税务行政复议的范围、管辖,以及税务行政赔偿的构成要件。

本章是税法体系中程序法中的内容,主要阐述了纳税人及其他税务当事人违反税法规定的处罚程序、税收征管过程中税务争议的处理程序,以及税务机关应承担的行政赔偿责任等。

第一节 税务行政处罚

为了保障和监督行政机关有效实施行政管理,保护公民、法人和其他组织的合法权益,1996年3月17日第八届全国人民代表大会第四次会议通过了《中华人民共和国行政处罚法》(以下简称《行政处罚法》),自1996年10月1日起实施。它的颁布实施,进一步完善了我国的社会主义民主法制制度。税务行政处罚是行政处罚的重要组成部分。为了贯彻实施《行政处罚法》,规范税务行政处罚的实施,保护纳税人和其他税务当事人的合法权益,1996年9月28日国家税务总局发布了《税务案件调查取证与处罚决定分开制度实施办法(试行)》和《税务行政听证程序实施办法(试行)》,并于1996年10月1日起施行。

税务行政处罚,是指公民、法人或者其他组织有违反税收征收管理秩序的违法

行为,尚未构成犯罪,依法应当承担行政责任的,由税务机关给予行政处罚。它包括以下几方面内容:

(1)当事人行为违反了税收法律规范,侵犯的客体是税收征收管理秩序,应当承担税务行政责任。

(2)从当事人主观方面来说,并不区分是否具有主观故意或者过失,只要有税务违法行为存在,并有法定依据给予行政处罚的,就要承担行政责任,依法给予税务行政处罚。

(3)当事人行为一般是尚未构成犯罪,依法应当给予行政处罚的行为。需要注意的是:一要区分税收违法与税收犯罪的界限。进行税务行政处罚的一般是尚不构成税收犯罪的行为,如果构成了危害税收征管罪,就应当追究刑事责任。二要区分税收违法行为是不是轻微。并不是对所有的税收违法行为都一定要处罚,如果税收违法行为显著轻微,没有造成危害后果,只要予以纠正,经过批评教育后可以不必给予处罚。

(4)给予行政处罚的主体是税务机关。

一、税务行政处罚的原则

(一)法定原则

(1)对公民和组织实施税务行政处罚必须有法定依据,无明文规定不得处罚。

(2)税务行政处罚必须由法定的国家机关在其职权范围内设定。

(3)税务行政处罚必须由法定的税务机关在其职权范围内实施。

(4)税务行政处罚必须由税务机关按照法定程序实施。

(二)公正、公开原则

公正就是要防止偏听偏信,要使当事人了解其违法行为的性质,并给其申辩的机会。公开,一是指税务行政处罚的规定要公开,凡是需要公开的法律规范都要事先公布;二是指处罚程序要公开,如依法举行听证会等。

(三)以事实为依据原则

即以客观事实为基础,实事求是地对涉税处罚事项加以判定。

(四)过罚相当原则

过罚相当,是指在税务行政处罚的设定和实施方面,都要根据税收违法行为的性质、情节、社会危害性的大小而定,防止畸轻畸重或者"一刀切"的行政处罚现象。

(五) 处罚与教育相结合原则

税务行政处罚的目的是纠正违法行为,教育公民自觉守法,处罚只是手段。因此,税务机关在实施行政处罚时,要责令当事人改正或者限期改正违法行为,对情节轻微的违法行为也不一定都实施处罚。

(六) 监督、制约原则

对税务机关实施行政处罚实行两方面的监督制约。一是内部的监督制约,如对违法行为的调查与处罚决定的分开,决定罚款的机关与收缴机构的分离,当场做出的处罚决定向所属行政机关备案等。二是外部的监督制约,包括税务系统上下级之间的监督制约和司法监督,具体体现主要是税务行政复议和诉讼。

二、税务行政处罚的设定和种类

(一) 税务行政处罚的设定

税务行政处罚的设定,是指由特定的国家机关通过一定形式首次独立规定公民、法人或者其他组织的行为规范,并规定违反该行为规范的行政制裁措施。我国现行税收法制的原则是税权集中、税法统一,税收的立法权主要集中在中央。

(1) 全国人民代表大会及其常务委员会可以通过法律的形式设定各种税务行政处罚。

(2) 国务院可以通过行政法规的形式设定除限制人身自由以外的税务行政处罚。

(3) 国家税务总局可以通过规章的形式设定警告和罚款。税务行政规章对非经营活动中的违法行为设定罚款不得超过 1 000 元。对经营活动中的违法行为,有违法所得的,设定罚款不得超过违法所得的 3 倍,且最高不得超过 3 万元;没有违法所得的,设定罚款不得超过 1 万元;超过限额的,应当报国务院批准。

省、自治区、直辖市和计划单列市国家税务局、地方税务局及其以下各级税务机关制定的税收法律、法规、规章以外的规范性文件,在税收法律、法规、规章规定给予行政处罚的行为、种类和幅度的范围内做出具体规定,是一种执行税收法律、法规、规章的行为,不是对税务行政处罚的设定。因此,这类规范性文件与行政处罚法规定的处罚设定原则并不矛盾,是有效的,是可以执行的。

（二）税务行政处罚的种类

根据税务行政处罚的设定原则,税务行政处罚的种类是可变的,它将随着税收法律、法规、规章设定的变化而变化或者增减。

根据税法的规定,现行执行的税务行政处罚种类主要有四种：一是罚款；二是没收非法所得；三是停止出口退税权；四是收缴发票和暂停供应发票。

三、税务行政处罚的主体与管辖

（一）主体

税务行政处罚的主体主要是县（市、旗）以上的税务机关。税务机关是指能够独立行使税收征收管理职权,具有法人资格的行政机关。我国税务机关的组织构成包括国家税务总局,省、自治区、直辖市国家税务局和地方税务局,地（市、州、盟）国家税务局和地方税务局,县（市、旗）国家税务局和地方税务局四级。这些税务机关都具有税务行政处罚主体资格。

各级税务机关的内设机构、派出机构不具有处罚主体资格,不能以自己的名义实施税务行政处罚。但是税务所可以实施罚款额在2 000元以下的税务行政处罚,这是《税收征收管理法》对税务所的特别授权。

（二）管辖

根据《行政处罚法》和《税收征收管理法》的规定,税务行政处罚由当事人税收违法行为发生地的县（市、旗）以上税务机关管辖。这一管辖原则有以下几层含义：

（1）从税务行政处罚的地域管辖来看,税务行政处罚实行行为发生地原则。只有当事人违法行为发生地的税务机关才有权对当事人实施处罚,其他地方的税务机关则无权实施。

（2）从税务行政处罚的级别管辖来看,必须是县（市、旗）以上的税务机关。法律特别授权的税务所除外。

（3）从税务行政处罚的管辖主体的要求来看,必须有税务行政处罚权。

四、税务行政处罚的简易程序

税务行政处罚的简易程序,是指税务机关及其执法人员对于公民、法人或者其他组织违反税收征收管理秩序的行为,当场做出税务行政处罚决定的行政处罚程序。

简易程序的适用条件:一是案情简单、事实清楚、违法后果比较轻微且有法定依据应当给予处罚的违法行为;二是给予的处罚较轻,仅适用于对公民处以50元以下和对法人或者其他组织处以1 000元以下罚款的违法案件。

符合上述条件,税务行政执法人员当场做出税务行政处罚决定应当按照下列程序进行:

(1)向当事人出示税务行政执法身份证件。

(2)告知当事人受到税务行政处罚的违法事实、依据和陈述申辩权。

(3)听取当事人陈述申辩意见。

(4)填写具有预定格式、编有号码的税务行政处罚决定书,并当场交付当事人。

税务行政处罚决定书应当包括下列事项:①税务机关名称。②编码。③当事人姓名(名称)、住址等。④税务违法行为事实、依据。⑤税务行政处罚种类、罚款数额。⑥做出税务行政处罚决定的时间、地点。⑦罚款代收机构名称、地址。⑧缴纳罚款期限。⑨当事人逾期缴纳罚款是否加处罚款。⑩当事人不服税务行政处罚的复议权和起诉权。⑪税务行政执法人员签字或者盖章。

税务行政执法人员当场制作的税务行政处罚决定书,应当报所属税务机关备案。

五、税务行政处罚的一般程序

除了适用简易程序的税务违法案件,对于其他违法案件,税务机关在做出处罚决定之前都要经过立案、调查取证(有的案件还要举行听证)、审查、决定、执行程序。适用一般程序的案件一般是情节比较复杂、处罚比较重的案件。

(一)调查与审查

对税务违法案件的调查取证由税务机关内部设立的调查机构(如管理、检查机构)负责。调查机构进行调查取证后,对依法应当给予行政处罚的,应及时提出处罚建议,以税务机关的名义制作《税务行政处罚事项告知书》并送达当事人,告知当事人做出处罚建议的事实、理由和依据,以及当事人依法享有的陈述申辩或要求听证的权利。调查终结,调查机构应当制作调查报告,并及时将调查报告连同所有案卷材料移交审查机构审查。

对税务违法案件的审查由税务机关内部设立的比较超脱的机构（如法制机构）负责。审查机构收到调查机构移交的案卷后，应对案卷材料进行登记，填写《税务案件审查登记簿》。

审查机构应对案件的下列事项进行审查：

（1）调查机构认定的事实、证据和处罚建议适用的处罚种类、依据是否正确。

（2）调查取证是否符合法定程序。

（3）当事人陈述申辩的事实、证据是否成立。

（4）听证人、当事人听证申辩的事实、证据是否成立。

审查机构应自收到调查机构移交案卷之日起10日内审查终结，制作审查报告，并连同案卷材料报送税务机关负责人审批。

（二）听证

听证，是指税务机关在对当事人某些违法行为做出处罚决定之前，按照一定形式听取调查人员和当事人意见的程序。税务行政处罚听证的范围是对公民做出2 000元以上，或者对法人或其他组织做出1万元以上罚款的案件。税务行政处罚听证主持人应由税务机关内设的非本案调查机构的人员（如法制机构工作人员）担任。

税务行政处罚听证程序如下：

（1）凡属听证范围的案件，在做出处罚决定之前，应当首先向当事人送达《税务行政处罚事项告知书》，告知当事人已经查明的违法事实、证据、处罚的法律依据和拟给予的处罚，并告知有要求举行听证的权利。

（2）要求听证的当事人，应当在收到《税务行政处罚事项告知书》后3日内向税务机关书面提出听证要求，逾期不提出的，视为放弃听证权利。

（3）税务机关应当在当事人提出听证要求后的15日内举行听证，并在举行听证的7日前将《税务行政处罚听证通知书》送达当事人，通知当事人举行听证的时间、地点、主持人的情况。

（4）除涉及国家秘密、商业秘密或者个人隐私的不公开听证的外，对于公开听证的案件，应当先期公告当事人和本案调查人员的姓名、案由和听证的时间、地点并允许公众旁听。

(5)听证会开始时,主持人应首先声明并出示税务机关负责人授权主持听证的决定;然后查明当事人或其代理人、调查人员及其他人员是否到场,宣布案由和听证会的组成人员名单,告知当事人有关的权利、义务,记录员宣读听证会纪律。

(6)听证会开始后,先由调查人员就当事人的违法行为进行指控,并出示事实证据材料,提出处罚建议,再由当事人或其代理人就所指控的事实及相关问题进行申辩和质证,然后控辩双方辩论;辩论终结,当事人进行最后陈述。

(7)听证的全部活动,应当由记录员制作笔录并交当事人审核、签章。

(8)完成听证任务或有听证终止情形发生时,主持人宣布终止听证。

听证结束后,主持人应当制作听证报告并连同听证笔录附卷移交审查机构审查。

(三)决定

审查机构做出审查意见并报送税务机关负责人审批后,应当在收到审批意见之日起3日内,根据不同情况分别制作以下处理决定书,再报税务机关负责人签发:

(1)有应受行政处罚的违法行为的,根据情节轻重及具体情况予以处罚。

(2)违法行为轻微,依法可以不予行政处罚的不予行政处罚。

(3)违法事实不能成立,不得予以行政处罚。

(4)违法行为已构成犯罪的,移送公安机关。

税务机关做出罚款决定的行政处罚决定书应当载明罚款代收机构的名称、地址和当事人应当缴纳罚款的数额、期限等,并明确当事人逾期缴纳是否加处罚款。

六、税务行政处罚的执行

税务机关做出行政处罚决定后,应当依法送达当事人执行。

税务行政处罚的执行,是指履行税务机关依法做出的行政处罚决定的活动。税务机关依法做出行政处罚决定后,当事人应当在行政处罚决定规定的期限内,予以履行。当事人在规定期限内不申请复议又不起诉,并且在规定期限内又不履行的,税务机关可以依法强制执行或者申请法院强制执行。

税务机关对当事人做出罚款行政处罚决定的,当事人应当在收到行政处罚决定书之日起15日内缴纳罚款,到期不缴纳的,税务机关可以对当事人每日按罚款数额的3%加处罚款。

（一）税务机关行政执法人员当场收缴罚款

税务机关对当事人当场做出行政处罚决定，具有依法给予20元以下罚款或者不当场收缴罚款事后难以执行情形的，税务机关行政执法人员可以当场收缴罚款。

税务机关行政执法人员当场收缴罚款的，必须向当事人出具合法罚款收据，并应当自收缴罚款之日起2日内将罚款交至税务机关。税务机关应当在2日内将罚款交付指定的银行或者其他金融机构。

（二）税务行政罚款决定与罚款收缴分离

除依法可以当场收缴罚款的情形外，税务机关做出罚款的行政处罚决定的执行，自1998年1月1日起，应当按照国务院制定的《罚款决定与罚款收缴分离实施办法》的规定，实行做出罚款决定的税务机关与收缴罚款的机构分离。

代收罚款的银行或其他金融机构（代收机构）由国家税务总局与财政部、中国人民银行研究确定。各级地方税务机关的代收机构也可以由各地地方税务局与当地财政部门、中国人民银行分支机构研究确定。

税务机关应当同代收机构签订代收罚款协议。代收罚款协议应当包括下列事项：

（1）税务机关、代收机构名称。

（2）具体代收网点。

（3）代收机构上缴罚款的预算科目、预算级次。

（4）代收机构告知税务机关代收罚款情况的方式、期限。

（5）需要明确的其他事项。

自代收罚款协议签订之日起15日内，税务机关应当将代收罚款协议报上一级税务机关和同级财政部门备案；代收机构应当将代收罚款协议报中国人民银行或当地分支机构备案。

代收机构代收罚款，应当向当事人出具财政部规定的罚款收据。

第二节　税务行政复议

为了防止和纠正违法的或不当的税务具体行政行为，保护纳税人及其他税务当事人的合法权益,保障和监督税务机关依法行使职权,国家税务总局根据《中华人民共和国行政复议法》(自 1999 年 10 月 1 日起实施,以下简称《行政复议法》)和其他有关法律、法规的规定,制定了《税务行政复议规则》,自 2010 年 4 月 1 日起施行。2015 年 12 月 17 日和 2018 年 6 月 15 日两次发布《国家税务总局关于修改〈税务行政复议规则〉的决定》。

一、概述

税务行政复议是我国行政复议制度的一个重要组成部分。税务行政复议是指当事人(纳税人、扣缴义务人、纳税担保人及其他税务当事人)不服税务机关及其工作人员做出的税务具体行政行为,依法向上一级税务机关(复议机关)提出申请,复议机关经审理对原税务机关具体行政行为依法做出维持、变更、撤销等决定的活动。

我国税务行政复议具有以下特点:

(1)税务行政复议以当事人不服税务机关及其工作人员做出的税务具体行政行为为前提。这是由行政复议对当事人进行行政救济的目的所决定的。如果当事人认为税务机关的处理合法、适当,或税务机关还没有做出处理,当事人的合法权益没有受到侵害,就不存在税务行政复议。

(2)税务行政复议因当事人的申请而产生。当事人提出申请是引起税务行政复议的重要条件之一。当事人不申请,就不可能通过行政复议这种形式获得救济。

(3)税务行政复议案件的审理一般由原处理税务机关的上一级税务机关进行。

(4)税务行政复议与行政诉讼相衔接。根据《中华人民共和国行政诉讼法》(以下简称《行政诉讼法》)和《行政复议法》的规定,对于大多数行政案件来说,当事人都可以选择行政复议或者行政诉讼程序解决,当事人对行政复议决定不服的,还可以向法院提起行政诉讼。

二、受案范围

根据《税收征收管理法》《行政复议法》和《税务行政复议规则》的规定,税务行政复议的受案范围仅限于税务机关做出的税务具体行政行为。税务具体行政行为,是指税务机关及其工作人员在税务行政管理活动中行使行政职权,针对特定的公民、法人或者其他组织,就特定的具体事项,做出的有关该公民、法人或者其他组织权利、义务的单方行为。主要包括:

1. 税务机关做出的征税行为

(1) 征收税款、加收滞纳金。

(2) 扣缴义务人、受税务机关委托征收的单位做出的代扣代缴、代收代缴行为及代征行为。

2. 税务机关实施的税收保全措施

(1) 书面通知银行或者其他金融机构冻结纳税人存款。

(2) 扣押、查封商品、货物或其他财产。

(3) 税务机关做出的责令纳税人提供纳税担保行为。

(4) 税务机关未及时解除税收保全措施,使纳税人等合法权益遭受损失的行为。

3. 税务机关实施的税收强制执行措施

(1) 书面通知银行或者其他金融机构从当事人存款中扣缴税款。

(2) 拍卖或者变卖扣押、查封的商品、货物或其他财产。

4. 税务机关做出的税务行政处罚行为

(1) 罚款。

(2) 没收非法所得。

(3) 停止出口退税权。

(4) 收缴发票和暂停供应发票。

5. 税务机关不予依法办理或答复的行为

(1) 不予审批减免税或出口退税。

(2) 不予抵扣税款。

(3) 不予退还税款。

(4) 不予颁发税务登记证、发售发票。

(5) 不予开具完税凭证和出具票据。

(6) 不予认定为增值税一般纳税人。

(7) 不予核准延期申报和批准延期缴纳税款。

（8）税务机关做出的取消增值税一般纳税人资格的行为。

（9）税务机关做出的通知出境管理机关阻止出境的行为。

（10）税务机关做出的其他税务具体行政行为。

根据此项内容，不管现行税法有无规定，只要是税务机关做出的具体行政行为，今后纳税人均可以申请税务行政复议，这也是《行政复议法》实施后，有关税务行政复议的一个新的规定。

另外，《税务行政复议规则》还规定，纳税人可以对税务机关做出的具体行政行为所依据的规定提出行政复议申请。具体规定如下：纳税人认为税务机关的具体行政行为所依据的下列规定不合法，对具体行政行为申请行政复议时，可以一并向行政复议机关提出对有关规定的审查申请：

（1）国家税务总局和国务院其他部门的规定。

（2）其他各级税务机关的规定。

（3）地方各级人民政府的规定。

（4）地方人民政府工作部门的规定。

但以上规定不含国家税务总局制定的规章以及国务院各部委和地方人民政府制定的规章，也就是说，部委规章一级的规范性文件不可以提请审查。

三、管辖

根据《行政复议法》和《税务行政复议规则》的规定，我国税务行政复议管辖的基本制度原则上实行由上一级税务机关管辖的一级复议制度。具体内容如下：

（1）对省级以下各级国家税务局做出的税务具体行政行为不服的，向其上一级机关申请行政复议；对省级国家税务局做出的具体行政行为不服的，向国家税务总局申请行政复议。

（2）对省级以下各级地方税务局做出的税务具体行政行为不服的，向其上一级机关申请行政复议；对省级地方税务局做出的具体行政行为不服的，向国家税务总局或省级人民政府申请行政复议。

（3）对国家税务总局做出的具体行政行为不服的，向国家税务总局申请行政复议。对行政复议决定不服的，申请人可以向人民法院提起行政诉讼；也可以向国务院申请裁决，国务院的裁决为终局裁决。应该注意的是，向国务院申请二级复议审理是特殊规定,只适用于纳税人不服,由国家税务总局直接做出的具体税务行政行为的情况。对纳税人不服省级国税机关、地税机关具体做出的税务行政行为,而向国家税务总局申请复议,并且对总局的复议决定不服的,此种情况,纳税人不能向国务院申请裁决,只能向人民法院起诉,即仍按一级复议原则处理。

(4) 对上述第(1)、(2)、(3)条规定以外的其他机关、组织等做出的税务具体行政行为不服的,按照下列规定申请行政复议:①对税务机关依法设立的派出机构,依照法律、法规或者规章的规定,以自己名义做出的税务具体行政行为不服的,向设立该派出机构的税务机关申请行政复议。②对扣缴义务人做出的扣缴税款行为不服的,向主管该扣缴义务人的税务机关的上一级税务机关申请行政复议;对受税务机关委托的单位做出的代征税款行为不服的,向委托税务机关的上一级税务机关申请行政复议。③对国家税务局和地方税务局共同做出的具体行政行为不服的,向国家税务总局申请行政复议;对税务机关与其他机关共同做出的具体行政行为不服的,向其上一级行政机关申请行政复议。④对被撤销的税务机关在撤销前所做出的具体行政行为不服的,向继续行使其职权的税务机关的上一级税务机关申请行政复议。

为方便纳税人,按《行政复议法》的有关规定,在上述情况下,复议申请人也可以向具体行政行为发生地的县级地方人民政府提出行政复议申请,由接受申请的县级地方人民政府依法进行转送。

四、申请

对纳税人而言,为维护自己的合法权益,行使法律赋予自己的要求税务机关对其行政行为进行复议的权利,首先要依照法律法规的规定提出复议申请。现行的《税务行政复议规则》对此专门做出了规定,具体如下:

(1) 纳税人及其他税务当事人对税务机关做出的征税行为不服,应当先向复议机关申请行政复议;对复议决定不服,再向人民法院起诉。申请人按前款规定申请行政复议的,必须先依照税务机关的纳税决定缴纳或者解缴税款及滞纳金或者提供相应的担保,然后可以依法提出行政复议申请。

(2) 申请人对税务机关做出的征税以外的其他税务具体行政行为不服,可以申请行政复议,也可以直接向人民法院提起行政诉讼。

（3）申请人可以在得知税务机关做出具体行政行为之日起60日内提出行政复议申请。因不可抗力或者被申请人设置障碍等其他正当理由耽误法定申请期限的，申请期限自障碍消除之日起继续计算。

（4）申请人申请行政复议，可以书面申请，也可以口头申请；口头申请的，复议机关应当当场记录申请人的基本情况、行政复议请求，申请行政复议的主要事实、理由和时间。

（5）依法提起行政复议的纳税人或其他税务当事人为税务行政复议申请人，具体是指纳税义务人、扣缴义务人、纳税担保人和其他税务当事人。有权申请行政复议的公民死亡的，其近亲属可以申请行政复议；有权申请行政复议的公民为无行为能力人或者限制行为能力人的，其法定代理人可以代理申请行政复议。有权申请行政复议的法人或者其他组织发生合并、分立或终止的，承受其权利的法人或其他组织可以申请行政复议。与申请行政复议的具体行政行为有利害关系的其他公民、法人或者其他组织，可以作为第三人参加行政复议。申请人、第三人可以委托代理人代为参加行政复议。被申请人不得委托代理人代为参加行政复议。

（6）纳税人或其他税务当事人对税务机关的具体行政行为不服申请行政复议的，做出具体行政行为的税务机关是被申请人。

（7）申请人向复议机关申请行政复议，复议机关已经受理的，在法定行政复议期限内申请人不得再向人民法院起诉；申请人向人民法院提起行政诉讼，人民法院已经依法受理的，不得申请行政复议。

五、受理

（1）复议机关收到行政复议申请后，应当在5日内进行审查，对不符合规定的行政复议申请，决定不予受理，并书面告知申请人；对符合规定，但是不属于本机关受理的行政复议申请，应当告知申请人向有关行政复议机关提出申请。

（2）对符合规定的行政复议申请，自复议机关法制工作机构收到之日起即为受理；受理行政复议申请，应书面告知申请人。

（3）对应当先向复议机关申请行政复议，对行政复议决定不服再向人民法院提起行政诉讼的具体行政行为，复议机关决定不予受理或者受理后超过复议期限不作答复的，纳税人和其他税务当事人可以自收到不予受理决定书之日起，或者行政复议期满之日起15日内,依法向人民法院提起行政诉讼。

(4)纳税人及其他税务当事人依法提出行政复议申请,复议机关无正当理由不予受理且申请人没有向人民法院提起行政诉讼的,上级税务机关应当责令其受理;必要时,上级税务机关也可以直接受理。

(5)行政复议期间税务具体行政行为不停止执行。但是,有下列情形之一的,可以停止执行:①被申请人认为需要停止执行的。②复议机关认为需要停止执行的。③申请人申请停止执行,复议机关认为其要求合理,决定停止执行的。④法律、法规规定停止执行的。

六、决定

(1)行政复议原则上采用书面审查的办法,但是申请人提出要求或者税务机关内部负责行政复议的工作机构认为有必要时,应当听取申请人、被申请人和第三人的意见,并可以向有关组织和人员调查了解情况。

(2)复议机关内部有关工作机构应当自受理行政复议申请之日起7日内,将行政复议申请书副本或者行政复议申请笔录复印件发送被申请人。被申请人应当自收到申请书副本或者申请笔录复印件之日起10日内,提出书面答复,并提交当初做出具体行政行为的证据、依据和其他有关材料。

(3)申请人和第三人可以查阅被申请人提出的书面答复、做出具体行政行为的证据、依据和其他有关材料,除涉及国家秘密、商业秘密或者个人隐私外,复议机关不得拒绝。

(4)在行政复议过程中,被申请人不得自行向申请人和其他有关组织或者个人收集证据。

(5)行政复议决定做出前,申请人要求撤回行政复议申请的,经说明理由,可以撤回;撤回行政复议申请的,行政复议终止。

(6)申请人在申请行政复议时,依据《税务行政复议规则》第十五条的规定,一并提出对有关规定的审查申请的,复议机关对该规定有权处理的,应当在30日内依法处理;无权处理的,应当在7日内按照法定程序转送有权处理的行政机关依法处理。有权处理的行政机关应当在60日内依法处理。处理期间,中止对具体行政行为的审查。

(7)复议机关在对被申请人做出的具体行政行为进行审查时,认为其依据不合法,本机关有权处理的,应当在30日内依法处理。无权处理的,应当在7日内按照法定程序转送有权处理的行政机关依法处理。处理期间,中止对具体行政行为的审查。

(8)复议机关内部有关工作机构应当对被申请人做出的具体行政行为进行合法性与适当性审查,提出意见,经复议机关负责人同意,按照下列规定做出行政复议决定:

① 具体行政行为认定事实清楚,证据确凿,适用依据正确,程序合法,内容适当的,决定维持。

② 被申请人不履行法定职责的,决定其在一定期限内履行。

③ 具体行政行为有下列情形之一的,决定撤销、变更或者确认该具体行政行为违法;决定撤销或者确认该具体行政行为违法的,可以责令被申请人在一定期限内重新做出具体行政行为:事实不清、证据不足的;适用依据错误的;违反法定程序的;超越或者滥用职权的;具体行政行为明显不当的。复议机关责令被申请人重新做出具体行政行为的,被申请人不得以同一事实和理由做出与原具体行政行为相同或者基本相同的具体行政行为。

④ 被申请人不按照规定提出书面答复,提交当初做出具体行政行为的证据、依据的,应决定撤销该具体行政行为。重大、疑难的复议申请,复议机关应集体讨论决定。重大、疑难复议申请的标准,由各复议机关自行确定。

(9)申请人在申请行政复议时可以一并提出行政赔偿请求,复议机关对符合《中华人民共和国国家赔偿法》(以下简称《国家赔偿法》)有关规定应予赔偿的,在决定撤销、变更具体行政行为或者确认具体行政行为违法时,应当同时决定被申请人依法给予赔偿。申请人在申请行政复议时没有提出行政赔偿请求的,复议机关在依法决定撤销或者变更原具体行政行为确定的税款、滞纳金、罚款以及对财产的扣押、查封等强制措施时,应当同时责令被申请人退还税款、滞纳金和罚款,解除对财产的扣押、查封等强制措施,或者赔偿相应的价款;税务机关退还纳税人多缴的税款时,应加算银行同期存款利息。

(10)复议机关应当自受理申请之日起60日内做出行政复议决定。情况复杂,不能在规定期限内做出行政复议决定的,经复议机关负责人批准,可以适当延长,并告知申请人和被申请人;但是延长期限最多不超过30日。复议机关做出行政复议决定,应当制作行政复议决定书,并加盖公章。行政复议决定书一经送达,即发生法律效力。

(11) 被申请人应当履行行政复议决定。被申请人不履行或者无正当理由拖延履行行政复议决定的,复议机关或者有关上级行政机关应当责令其限期履行。

(12) 申请人逾期不起诉又不履行行政复议决定的,或者不履行最终裁决的行政复议决定的,按照下列规定分别处理:①维持具体行政行为的行政复议决定,由做出具体行政行为的行政机关依法强制执行,或者申请人民法院强制执行。②变更具体行政行为的行政复议决定,由复议机关依法强制执行,或者申请人民法院强制执行。

七、其他有关规定

(1) 复议机关、复议机关工作人员及被申请人在行政复议活动中,有违反《行政复议法》及《税务行政复议规则》规定的行为,按《行政复议法》的规定,追究法律责任。

(2) 复议机关受理行政复议申请不得向申请人收取任何费用。复议活动所需经费,应当列入本机关的行政经费,由本级财政予以保障。

(3) 复议机关在受理、审查、决定复议申请过程中,可使用复议专用章。不予受理决定书和复议决定书等重要法律文书应加盖复议机关印章。

第三节 税务行政诉讼

行政诉讼是人民法院处理行政纠纷、解决行政争议的法律制度,与刑事诉讼、民事诉讼一起,共同构筑起现代国家的诉讼制度。具体来讲,行政诉讼是指公民、法人和其他组织认为行政机关及其工作人员的具体行政行为侵犯其合法权益,依照《行政诉讼法》向人民法院提起诉讼,由人民法院进行审理并做出裁决的诉讼制度和诉讼活动。

《行政诉讼法》颁布实施后,人民法院审理行政案件以及公民、法人和其他组织与行政机关进行行政诉讼进入了一个有法可依的新阶段。税务行政诉讼作为行政诉讼的一个重要组成部分,也必须遵循《行政诉讼法》所确立的基本原则和普遍程序。

一、概念

税务行政诉讼,是指公民、法人和其他组织认为税务机关及其工作人员的具体税务行政行为违法或者不当,侵犯了其合法权益,依法向人民法院提起行政诉讼,由人民法院对具体税务行政行为的合法性和适当性进行审理并做出裁决的司法活动。其目的是保证人民法院正确、及时审理税务行政案件,保护纳税人、扣缴义务人等当事人的合法权益,维护和监督税务机关依法行使行政职权。

从税务行政诉讼与税务行政复议及其他行政诉讼活动的比较中可以看出,税务行政诉讼具有以下特殊性:

(1) 税务行政诉讼是由人民法院进行审理并做出裁决的一种诉讼活动。这是税务行政诉讼与税务行政复议的根本区别。税务行政复议和税务行政诉讼是解决税务行政争议的两条重要途径。由于税务行政争议范围广、数量多、专业性强,大量税务行政争议由税务机关以税务行政复议方式解决,只有由人民法院对税务进行审理并做出裁决的活动,才是税务行政诉讼。

(2) 税务行政诉讼以解决税务行政争议为前提,这是行政诉讼与其他行政诉讼活动的根本区别,具体体现在:①被告必须是税务机关,或经法律、法规授权的行使税务行政管理权的组织,而不是其他行政机关或组织。②税务行政诉讼解决的争议发生在税务行政管理过程中。③因税款征纳问题发生的争议,当事人在向人民法院提起行政诉讼前,必须先经税务行政复议程序,即复议前置。

二、原则

除共有原则外(如人民法院独立行使审判权,实行合议、回避、公开、辩论、两审、终审等),税务行政诉讼还必须和其他行政诉讼一样,遵循以下几个特有原则:

(1) 人民法院特定主管原则。是行政诉讼的一项特殊原则,法律规定由人民法院主管的行政案件,只要行政相对人依法提起诉讼,人民法院就须管辖。

(2) 合法性审查原则。除审查税务机关是否滥用权力、税务行政处罚是否显失公正外,人民法院只对税务具体行政行为是否合法予以审查。与此相适应,人民法院原则上不直接判决变更。

（3）不适用调解原则。税收行政管理权是国家权力的重要组成部分,税务机关无权依自己意愿进行处置,因此人民法院也不能对税务行政诉讼法律关系的双方当事人进行调解。

（4）起诉不停止执行原则。是指当事人不能以起诉为理由而停止执行税务机关所做出的具体行政行为,如税收保全措施和税收强制执行措施。

（5）税务机关负举证责任原则。由于税务行政行为是税务机关单方依一定事实和法律做出的,只有税务机关最了解做出该行为的证据。如果税务机关不提供或不能提供证据,就可能败诉。

（6）由税务机关负责赔偿原则。依据《国家赔偿法》的有关规定,税务机关及其工作人员因执行职务不当,给当事人造成人身及财产损害,应负担赔偿责任。

三、管辖

税务行政诉讼管辖,是指人民法院受理第一审行政案件的职权分工。《行政诉讼法》第十四条至第二十四条详细具体地规定了行政诉讼管辖的各类内容。这对税务行政诉讼当然也是适用的。

具体来讲,税务行政诉讼的管辖分为级别管辖、地域管辖和裁定管辖。

1. 级别管辖

级别管辖是上下级人民法院之间受理第一审行政案件的分工和权限。根据《行政诉讼法》的规定,基层人民法院管辖一般的行政案件;中高级人民法院管辖本辖区内重大、复杂的税务行政案件;最高人民法院管辖全国范围内重大、复杂的行政案件。

2. 地域管辖

地域管辖是同级人民法院之间受理第一审行政案件的分工和权限,分一般地域管辖和特殊地域管辖两种。

（1）一般地域管辖。是指按照最初做出具体行政行为的机关所在地来确定管辖法院。凡是未经复议直接向人民法院提起诉讼的,或者经过复议,复议裁决维持原具体行政行为,当事人不服向人民法院提起诉讼的,根据《行政诉讼法》第十八条的规定,均由最初做出具体行政行为的税务机关所在地人民法院管辖。

（2）特殊地域管辖。是指根据特殊行政法律关系或特殊行政法律关系所指的对象来确定管辖法院。税务行政案件的特殊地域管辖主要是指：经过复议的案件，复议机关改变原具体行政行为的，由原告选择最初做出具体行政行为的税务机关所在地的人民法院，或者复议机关所在地人民法院管辖。原告可以向任何一个有管辖权的人民法院起诉，最先收到起诉状的人民法院为第一审法院。

3. 裁定管辖

裁定管辖是指人民法院依法自行裁定的管辖，包括移送管辖、指定管辖及管辖权的转移三种情况。

（1）移送管辖。是指人民法院将已经受理的案件，移送给有管辖权的人民法院审理。根据《行政诉讼法》第二十二条的规定，移送管辖必须具备三个条件：一是移送人民法院已经受理该案件；二是移送法院发现自己对该案件没有管辖权；三是接受移送的人民法院必须对该案件确有管辖权。

（2）指定管辖。是指上级人民法院以裁定的方式，指定某下一级人民法院管辖某一案件。根据《行政诉讼法》第二十三条的规定，有管辖权的人民法院因特殊原因不能行使对行政诉讼的管辖权的，由其上级人民法院指定管辖。人民法院对管辖权发生争议，由争议双方协商解决；协商不成的，报它们共同的上级人民法院指定管辖。

（3）管辖权的转移。根据《行政诉讼法》第二十四条的规定，上级人民法院有权审理下级人民法院管辖的第一审行政案件。下级人民法院对其管辖的第一审行政案件，认为需要由上级人民法院审理或者指定管辖的，可以报请上级人民法院决定。

四、受案范围

税务行政诉讼的受案范围，是指人民法院对税务机关的哪些行为拥有司法审查权。换言之，公民、法人或者其他组织对税务机关的哪些行为不服可以向人民法院提起税务行政诉讼。在实际生活中，税务行政争议种类多、涉及面广，不可能也没有必要都诉诸人民法院通过诉讼程序解决。界定税务行政诉讼的受案范围，便于明确人民法院、税务机关及其他国家机关间在解决税务行政争议方面的分工和权限。

税务行政诉讼案件的受案范围除受《行政诉讼法》有关规定的限制外,也受《税收征收管理法》及其他相关法律、法规的调整和制约。具体说来,税务行政诉讼案件的受案范围与税务行政复议的受案范围基本一致,包括以下几个方面。

(1) 税务机关做出的征税行为:一是征收税款、加收滞纳金;二是扣缴义务人、受税务机关委托的单位做出的代扣代缴、代收代缴行为及代征行为。

(2) 税务机关做出的责令纳税人提交纳税保证金或者纳税担保行为。

(3) 税务机关做出的行政处罚行为:一是罚款;二是没收违法所得;三是停止出口退税权;四是收缴发票和暂停供应发票。

(4) 税务机关做出的通知出境管理机关阻止出境行为。

(5) 税务机关做出的税收保全措施:一是书面通知银行或者其他金融机构冻结存款;二是扣押、查封商品、货物或者其他财产。

(6) 税务机关做出的税收强制执行措施:一是书面通知银行或者其他金融机构扣缴税款;二是拍卖所扣押、查封的商品、货物或者其他财产抵缴税款。

(7) 认为符合法定条件申请税务机关颁发税务登记证和发售发票,税务机关拒绝颁发、发售或者不予答复的行为。

(8) 税务机关的复议行为:一是复议机关改变了原具体行政行为;二是期限届满,税务机关不予答复。

五、起诉和受理

(一) 起诉

税务行政诉讼起诉,是指公民、法人或者其他组织认为自己的合法权益受到税务机关具体行政行为的侵害,而向人民法院提出诉讼请求,要求人民法院行使审判权,依法予以保护的诉讼行为。起诉,是法律赋予税务行政管理相对人用以保护其合法权益的权利和手段。在税务行政诉讼等行政诉讼中,起诉权是单向性的权利,税务机关不享有起诉权,只有应诉权,即税务机关只能作为被告;与民事诉讼不同,作为被告的税务机关不能反诉。

纳税人、扣缴义务人等税务行政管理相对人在提起税务行政诉讼时,必须符合下列条件:

(1) 原告是认为税务机关的具体行政行为侵犯其合法权益的公民、法人或者其他组织。

(2) 有明确的被告。

(3) 有具体的诉讼请求和事实、法律根据。

(4) 属于人民法院的受案范围和受人民法院管辖。

此外,提起税务行政诉讼,还必须符合法定的期限和必经的程序。根据《税收征收管理法》第八十八条及其他相关规定,对税务机关的征税行为提起诉讼,必须先经过复议;对复议决定不服的,可以在接到复议决定书之日起 15 日内向人民法院起诉。对其他具体行政行为不服的,当事人可以在接到通知或者知道之日起 15 日内直接向人民法院起诉。

税务机关做出具体行政行为时,未告知当事人起诉权和起诉期限,致使当事人逾期向人民法院起诉的,其起诉期限从当事人实际知道起诉权或者起诉期限时计算,但最长不得超过 2 年。

(二) 受理

原告起诉,经人民法院审查,认为符合起诉条件并立案审理的行为,称为受理。对当事人的起诉,人民法院一般从以下几方面进行审查并做出是否受理的决定:

(1) 审查是否属于法定的诉讼受案范围。

(2) 审查是否具备法定的起诉条件。

(3) 审查是否已经受理或者正在受理。

(4) 审查是否有管辖权。

(5) 审查是否符合法定的期限。

(6) 审查是否经过必经复议程序。

根据法律规定,人民法院在接到诉状时对符合起诉条件的,应当登记立案。对当场不能判定是否符合《行政诉讼法》规定的起诉条件的,应当接收起诉状,出具注明收到日期的书面凭证,并在 7 日内决定是否立案。不符合起诉条件的,做出不予立案的裁定。裁定书应当载明不予立案的理由,原告对裁定不服的,可以提起上诉。

六、审理和判决

(一) 审理

人民法院审理税务行政诉讼案件实行合议、回避、公开审判和两审终审的审判制度。审理的核心是审查被诉具体行政行为是否合法,即做出该行为的税务机关是否依法享有该税务行政管理权;该行为是否依据一定的事实和法律做出;税务机关做出该行为是否遵照必备的程序等。

(二) 判决

人民法院对受理的税务行政诉讼案件,经过调查、收集证据、开庭审理之后,分别做出如下判决:

(1) 维持判决。适用于具体行政行为证据确凿,适用法律、法规正确,符合法定程序的案件。

(2) 撤销判决。被诉的具体行政行为主要证据不足,适用法律、法规错误,违反法定程序,或者超越职权、滥用职权,人民法院应判决撤销或部分撤销,同时可判决税务机关重新做出具体行政行为。

(3) 履行判决。税务机关不履行或拖延履行法定职责的,判决其在一定期限内履行。

(4) 变更判决。税务行政处罚显失公正的,可以判决变更。

对一审人民法院的判决不服,当事人可以上诉。对发生法律效力的判决,当事人必须执行,否则人民法院有权依对方当事人的申请予以强制执行。

第四节 税务行政赔偿

一、概念

税务行政赔偿,是指税务机关作为履行国家赔偿义务的机关,对本机关及其工作人员的职务违法行为给纳税人和其他税务当事人的合法权益造成的损害,代表国家给予赔偿的制度。

二、构成要件

税务行政赔偿责任的构成必须同时具备以下三个要件:

(1) 税务机关及其工作人员的职务违法行为。它是构成税务行政赔偿责任的核心要件,也是税务行政赔偿责任存在的前提。

(2) 存在对纳税人和其他税务当事人合法权益造成损害的事实。它是构成税务行政赔偿责任的必备要件。

(3) 税务机关及其工作人员的职务违法行为与现实发生的损害事实存在因果关系。

三、请求人

税务行政赔偿的请求人有两种：

(1) 受害的纳税人和其他税务当事人。

(2) 受害公民的继承人，其他有抚养关系的亲属。

四、赔偿义务机关

(1) 一般情况下，谁侵害公民、法人和其他组织的合法权益，其税务机关就是履行赔偿义务的机关。

(2) 经过上级税务机关行政复议的，最初造成侵权的税务机关为赔偿义务机关。

(3) 应当履行赔偿义务的税务机关被撤销的，继续行使其职权的税务机关是赔偿义务机关；没有继续行使其职权的，撤销该赔偿义务机关的行政机关为赔偿义务机关。

五、请求时效

赔偿请求人请求税务行政赔偿的时效为2年，自税务机关及其工作人员行使职权时的行为被依法确认为违法之日起计算。

六、赔偿范围

税务行政赔偿的范围如下：

(1) 违反国家税法规定做出征税行为损害纳税人合法财产权的。

(2) 违反国家法律做出税务行政处罚行为损害纳税人合法财产权的。

(3) 违法做出责令纳税人提供纳税保证金或纳税担保行为给纳税人的合法财产权造成损害的。

(4) 违法做出税收保全措施给纳税人的合法财产权造成损害的。

（5）违法做出通知出入境管理机关阻止纳税人出境给纳税人的合法权益造成损害的。

（6）违法做出税收强制执行措施造成纳税人合法财产权损害的。

（7）违法拒绝颁发税务登记证、审批认定为一般纳税人、发售发票或不予答复造成纳税人合法财产权损害的。

《国家赔偿法》将损害赔偿的范围限于对财产权和人身权中的生命健康权、人身自由权的损害，未将精神损害等列入赔偿范围。损害赔偿仅包括直接损害赔偿，不包括间接损害赔偿。

七、税务行政赔偿的例外情况

下列例外情况不在税务行政赔偿的范围内：

（1）行政机关工作人员与行使职权无关的行为。

（2）因纳税人和其他税务当事人自己的行为致使损害发生的。

（3）法律规定的其他情形。

八、赔偿程序

税务行政赔偿的程序如下：

（1）非诉讼程序。

（2）司法程序。

（3）税务行政追偿制度。

九、赔偿方式

税务行政赔偿的主要方式如下：

（1）支付赔偿金。这是最主要的赔偿形式。支付赔偿金简便易行，适用范围广，它可以使受害人的赔偿要求迅速得到满足。

（2）返还财产。这是对财产所有权造成损害后的赔偿方式。返还财产要求财产或者原物存在，只有这样才谈得上返还财产。返还财产所指的财产一般是特定物，但也可以是种类物，如罚款所收缴的货币。

（3）恢复原状。这是指对受到损害的财产进行修复，使之恢复到受损前的形状或者性能。采用这种赔偿方式必须是受损害的财产确能恢复原状且易行。

习 题

1. 某计算机公司,发往外省市分支机构 20 台电脑用于销售,又将 50 台自产电脑赠送给即将举行的全国体育运动会,每台不含税售价为 9 000 元。

要求:计算该公司销项税额。

2. 某计算机公司,采取以旧换新方式,销售计算机 100 台,每台不含税售价为 9 000 元,回收该客户旧型号计算机折价 5 000 元。

要求:计算该公司销项税额。

3. 某软件开发企业为增值税一般纳税人,本月销售自产软件产品取得不含税收入 500 万元,一并收取维护费 14 万元;购进办公用品,取得增值税专用发票,注明金额 68 万元,本月领用其中的 50%。

要求:计算该软件企业当月应退增值税。

4. 某彩电厂向本市一新落成的宾馆销售客房用的 29 寸彩电 770 台,每台含税价为 3 000 元;由本企业车队运送该批彩电取得运输收入 30 000 元。

要求:计算该彩电厂销项税额。

5. 某彩电厂(增值税一般纳税人)采取以物易物方式向显像管厂提供 25 寸彩电 2 000 台,每台市场售价 2 500 元(含税价)。显像管厂向彩电厂提供显像管 4 000 台。双方均已收到货物,并商定不再开票进行货币结算。

要求:计算该彩电厂销项税额。

6. 某商场批发一批货物,不含税销售额为 20 万元,因对方提前 10 天付款,所以按合同规定给予 5% 的折扣,只收取 19 万元。

要求:计算该商场销项税额,并做会计分录。

7. 某餐馆为小规模纳税人,2019 年 6 月取得含税餐饮收入 12 万元。

要求:计算该餐馆 6 月应纳的增值税税额。

8. 某农产品加工企业本月从农民手中购进粮食,专门收购凭证注明买价10万元;从某国有粮食企业(一般纳税人)购进粮食,取得的普通发票注明价款50万元;从某农场(小规模纳税人)购入粮食,取得的普通发票注明价款20万元;购进酒精专用发票注明不含税金额25万元,当月生产领用15万元。以上购进均已验收入库,款项也均支付完毕。当月销售白酒40吨,取得不含税收入180万元,另收取白酒包装物押金5万元,取得销售白酒延期付款利息2万元;销售薯类白酒20吨,取得不含税收入30万元;将5吨当月收回的委托加工粮食白酒中的2吨直接销售,取得不含税收入20万元。

要求:计算该企业本月应纳增值税税额。

9. 某房地产开发商甲为一般纳税人,其与施工企业乙在总承包合同中约定,合同价款为12 000万元(不含税,下同),其中包含工程所需钢材价款2 000万元,此部分钢材由甲方负责采购交乙方用于本工程,钢材价款将在甲方支付乙方工程款时扣回,甲、乙双方对本房地产项目适用一般计税方法。

要求:计算乙企业销项税额,并做会计分录。

10. 因质量问题,某商场5月份收到顾客退回的4月份购买的空调,退款5 800元。商场与厂家联系,将此空调退回厂家,并提供了税务局开具的退货证明单,收回退货款及税金4 640元。

要求:当期销项税额、进项税额应如何处理?并做会计分录。

11. 某进出口公司当月进口一批货物,海关审定的关税完税价格为700万元,该货物关税税率为10%;当月销售一批货物不含税销售额为1 800万元,增值税税率为13%。

要求:计算该企业当月应纳增值税税额。

12. 某生产企业为增值税一般纳税人,6月份外购原材料取得防伪税控机开具的进项税额专用发票,注明进项税额137.7万元并通过主管税务机关认证。当月内销货物取得不含税销售额150万元,外销货物取得收入115万美元(美元与人民币的比价为1∶6)。该企业适用的增值税税率为13%,出口退税率为11%。

要求:计算该企业6月应退的增值税。

13. 某自营出口的生产企业为增值税一般纳税人,出口货物的征税率为13%,退税率为8%。本月的有关经营业务为:购入原材料一批,取得的增值税专用发票上注明价款 300 万元,进项税额 39 万元,款付料收;上期期末留抵税款 5 万元;本月内销货物不含税销售额 100 万元,收款 113 万元存入银行;本月出口货物的销售额折合人民币 200 万元。

要求:计算当期免抵退税额,并做会计处理。

14. 某企业为自营出口的一般纳税人,出口货物的征税率为 13%,退税率为 9%。本月有关业务如下:购进材料一批,价款 200 万元,进项税额 26 万元;上月留抵税款 5 万元;本月内销货物 100 万元,收款 113 万元;本月出口货物 300 万元人民币。

要求:根据上述资料计算该企业本月应纳或应退的增值税税额,并做会计分录。

15. 某进出口公司 4 月份购进小规模纳税人抽纱工艺品 200 件全部用于出口,普通发票注明金额 6 000 元;购进另一小规模纳税人西服 500 套全部出口,取得税务机关代开的增值税专用发票注明金额 5 000 元;适用的退税率为 3%。

要求:计算该企业当月应退增值税税额。

16. 某服装进出口公司从某棉纺厂购进棉布 100 吨,单价 1 600 元,委托某服装厂加工 6 000 套服装出口,并签订委托加工合同,每套加工费 25 元,共支付加工费 150 000 元,分别取得棉布和服装加工费的增值税专用发票。该批服装于 2018 年 9 月全部出口,并取得了出口货物报关单、出口核销单,办妥了出口退税手续。出口货物离岸价格为 6 万美元。若该纺织品、服装的出口退税率分别为 9% 和 13%。

要求:计算该企业当月应退增值税税额。

17. 某国际运输公司为增值税一般纳税人,实行"免、抵、退"税管理办法,退税率为 9%。本月发生如下业务:

(1) 承接国际运输业务,取得收入 10 万美元,汇率为 1∶6.4。

(2) 期末纳税申报时,留抵税款为 14 万元人民币。

要求:计算该企业本月应退的增值税税额。

18. A、B 公司均为增值税一般纳税人,销售建筑物等不动产和土地使用权采用一般计税方法,适用的增值税税率均为 9%,A 公司与 B 公司有关非货币性资产交换的资料如下:2019 年 7 月 1 日,A 公司与 B 公司签订协议进行资产置换,A 公司换出用于经营出租的土地使用权及其地上建筑物(写字楼),B公司换出对乙公司的长期股权投资。A公司与B公司于当日办理完毕相关资产所有权的转移手续。A公司换出资产:投资性房地产——土地使用权,账面价值为20 000万元(其中原值为20 600万元,已计提摊销600万元),不含税公允价值为30 000万元,增值税销项税额为2 700万元;投资性房地产——写字楼,账面价值为9 000万元(其中原值为10 000万元,已计提折旧1 000万元),不含税公允价值为20 000万元,增值税销项税额为1 800万元。以上两项合计不含税公允价值为50 000万元,合计增值税销项税额为4 500万元。B公司换出资产:长期股权投资——乙公司(持股比例为50%),账面价值为45 000万元,公允价值为50 000万元。A公司换入对乙公司的长期股权投资后,合计持有其80%的股权,并由原权益法核算转为成本法核算。在此之前,A公司持有乙公司30%的股权,原30%股权投资的账面价值为10 000万元(其中投资成本为8 000万元,其他综合收益为2 000万元)。

要求:计算A公司换入B公司对乙公司长期股权投资的初始投资成本,并做会计分录。

19. 某商业零售企业为增值税一般纳税人,2019年12月发生如下业务:

(1)采取以旧换新方式销售玉石首饰一批,旧玉石首饰作价78万元,实际收取新旧首饰差价款共计90万元;采取以旧换新方式销售原价为3 500元的金项链200条,每件收取差价款1 500元。

(2)销售1 500件电子出版物给某单位,不含税售价500元/件,开具了增值税专用发票,后发现部分电子出版物存在质量问题,经协商支付给该单位折让5万元(含税),按规定开具了红字增值税专用发票。

(3)接受当地甲运输企业的货运服务,取得的增值税专用发票上注明运费15万元,接受小规模纳税人的货运服务,取得税务机关代开的货物运输发票,注明运费10万元。

(4)接受当地某税务师事务所的税务咨询服务,取得的增值税专用发票注明金额20万元;接受当地一家广告公司提供的广告服务,取得的增值税专用发票注明金额8万元。

(5)因仓库保管不善,上月从一般纳税人企业购进的一批速冻食品霉烂变质,该批速冻食品账面价值为30万元,其中运费成本4万元(当地一般纳税人运输企业提供运输服务),进项税额均已于上月抵扣。

要求:

(1) 计算该企业当月支付运费可抵扣的增值税进项税额。

(2) 计算该企业当月应转出的进项税额。

(3) 计算该企业当月增值税销项税额。

(4) 计算该企业当月应缴纳的增值税。

20. 甲企业(一般纳税人)因虚开增值税发票而被税务机关列入纳税辅导期管理范围。在辅导期内发生如下业务:

(1) 3月份进口钢材一批,取得海关开具的"进口增值税专用缴款书"上注明的价款为120万元人民币。进口后从港口运往本企业的仓库,发生运输费用1万元、装卸费0.2万元,运输单位分别开具了增值税专用发票。当月上述票据进行了比对并抵扣。

(2) 3月份从乙企业(小规模纳税人)购进木材一批,对方开具的普通发票注明价款为1.03万元。

(3) 3月份领购专用发票两次(每次25份),3月5日销售本企业生产的A产品取得销售收入500万元,开具了第一次领购的增值税专用发票25份(主管税务机关规定其专用发票最高开票限额为20万元);3月15日销售B产品取得销售收入200万元,开具了第二次领购的增值税专用发票10份。

要求:

(1) 正确处理在纳税辅导期内购销业务的税务事项。

(2) 计算该企业3月份应纳的增值税税额。

21. 某啤酒厂为增值税一般纳税人,本月销售甲类啤酒2 000吨,取得不含税销售额500万元,增值税税款65万元,另收取包装物押金20万元,甲类啤酒适用的消费税税率为每吨250元。

要求:计算该企业本月应纳的消费税税额。

22. 某市的一家电视机生产企业(以下简称"甲企业")和一家商场(以下简称"乙商场")均为增值税一般纳税人。3月份发生以下业务:

(1) 甲企业销售给乙商场一批电视机,不含税销售额为70万元,采用托收承付方式结算,货物已经发出,托收手续已经办妥,但尚未给乙商场开具增值税专用发票。甲企业支付销货运费4万元并取得运输专用发票。

（2）因乙商场上年年底从甲企业购进一批电视机的货款10万元、增值税1.3万元尚未支付，经双方协商同意，本月乙商场以一批金银首饰抵偿此笔债务并由乙商场开具增值税专用发票。乙商场该批金银首饰的成本为8万元，若按同类商品的平均价格计算，该批首饰的不含税销售价格为10万元；若按同类商品最高销售价格计算，该批首饰的不含税销售价格为11万元。

（3）甲企业本月依乙商场上年销售电视机的销售额按1%的比例返还现金5.85万元，甲企业开具红字发票。乙商场已收到返还的现金。

（4）甲企业购进一台小汽车，取得增值税专用发票，注明金额20万元、增值税2.6万元。

（5）甲企业购进原材料取得增值税专用发票，注明金额18万元、增值税2.34万元。

（6）因甲企业管理不善，从乙商场取得的金银首饰被盗40%。

（7）乙商场零售金银首饰取得含税销售额10.53万元，其中包括以旧换新首饰的含税销售额5.65万元，旧首饰作价的含税金额为3.51万元。

（8）乙商场销售粮食、食用植物油取得含税销售额22.6万元，销售家用电器取得含税销售额58.5万元。

（9）乙商场采购商品取得增值税专用发票，注明的增值税税额合计为3.5万元（说明：有关票据在本月均通过主管税务机关认证并申报抵扣；增值税税率为13%和9%；金银首饰的消费税税率为5%）。

要求：根据上述资料，计算回答下列问题：

（1）计算甲企业3月份的增值税进项税额。

（2）计算甲企业3月份应缴纳的增值税。

（3）计算甲企业3月份应缴纳的城市维护建设税和教育费附加。

（4）计算乙商场3月份以金银首饰抵偿债务应缴纳的消费税。

（5）计算乙商场3月份以金银首饰抵偿债务的增值税销项税额。

（6）计算乙商场3月份零售金银首饰应缴纳的消费税。

（7）计算乙商场3月份零售金银首饰的增值税销项税额。

（8）计算乙商场3月份应缴纳的增值税。

(9) 计算乙商场3月份应缴纳的城市维护建设税和教育费附加。

23. 北京天达化工有限公司主营化妆品生产,北京京隆超市有限公司为商业企业,两者均为增值税一般纳税人。8月发生以下业务:

(1) 天达公司外购一批高档化妆品,不含税进价345万元,取得专用发票,该批货物由某运输公司负责运输,支付运输费12万元,尚未取得运费发票;该批货物全部用于连续生产高档化妆品一批。

(2) 天达公司将本月生产的高档化妆品的80%批发给京隆超市,售价720万元(不含税售价),开具专用发票。由某专业运输公司运送,天达公司支付运输费15万元,并取得了符合规定的货运企业增值税专用发票(化妆品消费税税率为15%,运输业增值税税率为9%)。

(3) 天达公司将上述剩余化妆品出售给京隆超市,开具专用发票注明价款100万元。

(4) 天达公司上月留抵税款23万元。本月购进原料、修理备件取得的专用发票上注明的价款、税款分别为200万元、26万元,本月货到入库。

(5) 京隆超市本月销售化妆品取得零售收入760万元。开展促销活动赠送小礼品按零售价计4万元。从果园购进鲜水果,收购凭证上注明已支付的价款28万元,已支付的运输单位运费3.4万元、装卸费0.92万元,分别取得运输专用发票和装卸专用发票,水果已入库。

(6) 天达公司取得本期电费专用发票,注明税款18万元,尚未认证。

(7) 京隆超市将库存的茶叶作为福利发放给职工,账面价款2万元,该批茶叶已经抵扣进项税。京隆超市还将库存的饮料、食品等赠送给天达公司,对外销售的含税销售价格共计23.52万元,天达公司作为福利发放给职工。

(8) 京隆超市零售金银首饰收取128万元,零售玉石饰品收取86万元。

(9) 京隆超市本期购进金银首饰的专用发票注明税款为38.45万元,上期留抵税款34.89万元(除特殊说明外,上述其他专用发票均在当月通过认证)。

要求:

(1) 计算天达公司当月应纳增值税。

(2) 计算天达公司当月应纳消费税。

(3) 计算京隆超市当月应纳增值税。

(4) 计算京隆超市当月应纳消费税。

24. 某企业从韩国进口卷烟一批,货价500万元,运费80万元,保险费按货价加运费的比例确定(0.3%),其他杂费12万元(关税税率20%,消费税税率56%)。

要求:计算该企业应向海关缴纳的关税、消费税、增值税税额。

25. 某进出口公司从境外进口卷烟5万条,支付买价340万元,运输费用15万元,保险费用5万元,关税完税价格360万元,假定关税税率为50%。

要求:计算该公司应缴纳的消费税税额。

26. 某卷烟厂新研制一种低焦油卷烟,提供10标准箱用于某展览会样品,并分送参会者。由于其难以确定销售价格,因此只能按实际生产成本10 000元/箱计算价格,已知成本利润率为10%,适用的消费税税率为56%。

要求:计算该卷烟厂的应纳消费税税额。

27. 某卷烟厂委托某烟丝加工厂加工一批烟丝,卷烟厂提供的烟叶在委托加工合同上注明的成本金额为60 000元。烟丝加工完,卷烟厂提货时支付的加工费为3 700元,并支付了烟丝加工厂按烟丝组成计税价格计算的消费税税款。卷烟厂将这批加工好的烟丝全部用于生产卷烟50标准箱(250条/箱)并在当期全部予以销售,按调拨价向购货方开具的增值税专用发票上注明的价税合计款为1 053 000元(烟丝消费税税率为30%)。

要求:计算该卷烟厂销售卷烟的应纳消费税税额。

28. 某白酒生产企业(以下简称"甲企业")为增值税一般纳税人,7月份发生以下业务:

(1) 向某烟酒专卖店销售粮食白酒20吨,开具普通发票,取得含税收入200万元,另收取品牌使用费50万元、包装物押金20万元。

(2) 提供10万元的原材料委托乙企业加工散装药酒1 000公斤,收回时向乙企业支付不含增值税的加工费1万元,乙企业已代收代缴消费税。

(3) 委托加工收回后将其中900公斤散装药酒继续加工成瓶装药酒1 800瓶,以每瓶不含税售价100元通过非独立核算门市部销售完毕。将剩余100公斤散装药酒作为福利分给职工,同类药酒的不含税销售价为每公斤150元(说明:药酒的消费税税率为10%,白酒的消费税税率为20%加0.5元/斤)。

要求:根据上述资料,计算回答下列问题,每问需计算出合计数。

（1）计算本月甲企业向专卖店销售白酒应缴纳的消费税税额。

（2）计算乙企业已代收代缴的消费税税额。

（3）计算本月甲企业销售瓶装药酒应缴纳的消费税税额。

（4）计算本月甲企业分给职工散装药酒应缴纳的消费税税额。

29. 某小轿车生产企业为增值税一般纳税人，12月生产并销售小轿车300辆，每辆含税销售价格为17.55万元，适用的消费税税率为9%，经审查该企业生产的小轿车已达到减征消费税的国家标准。

要求：计算该企业12月份应缴纳的消费税税额。

30. 甲白酒生产企业为增值税一般纳税人，2019年1月发生如下业务：

（1）向农民购进玉米，收购凭证上注明收购价30万元，支付乙公司运费2万元（不含税），其中的20%用于本企业职工食堂。

（2）将本月购进玉米的50%运往丙企业（增值税一般纳税人），委托其加工白酒，支付运费0.3万元（不含税），支付加工费3.2万元（不含税），取得增值税专用发票，丙企业无同类白酒的销售价格。本月收回白酒，丙企业已代收代缴消费税。

（3）白酒销售业务如下表所示：

销货方	购货方	数量（斤）	单价（元/斤）	金额（万元）
甲企业	白酒销售公司	12 000	140	168
	酒店	9 600	200	192
合计	—	21 600	—	360

注：甲企业与白酒销售公司为关联企业，税务机关核定的消费税最低计税价格为160元/斤。以上价格均为不含税价。

（4）甲企业本月会计账户"其他应付款——白酒包装物押金"贷方金额为10.53万元，"营业外收入——逾期白酒包装物押金"贷方金额为4.68万元。

（5）本月举办展销会，将自产白酒100斤用于广告促销活动，另特制100斤新品白酒赠送给来宾，该批白酒的成本为50 000元，没有同类白酒的销售价格，成本利润率为10%。本月取得的相关票据符合税法规定，并在本月通过主管税务机关认证抵扣（白酒消费税税率为20%加0.5元/斤）。

要求：

（1）计算丙企业应代收代缴消费税（不考虑定额税）。

(2) 说明甲企业收取包装物押金的税务处理。

(3) 针对甲企业购货对象的差别,财务经理建议不直接向酒店销售白酒,而是按照统一的出厂价140元/斤卖给销售公司,销售公司按照210元/斤再销售给酒店,该建议可以使甲企业少缴纳消费税多少万元?

(4) 说明甲企业将自产白酒用于广告促销活动的税务处理。

(5) 计算甲企业赠送给来宾特制新品白酒应纳消费税税额。

(6) 计算甲企业应就业务(3)缴纳消费税税额。

31. 某市区一企业本月缴纳进口关税65万元,进口环节增值税15万元,进口环节消费税26.47万元;本月内销货物实际缴纳增值税36万元、消费税85万元。在税务检查中,税务机关发现该企业所属宾馆上月隐瞒饮食服务收入50万元(不含税),本月被查补相关税金。本月收到上月报关出口自产货物应退增值税35万元。

要求:计算该企业本月应纳城市维护建设税税额。

32. 某食品厂位于市区,为增值税一般纳税人,本年度11月份增值税留抵税额为48 000元,12月份发生如下业务:

(1) 外购面粉一批,取得的增值税专用发票上注明金额150 000元,进项税额13 500元;购进淀粉一批,取得的增值税专用发票上注明金额60 000元,进项税额7 800元;向农户收购玉米,开具的农产品收购凭证上注明价款40 000元。

(2) 存货盘点时发现,上月购进的一批白糖短缺20%,该批白糖购进时取得的增值税专用发票上注明金额100 000元,已抵扣进项税额。经查,15%因管理不善丢失,5%系储存过程中发生的合理损耗。

(3) 购进一辆仓库用叉车(设有固定装置的非运输车辆),取得的增值税专用发票上注明金额75 000元;购进一辆消费税应税小汽车自用,不含税价240 000元,并取得增值税专用发票。

(4) 从某模具厂购买生产用模具一批,该模具厂为增值税小规模纳税人,取得税务机关代开的增值税专用发票,注明价款26 000元,税款780元。

(5) 以外购的价值300 000元的原材料委托某企业加工饼干,支付含税加工费120 000元和含税辅料费40 000元,并取得增值税专用发票。

(6) 销售一批食品给某超市,取得不含税销售收入1 000 000元,同时收取包装物押金50 000元并单独记账核算,另收取优质费5 000元。

（7）研制一种新型食品,为了进行市场推广和宣传,无偿赠送200件给消费者品尝,该食品无同类产品市场价,生产成本为600元/件,成本利润率为10%。

（8）销售食品加工过程中产生的残次品给某养殖户,取得含税收入28 000元。

（9）支付水电费并取得增值税专用发票,注明增值税税额9 900元。

要求:

（1）计算上述第（3）笔业务和第（4）笔业务形成的准予抵扣的进项税额。

（2）计算该企业应作进项税额转出数额。

（3）计算该企业当月增值税销项税额。

（4）计算该企业应缴纳增值税和城市维护建设数额。

（5）计算该企业应缴纳车辆购置税数额。

33. 某公司进口小轿车20辆,关税完税价格为200万元,关税税率为40%;进口化妆品一批,关税完税价格为300万元,关税税率为30%。公司境内销售小轿车,取得含税收入585万元;销售化妆品,取得不含税收入700万元。小轿车的消费税税率为8%,化妆品的消费税税率为15%。

要求:根据上述资料,计算该公司应纳海关代征的增值税和消费税及境内应纳的城市维护建设税。

34. 上海某进出口公司从波士顿进口应征消费税货物一批,货物以离岸价格成交,成交价折合人民币1 410万元（包括单独计价并经海关审查属实的向境外采购代理人支付的买方佣金10万元,但不包括因使用该货物而向境外支付的软件费50万元、向卖方支付的佣金15万元）,另支付货物运抵上海港的运费、保险费等35万元。假设该货物适用的关税税率为20%、增值税税率为13%、消费税税率为10%。

要求:分别计算该公司应缴纳的关税、消费税和增值税。

35. 某医院2017年以150万元人民币（下同）的价格购进了一台医疗仪器。2018年1月出现故障,运往日本修理（出境时已向海关报明）。2018年5月,按海关规定的期限复运进境。此时该医疗仪器的国际市场价格已为200万元。若经海关审定的修理费和料件费为40万元,进口关税税率为6%。

要求:计算该仪器复运进境时应缴纳的关税税额。

36. 2019年9月1日某公司由于承担国家重要工程项目,经批准免税进口了一套电子设备。使用2年后项目完工,2021年8月31日公司将该设备出售给国内另一家企业。该设备的到岸价格为300万元,关税税率为10%,假如海关规定该设备的监管年限为5年。

要求:计算该公司应补缴的关税税额。

37. 某外贸企业从钢铁厂购进钢铁废料500吨,直接报关离境出口。钢铁废料出厂价每吨5 000元,离岸价每吨720美元(汇率1∶6.0)。假设出口关税税率为30%。

要求:计算该批钢铁废料应缴纳的出口关税税额。

38. 某进出口公司从A国进口货物一批,成交价(离岸价)折合人民币9 000万元(包括单独计价并经海关审查属实的货物进口后装配调试费用60万元,向境外采购代理人支付的购货佣金50万元)。另支付运费180万元,保险费90万元。货物运抵我国口岸后,该公司在未经批准缓税的情况下,于海关填发税款缴纳证之日起第30天才缴纳税款。假设该货物适用的关税税率为10%,增值税税率为13%,消费税税率为5%。

要求:计算该公司应缴纳的关税、消费税、增值税税额。

39. 某油田某月开采原油12.5万吨,其中已销售10万吨,自用0.5万吨,尚待销售2万吨。销售价3 000元/吨,该油田适用的税率为6%。

要求:计算该油田当月应纳资源税税额。

40. 某油田10月份生产原油8万吨,其中销售6万吨,销售价3 000元/吨;用于加热、修井的原油1万吨;待销售1万吨。当月在开采过程中还回收并销售伴生天然气1 000万立方米,销售价40 000元/万立方米。该油田适用的税率为5%。

要求:计算该油田10月份应纳资源税税额。

41. 某煤炭开采企业4月份销售以自采未税原煤加工的洗煤5万吨,开具增值税专用发票,注明金额6 000万元,另取得从洗煤厂到码头不含增值税的运费收入50万元,假设洗煤的折算率为80%,资源税税率为10%。

要求:计算该企业销售洗煤应缴纳的资源税税额。

42. 某矿开采铁矿石和锰矿石两种矿石,适用的资源税税率分别为2%和5%,由于种种原因,未能分别核算两种矿石的销售额。该矿6月份销售矿石共计1 000万元。

要求:计算该矿应纳资源税税额。

43. 甲县某独立矿山 2019 年 7 月份开采铜矿石原矿 3 万吨,当月还到乙县收购未税铜矿石原矿 5 万吨并运回甲县,上述矿石的 80% 已在当月销售,售价 1 300 元/吨。甲县铜矿石原矿税率为 5%。

要求:计算该独立矿山 7 月份应向甲县税务机关缴纳的资源税税额。

44. 位于县城的某原煤生产企业为增值税一般纳税人,本月发生以下业务:

(1) 购进挖掘机一台,取得的增值税专用发票上注明价款 60 万元,增值税税款 7.8 万元。另支付运费 4 万元,取得公路内河货运专用发票。

(2) 购进低值易耗品,取得的增值税专用发票上注明增值税税额合计 8 万元。

(3) 开采原煤 10 000 吨。采取分期收款方式销售原煤 9 000 吨,每吨不含税单价 500 元。购销合同约定,本月应收取 1/3 的价款,但实际只收取不含税价款 120 万元。另支付运费 6 万元,取得公路内河货运专用发票。

(4) 为职工宿舍供暖,使用本月开采的原煤 200 吨;另将本月开采的原煤 500 吨无偿赠送给某有长期业务往来的客户。

(5) 销售开采原煤过程中产生的天然气 125 千立方米,取得不含税销售额 25 万元。

(6) 月末盘点时发现月初购进的低值易耗品的 1/5 因管理不善而丢失(说明:相关票据在本月通过主管税务机关认证并申报抵扣;原煤的资源税税率为 5%,伴生天然气的资源税税率为 1%)。

要求:根据上述资料,回答下列问题,每问需计算出合计数。

(1) 计算该企业当月的增值税进项税额。

(2) 计算该企业当月的增值税销项税额。

(3) 计算该企业当月应缴纳的增值税。

(4) 计算该企业当月应缴纳的资源税。

(5) 计算该企业当月应缴纳的城市维护建设税和教育费附加。

45. 某公司与政府机关共同使用一栋共有土地使用权的建筑物。该建筑物占用土地面积 2 000 平方米,建筑物面积 10 000 平方米(公司与政府机关的占用比例为 4∶1),该公司所在市城镇土地使用税单位税额为每平方米 5 元。

要求:计算该公司应纳城镇土地使用税税额。

46. 甲企业(国有企业)生产经营用地分布于A、B、C三个地域,A的土地使用权属于甲企业,面积10 000平方米,其中幼儿园占地1 000平方米,厂区绿化占地2 000平方米;B的土地使用权属甲企业与乙企业共同拥有,面积5 000平方米,实际使用面积各半;C的面积3 000平方米,甲企业一直使用但土地使用权未确定。假设A、B、C的城镇土地使用税的单位税额为每平方米5元。

要求:计算甲企业全年应纳城镇土地使用税税额。

47. 某市一家企业新占用耕地面积50 000平方米用于厂区扩建,所占耕地适用的定额税率为20元/平方米。

要求:计算该企业应纳的耕地占用税税额。

48. 某房地产开发企业购买土地支付的地价款为150万元,房地产开发成本为250万元,利息费用分别为:(1)利息费用能够准确核算,为30万元;(2)利息费用未能准确核算。

要求:分别计算总期间费用不得超过多少万元。

49. 某专业房地产开发企业购买土地支付的地价款为150万元,房地产开发成本为250万元。

要求:计算该专业房地产开发企业加计扣除费用。

50. 某房地产开发企业2018年10月转让一栋新建办公楼取得不含税收入8 000万元,已知该单位为取得土地使用权而支付的地价款和有关费用为1 000万元,投入的房地产建造成本为3 000万元,其利息支出不能取得金融机构的贷款证明,其转让办公楼相关的税金已经全部付清。已知该企业所在地政府规定的房地产开发费用的扣除比例为10%,该房地产企业适用5%的简易征税办法。

要求:计算该房地产企业应缴纳的土地增值税税额。

51. 某房地产开发企业于2018年1月受让一宗土地使用权,根据转让合同支付转让方地价款6 000万元,当月办好土地使用权权属证书。2018年2月至3月中旬该房地产开发企业将受让土地70%(其余30%尚未使用)的面积开发建造一栋写字楼。在开发过程中,根据建筑承包合同支付给建筑公司的劳务费和材料费共计5 800万元;发生的利息费用为300万元,不高于同期限贷款利率并能提供金融机构的贷款证明。3月下旬该房地产开发企业将开发建造的写字楼总面积的20%转为企业的固定资产并用于对外出租,其余部分对外销售。2018年4—6月该房地产开发企业取得租金收入(含税)共计60万元,销售部分全部售完,共计取得不含税销售收入14 000万元。该房地产开发企业在写字楼开发和销售过程中,共计发生管理费用800万元、销售费用400万元(说明:该房地产开发企业适用的城市维护建设税税率为7%,教育费附加征收率为3%,契税税率为3%,其他开发费用扣除比例为5%)。

要求:根据上述资料,回答下列问题,每问需计算出合计数。

(1)计算该房地产开发企业2018年4—6月共计应缴纳的增值税。

(2)计算该房地产开发企业2018年4—6月共计应缴纳的城市维护建设税和教育费附加。

(3)计算该房地产开发企业的土地增值税应扣除的土地成本。

(4)计算该房地产开发企业的土地增值税应扣除的开发成本。

(5)计算该房地产开发企业的土地增值税应扣除的开发费用。

(6)计算该房地产开发企业销售写字楼应纳土地增值税的增值额。

(7)计算该房地产开发企业销售写字楼应缴纳的土地增值税。

52. 某房地产开发企业建造一住宅出售,取得不含税销售收入1 600万元(城市维护建设税税率为7%,教育费附加征收率为3%)。建此住宅支付地价款100万元(其中含有关手续费3万元),开发成本300万元,贷款利息支出无法准确分摊。该省政府规定的费用计提比例为10%。

要求:计算该房地产开发企业应缴纳的土地增值税税额。

53. 某企业2020年3月产生冶炼渣600吨、粉煤灰200吨、其他废物中的半固态废物300吨,其中综合利用的冶炼渣和粉煤灰共300吨(符合国家和地方环境保护标准),在符合国家和地方环境保护标准的设施贮存其他废物中的半固态废物100吨,同时处置粉煤灰共50吨(适用税额为25元/吨)。

要求:计算该企业当月固体废物应纳的环境保护税税额。

54. 某企业2019年3月向大气直接排放二氧化硫、氟化物各100千克,一氧化碳200千克,氯化氢80千克,当地大气污染物每污染当量税额为1.2元,该企业只有一个排放口。

要求:计算该企业应缴纳的环境保护税税额。

55. 农民王某,2018年将他在本村价值20万元的楼房出租,取得租金收入

10 000元。

要求:按照房产税从租计征的规定计算,王某当年应缴纳房产税1 200元是否正确?

56. 某企业有原值为2 500万元的房产,2018年1月1日将其中的30%用于对外投资联营,投资期限为10年,每年固定利润分红50万元,不承担投资风险。已知当地政府规定的扣除比例为20%。

要求:计算该企业2018年度应缴纳的房产税税额。

57. 某省政府机关有办公用房一幢,房产价值5 000万元。本年度将其中的1/4对外出租,取得租金收入100万元。已知该省统一规定计算房产余值时的减除幅度为20%。

要求:计算该省政府机关当年应缴纳的房产税税额。

58. 某企业2018年1月1日的房产原值为3 000万元,4月1日将其中原值为1 000万元的临街房出租给某连锁商店,月租金5万元。当地政府规定允许按房产原值减除20%后的余值计税。

要求:计算该企业当年应缴纳的房产税税额。

59. 某企业原有房产原值3 600万元,拥有土地面积58 000平方米。9月10日,购置一处旧厂房并取得产权证,固定资产入账价值为59万元,占地面积230平方米(房产扣除率为20%,城镇土地使用税税率为2元/平方米)。

要求:计算该企业全年应纳房产税和土地使用税税额。

60. 某船运公司2019年度拥有旧机动船10艘,每艘净吨位1 500吨;拥有拖船2艘,每艘发动机功率500马力。当年8月新购置机动船4艘,每艘净吨位2 000吨。该公司船舶适用的年税额为:净吨位201~2 000吨的,每吨4元。

要求:计算该公司2019年度应缴纳的车船税税额。

61. 某交通运输企业拥有5吨载重汽车20辆,4吨挂车10辆,2.5吨客货两用车6辆,其中有1辆归企业自办托儿所专用。该企业所在地载货汽车年税额为20元/吨。

要求:计算该企业当年应缴纳的车船税税额。

62. 王某购买小汽车1辆,支付了含增值税税款在内的款项232 000元;另支付代收临时牌照费550元、代收保险费1 000元;支付购买工具配件价款3 000元、车辆装饰费1 300元。所支付的款项均由汽车销售公司开具机动车销售统一发票。

要求:计算王某应缴纳的车辆购置税税额。

63. 2019年10月某4S店进口2.0升的小汽车10辆,海关核定的关税完税价格为50万元/辆,当月销售6辆,2辆自用,剩余2辆摆放在展厅作为样车(关税税率为25%,消费税税率为5%)。

要求:计算该4S店2019年10月应缴纳的车辆购置税税额。

64. A与B两单位互换经营性用房,A的房屋价格为490万元,B的房屋价格为600万元,差额由A支付,当地契税税率为3%。

要求:计算应缴纳的契税税额。

65. A公司与B公司签订了购销合同,由A公司向B公司提供价值300 000元的钢材,B公司向A公司提供价值400 000元的水泥,货物价差由A公司付款补足。已知购销合同的印花税税率为0.3‰。

要求:计算A、B两公司应分别缴纳的印花税税额。

66. 某汽车修配厂与机械进出口公司签订购买价值为2 000万元的测试设备合同,为购买此设备与工商银行签订借款2 000万元的借款合同。后因故购销合同作废,改签融资租赁合同,租赁费1 000万元。

要求:根据上述情况,计算该汽车修配厂一共应缴纳印花税多少万元。

67. 某外国公司实际管理机构不在中国境内,也未在中国设立机构、场所,2019年从中国境内某企业获得专有技术使用权转让收入200万元,该技术的成本为80万元;从居民企业取得税后利润300万元;转让其在中国境内的房屋一栋,转让收入3 000万元,原值1 000万元,已提折旧600万元。适用的预提所得税税率为10%。

要求:计算该外国公司应缴纳的预提所得税。

68. 某企业2019年全年取得主营业务收入3 000万元,取得租金收入50万元;销售成本、销售费用、管理费用共计2 800万元;"营业外支出"中列支35万元,其中通过希望工程基金委员会向某灾区捐款10万元,直接向某困难地区捐赠5万元,非广告性赞助20万元。

要求:计算该企业全年应缴纳多少企业所得税。

69. 某企业10年的盈亏情况如下表所示。假设该企业一直执行5年亏损弥补期(税率为25%)。

要求:分步说明如何弥补亏损,计算该企业10年内应纳所得税总额。

单位:万元

年度	1	2	3	4	5	6	7	8	9	10
获利	90	−60	−80	−30	50	10	30	30	80	120

70. 某国有公司当年度境内经营业务应纳税所得额为2 000万元,其在A、B两国设有分支机构。A国分支机构当年应纳税所得额为600万元,其中生产经营所得为500万元,A国规定税率为40%;特许权使用费所得为100万元,A国规定税率为20%。B国分支机构当年应纳税所得额为400万元,其中生产经营所得为250万元,B国规定税率为30%;租金所得为150万元,B国规定税率为10%。

要求:计算该公司当年度境内外所得汇总缴纳的所得税税额(所得税税率为25%)。

71. 某工业企业上年度会计报表利润为500 000元,未做任何项目调整,已按25%的所得税税率计算缴纳所得税125 000元。税务检查人员对该企业进行所得税纳税审查,发现如下问题:

(1)企业有正式职工60人,实际列支工资、津贴、补贴、奖金1 200 000元。

(2)企业"长期借款"账户中记载:年初向中国银行借款100 000元,年利率为5%;向其他企业借周转金200 000元,年利率为10%。上述借款均用于生产经营。

(3)企业全年销售收入60 000 000元,列支业务招待费250 000元。

(4)企业在税前共计提取并发生职工福利费168 000元,计提工会经费24 000元,计提教育经费38 000元。

(5)6月5日"管理费用"科目列支厂部办公室使用的空调器一台,价款6 000元(折旧年限按6年计算,不考虑残值)。

(6)年末"应收账款"借方余额1 500 000元,"坏账准备"科目贷方余额6 000元(该企业坏账核算采用备抵法,按3%提取坏账准备金)。

要求:

(1)扼要指出该企业存在的问题。

(2)计算该企业应补缴的企业所得税税额。

72. 新华化工机械制造有限公司(居民企业)系增值税一般纳税人,该企业采用《企业会计准则》进行会计核算。上年度应纳税所得额为-50万元。本年度生产经营情况如下：

（1）销售产品取得不含税收入9 000万元，从事符合条件的环境保护项目的收入为1 000万元（第一年取得该项目收入）。

（2）本年度利润表反映的内容如下：

① 产品销售成本4 500万元，从事符合条件的环境保护项目的成本为500万元。

② 税金及附加200万元，从事符合条件的环境保护项目的税金及附加为50万元。

③ 销售费用2 000万元（其中广告费200万元），财务费用200万元。

④ 投资收益50万元（其中投资非上市公司的股权投资按权益法确认的投资收益40万元，国债持有期间的利息收入10万元）。

⑤ 管理费用1 200万元（其中业务招待费85万元，新产品研究开发费30万元）。

⑥ 营业外支出800万元（其中通过省教育厅捐赠给某高校100万元，非广告性赞助支出50万元，存货盘亏损失50万元）。

（3）全年提取并实际支付工资支出共计1 000万元（其中符合条件的环境保护项目工资100万元），职工工会经费、职工教育经费分别按工资总额的2%、2.5%提取。

（4）全年列支职工福利性支出120万元、职工教育经费支出15万元，拨缴工会经费20万元。

（5）假设：

① 除资料所给内容外，无其他纳税调整事项。

② 从事符合条件的环境保护项目的能够单独核算。

③ 期间费用按照销售收入在化工产品和环境保护项目之间进行分配。

要求：计算新华公司本年度应缴纳的企业所得税税额。

73. 某摩托车生产企业为增值税一般纳税人，企业有固定资产18 000万元（其中生产经营使用的房产原值为12 000万元），生产经营占地面积80 000平方米。本年度发生以下业务：

（1）全年生产二轮摩托车 200 000 辆,每辆生产成本 0.28 万元,市场不含税销售价 0.46 万元。全年销售二轮摩托车 190 000 辆,销售合同记载取得不含税销售收入 87 400 万元。由于部分摩托车由该企业直接送货,取得送货的运费收入 468 万元,并开具普通发票。

（2）全年生产三轮摩托车 30 000 辆,每辆生产成本 0.22 万元,市场不含税销售价 0.36 万元。全年销售三轮摩托车 28 000 辆,销售合同记载取得不含税销售收入 10 080 万元。

（3）全年外购原材料均取得增值税专用发票,购货合同记载支付材料价款共计 35 000 万元、进项税额 4 550 万元。支付给运输公司的运费 1 100 万元,取得运输公司开具的公路内河运输专用发票。

（4）全年发生管理费用 11 000 万元(其中含业务招待费 900 万元,新技术研究开发费用 800 万元,支付给其他企业管理费用 300 万元;不含城镇土地使用税、印花税和房产税)、销售费用 7 600 万元、财务费用 2 100 万元。

（5）全年发生营业外支出 3 600 万元(其中含通过公益性社会团体向贫困山区捐赠 500 万元;因管理不善库存原材料损失 618.6 万元,其中含运费成本 18.6 万元)。

（6）6 月 10 日,取得直接投资境内居民企业分配的股息收入 130 万元,已知境内被投资企业适用的企业所得税税率为 15%。

（7）8 月 20 日,取得摩托车代销商赞助的一批原材料并取得增值税专用发票,注明材料金额 30 万元、增值税 3.9 万元。

（8）10 月 6 日,该摩托车生产企业合并一家小型股份公司,股份公司全部资产公允价值为 5 700 万元、全部负债为 3 200 万元、未超过弥补年限的亏损额为 620 万元。合并时摩托车生产企业给股份公司的股权支付额为 2 300 万元、银行存款为 200 万元。该合并业务符合企业重组特殊税务处理的条件且选择此方法执行。

（9）12 月 20 日,取得到期的国债利息收入 90 万元(假定当年国家发行的最长期限的国债年利率为 6%);取得直接投资境外公司分配的股息收入 170 万元,已知该股息收入在境外承担的总税负为 15%。

（10）本年度,该摩托车生产企业自行计算的应缴纳的各种税款如下:

① 增值税 =（87 400+10 080）×13%－4 550－1 100×9% = 8 023.4（万元）

② 消费税 =（87 400+10 080）×10% = 9 748（万元）

③城市维护建设税、教育费附加=(8 023.4+9 748)×(7%+3%)=1 777.14(万元)

④城镇土地使用税=80 000×4÷10 000=32(万元)

⑤企业所得税:

应纳税所得额=87 400+468+10 080-190 000×0.28-28 000×0.22-11 000-7 600-2 100-3 600+130+170+90-9 748-1 777.14=3 152.86(万元)

应纳企业所得税=(3 152.86-620)×25%=633.22(万元)

说明:该企业适用的增值税税率为13%,两轮摩托车和三轮摩托车的消费税税率为10%,城市维护建设税税率为7%,教育费附加征收率为3%,计算房产税房产余值的扣除比例为20%,城镇土地使用税为每平方米4元,企业所得税税率为25%。

要求:根据上述资料,回答下列问题,涉及计算的,请列出计算步骤。

(1)分别指出企业自行计算缴纳税款(企业所得税除外)的错误之处,简单说明理由,并计算应补(退)的各种税款(企业所得税除外)。

(2)计算企业本年度实现的会计利润总额。

(3)分别指出企业所得税计算的错误之处,简单说明理由,并计算应补(退)的企业所得税。

74. 2019年度某企业会计报表上的利润总额为120万元,已累计预缴企业所得税30万元。其他有关业务如下:

(1)发生公益性捐赠支出20万元。

(2)开发新技术的研究开发费用为22万元(未形成资产)。

(3)直接向某足球队捐款36万元。

(4)支付诉讼费2.5万元。

(5)支付违反交通法规罚款1万元。

要求:

(1)计算该企业公益性捐赠支出所得税前纳税调整额。

(2)计算该企业研究开发费用所得税前扣除数额。

(3)计算该企业本年度应纳税所得额。

(4)计算该企业本年度应纳所得税税额。

(5)计算该企业本年度应汇算清缴的所得税税额。

75. 某中国A企业在甲国设立了一个全资子公司B,甲国的所得税税率为20%,对于股息的预提所得税税率为10%。A企业境内的应纳税所得额为1 000万元,B公司的税前利润为400万元。

要求:计算A企业该年度应纳所得税税额。

76. 某法人企业总机构在北京,在天津、上海分设两个分支机构,天津分支机构收入、工资、资产分别是80万元、30万元、40万元,上海分支机构收入、工资、资产分别是60万元、40万元、60万元。2019年第一季度总机构汇总计算的应纳税额为160万元。

要求:计算天津分支机构第一季度应预缴税款数额。

77. 个人将私房出租用于居住,每月收取租金2 000元。

要求:计算其全年应纳个人所得税数额。

78. 中国居民王某为一家企业的职员,2020年各月取得的收入如下:

(1) 每月取得企业支付的工资20 000元;每月"三险一金"专项扣除为2 000元,子女教育、赡养老人专项附加扣除各为1 000元。

(2) 2月份,为另外一家企业提供技术咨询服务,取得劳务报酬26 000元;

(3) 3月份,转让一项专利技术取得特许权使用费30 000元;

(4) 12月份,出版一本专著取得稿酬80 000元。

要求:计算王某2020年度应预扣预缴税额及汇算清缴应纳个人所得税税额。

79. 中国非居民王某2019年从A企业取得特许权使用费15 000元,出版一部专著取得稿酬80 000元。

要求:计算王某2019年应缴纳的个人所得税税额。

80. 假设王某是中国居民,王某2019年从A企业取得特许权使用费15 000元,出版一部专著取得稿酬80 000元,无工资薪金所得。

要求:计算王某2019年应缴纳的个人所得税税额。

81. 中国居民王某注册一家从事餐饮服务的个人独资企业,2019年全年实现收入100万元,成本支出60万元,期间费用及税金支出30万元,其中包括投资者本人领取的工资10万元,没有其他纳税调整事项。王某同时还在另外一家公司就职,每月取得工资收入12 000元,按规定每月缴纳三险一金2 000元。

要求:计算王某2019年应缴纳的个人所得税税额。

82. 李某年末取得全年一次性奖金 40 000 元,当月工资为 9 000 元。

要求:计算李某应缴纳的个人所得税税额。

83. 王先生为某外商投资企业雇用的中方经理,6 月该外商投资企业支付给王先生的薪金为 9 200 元,个人所得税由该外商投资企业代扣代缴。同月,王先生还收到其所在的派遣单位发给的工资 5 000 元。该外商投资企业为王先生申报扣缴的个人所得税为:

应纳所得税税额 = (9 200-5 000)×6×3% = 756(元)

派遣单位为王先生申报扣缴的个人所得税为零,即:应纳税所得额 = 5 000-5 000 = 0,因无所得则不用纳税。因双方单位已扣缴税款,王先生未再向税务机关申报纳税。

要求:分析该外商投资企业及派遣单位计算扣缴的个人所得税税额是否正确;如不正确,指出错误之处并列出步骤,计算应扣缴的个人所得税税额。

84. 中国公民王某就职于国内 A 上市公司,2019 年收入情况如下:

(1) 1 月 1 日起将其位于市区的一套公寓住房按市价出租,每月收取租金 3 800 元。1 月因卫生间漏水发生修缮费用 1 200 元,已取得合法有效的支出凭证。

(2) 在国内另一家公司担任独立董事,3 月取得该公司支付的上年度独立董事津贴 35 000 元。

(3) 3 月取得国内 B 上市公司分配的红利 18 000 元(持股不足 1 年)。

(4) 4 月取得上年度奖金 36 000 元,王某当月的工资为 4 500 元。

(5) 5 月赴国外进行技术交流期间,在甲国演讲取得收入折合人民币 12 000 元,在乙国取得专利转让收入折合人民币 60 000 元,分别按照收入来源国的税法规定缴纳了个人所得税,折合人民币 1 800 元和 12 000 元。

(6) 5 月在业余时间为一家民营企业开发了一项技术,取得收入 40 000 元。适逢该民营企业通过中国红十字会开展向地震灾区捐款活动,当即从中捐款 20 000 元,同时通过有关政府部门向某地农村义务教育捐款 8 000 元,均取得了相关捐赠证明(通过中国红十字会向地震灾区捐款、通过政府部门向农村义务教育捐款可全额扣除)。

(7) 6 月与一家培训机构签订了半年的劳务合同,合同规定从 6 月起每周六为该培训中心授课 1 次,每次报酬为 1 200 元。6 月份为培训中心授课 4 次。

(8)7月转让国内C上市公司股票,取得转让净所得15 320.60元,同月转让在香港证券交易所上市的某境外上市公司股票,取得转让净所得折合人民币180 000元,在境外未缴纳税款。

(9)8月开始被A上市公司派遣到所属的某外商投资企业工作,合同期内作为该外商投资企业雇员,每月从该外商投资企业取得薪金18 000元,同时每月取得派遣公司发给的工资4 500元。

(10)A上市公司于2019年11月与王某签订了解除劳动关系协议,A上市公司向已在本公司任职8年的王某支付经济补偿金125 000元(A上市公司所在地上年职工平均工资为25 000元)。

要求:根据以上资料,回答下列问题,每问需计算合计数。

(1)计算王某1月、2月出租房屋应缴纳的个人所得税(不考虑其他税费)。

(2)计算王某3月取得的独立董事津贴预扣缴纳的个人所得税。

(3)计算王某3月取得的红利应缴纳的个人所得税。

(4)计算王某4月取得的全年奖金应缴纳的个人所得税。

(5)计算王某5月从国外取得收入应在国内预扣补缴的个人所得税。

(6)计算某民营企业5月支付王某技术开发费应代扣代缴的个人所得税。

(7)计算培训中心6月支付王某授课费应代扣代缴的个人所得税。

(8)计算王某7月转让境内和境外上市公司股票应缴纳的个人所得税。

(9)计算王某8月从外商投资企业取得收入时应由外商投资企业扣缴的个人所得税。

(10)计算王某8月从派遣公司取得工资收入时应由派遣公司扣缴的个人所得税。

(11)计算A上市公司11月支付王某经济补偿金应代扣代缴的个人所得税。

85.某中国居民取得来源于美国的一项特许权使用费所得折合人民币12万元,以及一项股息所得折合人民币8万元,总计在美国缴纳税款折合人民币2万元;另外,该居民还从日本取得一笔股息折合人民币10万元,被日本税务当局扣缴所得税1万元。该居民能够向国内主管税务局提供全面的境外完税证明,且已证明属实。

要求:

（1）计算该居民境外税额扣除限额。

（2）计算该居民在我国应当实际缴纳的税款。

86. 2019年中国公民刘某出版长篇小说，2月份收到预付稿酬10 000元，4月份小说正式出版收到稿酬20 000元；10月份将小说手稿在某国公开拍卖，拍卖收入折合人民币90 000元，并已按该国税法规定缴纳了个人所得税，折合人民币10 000元（未取得其他综合所得，稿酬未预扣预缴个人所得税）。

要求：计算刘某在中国境内汇算清缴时应补缴的个人所得税税额。

87. A先生为无住所个人，2020年1月，A先生同时取得2019年第四季度（公历天数92天）奖金和全年奖金。假设A先生取得季度奖金20万元，对应境内工作天数为46天；取得全年奖金50万元，对应境内工作天数为73天。两笔奖金分别由境内公司、境外公司各支付一半（不考虑税收协定因素）。

要求：计算A先生取得的数月奖金在境内应计税的收入额。

88. 某外籍个人受聘到中国某公司担任技术部负责人，任职时间为2019年4月16日至2019年11月10日。中国公司每月支付其工资8 500元人民币，其境外的任职公司每月还支付其薪金1 200美元（汇率为1∶6）。

要求：计算其在中国境内期间应缴纳的个人所得税税额。

89. 史密斯2019年2月1日自美国来华，9月1日离境。史密斯担任某外国企业副总经理，自2019年1月1日起任期两年，境内企业每月支付其20 000元，境外企业每月支付其10 000美元（已在境内企业中列支）。迈克尔为境外企业雇员，2019年8月1日临时来华工作，境内企业支付其20 000元，境外企业支付其6 000美元（未在境内企业列支），2019年9月1日离境。

要求：计算史密斯和迈克尔8月份应纳的个人所得税（已与我国签订税收协定，汇率为1∶7）。

90. 某国有企业因有违反《税收征收管理法》的行为，被税务机关处以8 000元的罚款。假定该企业收到税务行政处罚决定书的时间为3月1日。

要求：计算该企业4月5日缴纳罚款时的总金额。

91. 某有机化肥生产企业为增值税一般纳税人，其生产的化肥一直享受增值税免税优惠。该企业所生产化肥既作为最终消费品直接销售给农民，又作为原材料销售给化工企业（一般纳税人），税率为9%。假定销售给农民和化工企业的比例为3∶7,每吨化肥的不含税售价为2 500元、成本为1 000元、进项税额为130元;生产化肥的原材料均从一般纳税人处采购,并取得增值税专用发票,税率为13%。

要求:

(1) 回答对于销售的化肥,放弃免税优惠与享受免税优惠相比,增值税的计算有何区别。

(2) 以100吨化肥(30吨销售给农业生产者,70吨销售给化工企业)为例,分别计算享受免税优惠、放弃免税优惠情况下这100吨化肥的毛利润,从而回答放弃免税优惠是否更为有利。(说明:放弃免税优惠后,销售给农业生产者的化肥含税售价仍为2 500元/吨,销售给化工企业的不含税售价为2 500元/吨)

(3) 假定销售给农业生产者的化肥含税售价仍为2 500元/吨,销售给化工企业的不含税售价为2 500元/吨,以销售总量100吨为例,计算对农业生产者的销量超过多少时,选择免税对企业有利。

92. 某生产企业为增值税一般纳税人,适用的增值税税率为13%,主要耗用甲材料加工产品。现有A、B、C三家企业提供甲材料,其中A为生产甲材料的一般纳税人,能够出具增值税专用发票,适用税率为13%;B为生产甲材料的小规模纳税人,能够委托主管税务局代开增值税缴纳率为3%的专用发票;C为个体工商户,只能出具普通发票。A、B、C三家企业所提供的材料质量相同,但是含税价格不同,分别为133元、102元、100元。

要求:分别用平衡点法和现金流量法分析该企业应当与A、B、C三家企业中的哪一家签订购销合同。

93. 某科研机构为非企业性单位,所研制的产品科技含量较高。本年度预计不含税销售额为1 800万元,购进不含税的原材料1 000万元。

要求:分析该科研机构是作为小规模纳税人还是将产品制造环节独立出去注册成为一般纳税人企业更有利。

94. A卷烟厂委托B厂将一批价值100万元的烟叶加工成烟丝,协议规定加工费75万元。加工的烟丝运回A卷烟厂后,A卷烟厂继续加工成甲类卷烟,发生加工成本95万元。该批卷烟售价为700万元,烟丝消费税税率为30%,卷烟消费税税率为56%(如果A卷烟厂委托B厂将烟叶加工成卷烟,加工费160万元;或者A卷烟厂完全自行加工,加工成本共计175万元,其他条件不变)。

要求:试分析 A 卷烟厂选择哪种加工方式对其更有利。

95. A 公司 2018 年 1 月销售一台设备,该设备的成本为 2 100 万元,现销价款为 2 500 万元。A 公司采取分期收款方式分三年收取货款,每年 12 月 1 日收取销售价款 1 200 万元,总销售价格为 3 600 万元(该设备增值税适用税率为 13%)。主管会计小王依据实际利率法计算出三年的未实现融资收益分别为 550 万元、350 万元、200 万元。

小王在 2018 年 12 月 1 日进行如下账务处理:

借:长期应收款　　　　　　　　　　　　　　24 000 000

　　银行存款　　　　　　　　　　　　　　　13 560 000

　贷:主营业务收入　　　　　　　　　　　　25 000 000

　　　未实现融资收益　　　　　　　　　　　11 000 000

　　　应交税费——应交增值税(销项税额)　 1 560 000

借:主营业务成本　　　　　　　　　　　　　21 000 000

　贷:库存商品　　　　　　　　　　　　　　21 000 000

借:未实现融资收益　　　　　　　　　　　　 5 500 000

　贷:财务费用　　　　　　　　　　　　　　 5 500 000

2019 年 5 月 31 日前小王对 2018 年度企业所得税汇算清缴时,这笔业务未做纳税调整,直接按会计上计算的利润计入应纳税所得额,即:

应纳税所得额 = 2 500−2 100+550 = 950(万元)

应纳税额 = 950×25% = 237.5(万元)

要求:试分析上述税务处理存在哪些问题,应如何进行纳税调整。

96. 某生产企业在设备购置前一年累计亏损 3 000 万元,主要原因是企业生产设备落后,产品技术含量低,产品销售不出去。为改变这种状况,该企业自筹资金 2 000 万元,经过市场调查和测算,获得以下两个方案:

方案一,企业自筹资金 2 000 万元用于研究开发新技术、新产品、新工艺,提高产品技术含量,计划当年改造、当年投产、当年见效。预计投产后前三年累计实现税前利润 3 000 万元,第四年新增税前利润 800 万元,第五年新增税前利润 700 万元(假设累计亏损均在可以弥补的期限内,且该企业未成为高新技术企业)。

方案二,企业自筹资金 2 000 万元用于在上海浦东新区内投资新办企业,该企业被认定为国家重点扶持的高新技术企业。预计该项目第一年即获利,前两年利润总额为1 750万元,第三年实现税前利润1 250万元,第四年实现税前利润800万元,第五年实现税前利润700万元(假设累计亏损均在可以弥补的期限内,且研究开发费用没有加计扣除)。

假设两个方案五年内销售收入、应缴流转税及附加税、各项费用、税前利润基本一致。

要求:分析该企业应该采取哪一种投资方案。

97. 某企业的固定资产原值为312.5万元,预计残值率为4%,会计与税法上的使用年限均为5年;投资报酬率为10%,1—5年的复利现值系数分别为0.9091、0.8264、0.7513、0.6830、0.6209。

要求:

(1) 如果该企业5年的所得税税率均为25%,计算使用平均年限法时,该企业5年的折旧抵税金额的现值。

(2) 如果该企业5年的所得税税率均为25%,计算使用年数总和法时,该企业5年的折旧抵税金额的现值。

(3) 假如该企业前两年的所得税税率为15%,后3年的所得税税率为25%,计算使用平均年限法时,该企业5年的折旧抵税金额的现值。

(4) 假如该企业前两年的所得税税率为15%,后3年的所得税税率为25%,计算使用年数总和法时,该企业5年的折旧抵税金额的现值。

98. 某股份公司2020年4月发行在外的面值1元的普通股为8 000万股,每股市价15元。公司现有12 000万元的留存收益可供分配,现有以下两种方案可供选择:一是发放现金股利12 000万元,每股派股利1.5元(=12 000÷8 000);二是发放股票股利,每10股发放1股,股票面值1元,共800万股,除权价约等于每股13.64元[=15÷(1+0.1)]。在股利发放之日,股东的持股期限已达10个月(说明:个人持股期限在1个月以内的,其股息红利所得全额计入应纳税所得额;持股期限在1个月以上至1年的,减按50%计入应纳税所得额;持股期限超过1年的,减按25%计入应纳税所得额)。

要求:从个人所得税角度分析比较两个方案。

99. A公司是化工园一家主要从事医药生产的未上市股份有限公司,2019年1

月被认定为高新技术企业。公司原有股东为自然人吴某与 B 公司(未上市高新技术企业)。2019 年 8 月,A 公司的每股净资产为 1.5 元。2019 年 8 月,主管税务机关收到当地工商部门传递的涉及 A 公司的如下股权转让信息:

(1)吴某将所持有的 A 公司 60 万股股份转让给丁某,转让价格为 0。

(2)B 公司将所持有的 A 公司 400 万股股份转让给杨某,转让价格为 0;将 A 公司 200 万股股份转让给周某,转让价格为 0。

(3)丁某、杨某与周某在各自企业的实际工作月份数都已超过 12 个月。

主管税务机关随后对该次股权转让开展了税务核查,并调取了 A 公司股东会决议及相关财务报表。经过核查,税务机关发现,丁某为该公司某重点科研开发项目的主要技术人员,杨某为该项目的负责人,周某为 B 公司主持企业全面生产经营工作的高级管理人员;吴某与其妻子张某共同拥有 B 公司 100% 的股权。在本案中,股权的转让价格全部为 0,也就是丁某、杨某与周某分别无偿受赠了 A 公司的股权。

要求:分析丁某、杨某与周某是否负有个人所得税纳税义务,三人个人所得税税款应该如何缴纳。

100. 李某和王某 2019 年年末分别取得全年一次性奖金 36 000 元和 36 001 元。

(1)李某应纳个人所得税的计算:

36 000 元除以 12 等于 3 000 元,适用税率为 3%,速算扣除数为 0。

李某应纳个人所得税 = 36 000×3% = 1 080(元)

(2)王某应纳个人所得税的计算:

36 001 元除以 12 等于 3 000.08 元,适用税率为 10%,速算扣除数为 210 元。

王某应纳个人所得税 = 36 001×10%−210 = 3 390.1(元)

王某的年终奖只比李某多了 1 元,却要多缴 2 310.1 元的个人所得税,导致王某实际上拿到手的钱就比李某少了 2 309.1 元。

要求:分析为什么会出现这种所得与税负不匹配的情况。应如何进行纳税筹划?

参考文献

[1] 中国注册会计师协会. 税法[M]. 北京:中国财政经济出版社,2018.

[2] 盖地. 税务会计与税务筹划:第9版[M]. 北京:中国人民大学出版社,2017.

[3] 盖地. 企业税务筹划理论与实务:第5版[M]. 大连:东北财经大学出版社,2017.

[4] 吴键. 新个人所得税实务与案例[M]. 北京:中国市场出版社,2019.

[5] 梁文逃. 纳税筹划实务[M]. 北京:清华大学出版社,2019.

[6] 张鹏飞. 税法[M]. 北京:科学出版社,2011.

教辅申请说明

北京大学出版社本着"教材优先、学术为本"的出版宗旨，竭诚为广大高等院校师生服务。为更有针对性地提供服务，请您按照以下步骤在微信后台提交教辅申请，我们会在 1～2 个工作日内将配套教辅资料，发送到您的邮箱。

◎ 手机扫描下方二维码，或直接微信搜索公众号"北京大学经管书苑"，进行关注；

◎ 点击菜单栏"在线申请"—"教辅申请"，出现如右下界面：

◎ 将表格上的信息填写准确、完整后，点击提交；

◎ 信息核对无误后，教辅资源会及时发送给您；
如果填写有问题，工作人员会同您联系。

温馨提示：如果您不使用微信，您可以通过下方的联系方式（任选其一），将您的姓名、院校、邮箱及教材使用信息反馈给我们，工作人员会同您进一步联系。

我们的联系方式：

通信地址：北京大学出版社经济与管理图书事业部
　　　　　北京市海淀区成府路 205 号，100871
联 系 人：闫格格
电　　话：010-62767312 / 62757146
电子邮件：em@pup.cn
Q　　Q：5520 63295（推荐使用）
微　　信：北京大学经管书苑（pupembook）
网　　址：www.pup.cn